MANUEL PRATIQUE

DE

MAGNÉTISME ANIMAL.

LIBRAIRIE DE J.-B. BAILLIÈRE.

DE LA GOUTTE, de ses causes, et du traitement le plus rationnel à lui opposer, par Alph. TESTE. Paris, 1840, in-8°. 1 fr. 50. — Chez l'Auteur, rue Sainte-Marguerite-Saint-Germain, 40.

DU MAGNÉTISME ANIMAL EN FRANCE et des jugements qu'en ont porté les Sociétés savantes, avec le texte des divers rapports faits en 1784 par les commissaires de l'Académie des sciences, de la Faculté et de la Société royale de médecine, et une analyse des dernières séances de l'Académie royale de médecine, et du rapport de M. Husson; suivi de considérations sur l'apparition de L'EXTASE DANS LES TRAITEMENTS MAGNÉTIQUES; par Al. BERTRAND, docteur en médecine de la Faculté de Paris, ancien élève de l'École Polytechnique. Paris, 1826, in-8°.   7 fr.

RAPPORTS ET DISCUSSIONS de l'Académie royale de médecine SUR LE MAGNÉTISME ANIMAL, recueillis et publiés avec des notes explicatives, par M. P. FOISSAC, docteur en médecine. Paris, 1833, in-8°. 7 f. 50 c.

RECHERCHES ET CONSIDÉRATIONS CRITIQUES SUR LE MAGNÉTISME ANIMAL; par ROBERT, médecin en chef des hôpitaux de Langres. Paris 1824, in-8°.   6 fr.

MANUEL PRATIQUE
DE
MAGNÉTISME ANIMAL.

EXPOSITION MÉTHODIQUE DES PROCÉDÉS EMPLOYÉS

POUR

PRODUIRE LES PHÉNOMÈNES MAGNÉTIQUES

ET LEUR APPLICATION

A L'ÉTUDE ET AU TRAITEMENT DES MALADIES.

PAR ALPH. TESTE,

DOCTEUR EN MÉDECINE DE LA FACULTÉ DE PARIS,
MEMBRE DE PLUSIEURS SOCIÉTÉS SAVANTES.

» Que celui qui a des oreilles entende,
que celui qui a des yeux les ouvre et regarde, car les temps approchent. »

F. DE LAMENNAIS. *Par. d'un Croy.*, p. 1.

A PARIS,

CHEZ J.-B. BAILLIÈRE,

LIBRAIRE DE L'ACADÉMIE ROYALE DE MÉDECINE,

RUE DE L'ÉCOLE DE MÉDECINE, 17.

A LONDRES, CHEZ H. BAILLIÈRE, 219, REGENT-STREET.

1840.

PRÉFACE.

Lorsque je vendis à M. J.-B. Baillière le manuscrit de ce petit ouvrage, deux autres éditeurs recommandables m'avaient témoigné le désir d'en devenir possesseurs. Or, comme il m'est impossible d'attribuer cet engoûment à une réputation dont je suis loin de me targuer, cette seule circonstance suffit pour prouver à quiconque sait un peu où en sont les affaires de la librairie, combien était généralement sentie l'opportunité d'un *Manuel pratique de Magnétisme*. Je suis donc à peu près certain aujourd'hui que mon livre aura des lecteurs, et il ne me reste plus à m'inquiéter que de l'accueil qui lui sera fait et des jugements qui en seront portés. Qu'en diront les médecins, les magnétiseurs, le public? — Prenons les choses au pire, de peur de déception : Les Médecins en diront beaucoup de mal ; les

Magnétiseurs n'en diront rien, et le public..... Oh! que n'est-il mon seul juge, le public! car sa neutralité dans la question, me garantit d'avance son équité. Mais qu'il essaie, qu'il répète, qu'il vérifie mes expériences, et qu'il ne se prononce sur moi qu'après m'avoir soumis à cette épreuve. En effet, malgré l'attention générale qu'il excite depuis quelques années surtout, dans toutes les contrées de l'Europe, malgré les louables efforts des hommes éclairés qui déjà lui ont voué leur talent, le magnétisme animal est encore une de ces terres peu connues, dont on ne peut se faire une idée juste qu'en les parcourant soi-même, et sur lesquelles on aurait grand tort de s'en rapporter aux récits des voyageurs : les uns parmi ceux-ci amplifient la vérité, les autres la dénaturent parce-qu'ils n'osent point la dire telle qu'ils l'ont vue; un très grand nombre enfin croient avoir intérêt à la cacher. Que nos lecteurs ne se laissent donc pas prendre aux grands mots et à l'air honnête de ces hommes, car les consciences, par le temps qui court, sont rarement *consciencieuses*, et l'honneur dont beaucoup de gens font parade, ressemble terriblement au grand pot à thériaque des anciennes pharmacies : c'est le plus haut, le plus large, le plus apparent de l'officine, mais presque toujours il est vide. En définitive, pour être en état de juger successivement un ouvrage sur le magnétisme, il faut avoir magnétisé soi-même. Mais qu'est-ce donc que le magnétisme? — Si quelqu'un m'adressait actuellement cette question, je lui répondrais : lisez, Monsieur, lisez mon Manuel; je ne vous le donne point pour un chef-d'œuvre, tout au plus pour un bon livre, mais encore vaut-il la peine d'être lu ; et s'il ne renferme pas la définition rigoureuse que vous exigez, au moins y trouverez-vous quelques aperçus exacts avec bon nombre de vérités sans mélange et sans exagération. Voilà du reste le seul éloge qu'il me soit permis d'en faire, et, je le déclare, le seul que je me sois attaché à mériter.

Pour ce qui est de la forme que j'ai donnée à ma pensée, j'ignore si elle sera du goût de mes censeurs ; mais je leur confesse que je suis là-dessus sans prétention, et qu'ils pourront en dire, sans m'offenser, tout ce que bon leur semblera. Je crois être en général moins brillant que logique ; et sans mépriser les ornements du style, je me ferais scrupule de leur sacrifier seulement une nuance de la vérité. — La plupart des auteurs qui se morfondent à chercher le nombre et l'harmonie de leur phrase, n'en agissent ainsi que parce qu'ils n'ont rien à dire. Aussi, ai-je pour leurs ouvrages l'antipathie que m'inspirent certains fats dont la valeur se réduit à celle des habits qu'ils portent.

Quant à moi, je l'avoue, j'aime à me bercer de l'espérance d'avoir écrit un livre utile en composant ce Manuel, dont l'objet n'est certainement pas de reculer les bornes de la science, mais seulement d'augmenter le nombre des magnétiseurs.

Attendu le cadre qui m'était imposé, j'ai dû souvent être concis pour être complet, mais heureusement mon sujet était de nature à comporter cette concision sans rien perdre de sa clarté.

Enseigner l'art du magnétisme, en jeter les éléments

dans toutes les classes de la société, faire entrevoir enfin les immenses avantages que l'humanité doit en retirer un jour; tel est le but complexe que je me suis proposé en me mettant à l'œuvre.

Plaise à Dieu que j'aie réussi !

Paris, 12 août 1840.

Alphonse TESTE, d. m. p.

MANUEL PRATIQUE
DU
MAGNÉTISME ANIMAL.

CHAPITRE Ier.

COUP D'ŒIL HISTORIQUE.

§ Ier. *Mesmer et sa théorie.*

Il y aura tantôt soixante-cinq ans que le magnétisme animal a fait son entrée dans le monde. La découverte en est généralement attribuée à Mesmer, médecin de Vienne (1). La nature et les proportions de cet ouvrage ne nous permettent pas de reproduire ici l'histoire détaillée de cette découverte avec toutes les alternatives qu'elle subit en Allemagne depuis les premiers essais pratiques de Mesmer, en 1773, jusqu'à 1778, où ce médecin vint

---

(1) F.-Antoine Mesmer est né à Weiler, près de Stein sur le Rhin, en 1734. Il étudia la médecine sous Van-Swiéten et de Haën, et fut reçu docteur à la faculté de Vienne en 1766. Sa dissertation inaugurale nous peint admirablement la tournure de son esprit; cette dissertation avait pour titre : *De l'influence des planètes sur le corps humain.*

en France. Il est bon d'observer toutefois que ce fut à peu près en désespoir de cause que Mesmer quitta sa patrie, où les insinuations plus ou moins calomnieuses du père Hell (1) et du physicien Ingendhousze l'avaient mis aux abois. Cependant il avait dû plusieurs succès remarquables à l'emploi de sa nouvelle méthode ; et, dès l'année 1775, il avait publié, dans sa *Lettre à un médecin étranger*, l'exposition complète de sa théorie. Nous allons mettre sous les yeux de nos lecteurs les vingt-sept propositions qui la résument, sous forme d'aphorismes (2) :

1° Il existe une influence mutuelle entre les corps célestes, la terre et les corps animés.

2° Un fluide universellement répandu et continué de manière à ne souffrir aucun vide, dont la subtilité ne permet aucune comparaison, et qui, de sa nature, est susceptible de recevoir, propager et communiquer toutes les impressions du mouvement est le moyen de cette influence.

3° Cette action réciproque est soumise à des lois mécaniques inconnues jusqu'à présent.

4° Il résulte de cette action des effets alternatifs qui peuvent être considérés comme un flux et reflux.

(1) De la Compagnie de Jésus, et professeur d'astronomie à Vienne.

(2) *Mémoire sur la découverte du magnétisme.* Paris, 1779.

5° Ce flux et reflux est plus ou moins général, plus ou moins particulier, plus ou moins composé, selon la nature des causes qui le déterminent ;

6° C'est par cette opération (la plus universelle de celles que la nature nous offre) que les relations d'activité s'exercent entre les corps célestes, la terre et ses parties constitutives ;

7° Les propriétés de la matière et du corps organisé dépendent de cette opération.

8° Le corps animal éprouve les effets alternatifs de cet agent, et c'est en s'insinuant dans la substance des nerfs qu'il les affecte immédiatement.

9° Il se manifeste, particulièrement dans le corps humain, des propriétés analogues à celles de l'aimant ; on y distingue des pôles également divers et opposés, qui peuvent être communiqués, changés, détruits et renforcés ; le phénomène même de l'inclinaison y est observé.

10° La propriété du corps animal, qui le rend susceptible de l'influence des corps célestes et de l'action réciproque de ceux qui l'environnent, manifestée par son analogie avec l'aimant, m'a déterminé à la nommer : MAGNÉTISME ANIMAL.

11° L'action et la vertu du magnétisme animal, ainsi caractérisées, peuvent être communiquées à d'autres corps animés et inanimés. Les uns et les autres en sont cependant plus ou moins susceptibles.

12º Cette action et cette vertu peuvent être renforcées et propagées par les mêmes corps.

13º On observe à l'expérience l'écoulement d'une matière dont la subtilité pénètre tous les corps, sans perdre notablement de son activité.

14º Son action a lieu à une distance éloignée, sans le secours d'aucun corps intermédiaire.

15º Elle est augmentée et réfléchie par les glaces, comme la lumière.

16º Elle est communiquée, propagée et augmentée par le son.

17º Cette vertu magnétique peut être accumulée, concentrée et transportée.

18º J'ai dit que les corps animés n'en étaient pas également susceptibles. Il en est même, quoique très rares, qui ont une propriété si opposée, que leur seule présence détruit tous les effets de ce magnétisme dans les corps.

19º Cette vertu opposée pénètre aussi tous les corps; elle peut être également communiquée, propagée, accumulée, concentrée et transportée, réfléchie par les glaces et propagée par le son; ce qui constitue non-seulement une privation, mais une vertu opposée positive.

20º L'aimant, soit naturel, soit artificiel, est, ainsi que les autres corps, susceptible du magnétisme animal, et même de la vertu opposée, sans que, ni dans l'un ni dans l'autre cas, son action sur le fer et l'aiguille souffre aucune altération ; ce qui prouve que le principe du magnétisme animal diffère essentiellement de celui du minéral.

21° Ce système fournira de nouveaux éclaircissements sur la nature du feu et de la lumière, ainsi que dans la théorie de l'attraction, du flux et du reflux, de l'aimant et de l'électricité.

22° Il fera connaître que l'aimant et l'électricité artificielle n'ont à l'égard des maladies que des propriétés communes avec plusieurs autres agents que la nature nous offre ; et que s'il est résulté quelques effets utiles de l'administration de ceux-là, ils sont dus au magnétisme animal.

23° On reconnaîtra par les faits, d'après les règles pratiques que j'établirai, que ce principe peut guérir immédiatement les maladies de nerfs et médiatement les autres ;

24° Qu'avec son secours, le médecin est éclairé sur l'usage des médicaments ; qu'il perfectionne leur action, et qu'il provoque et dirige les crises salutaires de manière à s'en rendre le maître.

25° En communiquant ma méthode, je démontrerai par une théorie nouvelle des maladies l'utilité universelle du principe que je leur oppose.

26° Avec cette connaissance, le médecin jugera sûrement l'origine, la nature et les progrès des maladies, même les plus compliquées ; il en empêchera l'accroissement, et parviendra à leur guérison, sans jamais exposer le malade à des effets dangereux ou des suites fâcheuses, quels que soient l'âge, le tempérament et le sexe. Les femmes, même dans l'état de grossesse et lors des accouchements, jouiront du même avantage.

27° Cette doctrine, enfin, mettra le médecin en état de bien juger du degré de santé de chaque individu, et de le préserver des maladies auxquelles il pourrait être exposé. L'art de guérir parviendra à sa dernière perfection.

Fasse le ciel que se réalise un jour cette mirifique espérance; mais, nous craignons vivement pour l'humanité que la prophétie de Mesmer soit bien éloignée encore du jour de son accomplissement. Quoi qu'il en soit, les propositions qu'on vient de lire, véritable imbroglio où l'on trouve un peu de tout, de l'absurde et du vrai, des faits et de la métaphysique; ces propositions, dis-je, rencontrèrent peu de sympathie dans le monde savant de l'époque; et leur auteur, pour être trop subtil dans sa théorie, passa pour un extravagant dans sa pratique. Au surplus, Mesmer n'avait pas même le droit de revendiquer pour lui l'honneur de sa doctrine, puisque nous en retrouvons tous les éléments disséminés dans des ouvrages de plus d'un siècle antérieurs à sa naissance; assertion dont il est facile d'apprécier la valeur en feuilletant les écrits de Paracelse, de Van Helmont, de Santanelli, et surtout de Maxwell.

Disons plus : c'est que le philosophe d'outre-Rhin se montre en plus d'un lieu copiste un peu servile; car, ainsi que nous pourrions en fournir la preuve en opposant à l'énoncé de ses principes certains textes cités d'ailleurs dans l'excellent ouvrage de M. A. Bertrand (1), il ne se fait pas scrupule de transcrire presque littéralement ses modèles.

Au reste, si nous croyons pouvoir contester à Mesmer la gloire d'avoir découvert le magnétisme animal, nous ne saurions lui refuser le mérite de l'avoir habilement exploité. Cet homme avait-il du génie? Aucuns le prétendent, alors que d'autres le nient; mais ce qu'il y a de certain, c'est que sa philanthropie n'alla jamais jusqu'à l'abnégation. Des méchants assurent même qu'il la vendait fort cher; témoins les deux cent cinquante mille francs qu'il reçut, dit-on, de ses disciples de Paris. Mais ce n'est pas tout; à l'honneur déjà fort lucratif d'enseigner sa méthode au médecin Deslon, aux frères Puységur, etc., etc., Mesmer joignit l'honneur plus profitable encore de *traiter*, malades ou non, tout ce qu'il y avait de grands seigneurs à la cour de Louis XVI. On conçoit en effet que, pour mettre en émoi la frivole et candide population de notre nouvelle Athènes, il n'eût pas été besoin d'innovations aussi étranges et aussi merveilleuses que les procédés thé-

(1) *Du magnétisme animal en France.* Paris, 1826. in-8.

rapeutiques qu'il employait; qu'on en juge par la description que nous en ont laissée les rapporteurs de 1784.

« Ils ont vu (les commissaires), au milieu d'une grande salle, une caisse circulaire faite de bois de chêne et élevée d'un pied ou d'un pied et demi, que l'on nomme *le baquet*; ce qui fait le dessus de cette caisse est percé d'un grand nombre de trous, d'où sortent des branches coudées et mobiles. Les malades sont placés à plusieurs rangs autour de ce baquet, et chacun à sa branche de fer, laquelle, au moyen du coude, peut être appliquée directement sur la partie malade; une corde passée autour de leur corps les unit les uns aux autres. Quelquefois on forme une seconde chaîne en se communiquant par les mains, c'est-à-dire en appliquant le pouce entre le pouce et le doigt *index* de son voisin : alors, on presse le pouce que l'on tient ainsi; l'impression reçue à la gauche se transmet par la droite, et elle circule à la ronde.

« Un *piano forte* est placé dans un coin de la salle, et l'on y joue différents airs sur des mouvements variés. On y joint quelquefois le son de la voix et le chant, etc. » (1).

Ajoutons pour compléter le tableau, que tous ceux qui magnétisaient étaient armés d'une ba-

---

(1) *Rapport de Bailly.*

guette de fer longue de dix à douze pouces; enfin que les malades, en outre du *fluide* qu'ils recevaient du réservoir commun, étaient encore magnétisés directement, soit au moyen du regard, soit avec le doigt ou la baguette promenés devant leur visage ou sur leur tête, soit enfin par l'application des mains et la pression des doigts sur les hypocondres et le bas-ventre.

De l'action combinée et suffisamment prolongée de ces divers agents, résultaient chez une partie des individus qui s'y soumettaient (surtout chez les femmes à constitution frêle et délicate) des phénomènes de nature variable, mais toujours plus ou moins insolites, tels que des accès de toux, des spasmes, des vomissements, des sueurs, des douleurs locales ou générales, des convulsions, etc. C'étaient-là ces fameuses *crises artificielles* dont Mesmer et ses adeptes auguraient la guérison sûre et prochaine de toutes les maladies, sans en excepter une seule. Dieu sait si Mesmer ajoutait foi lui-même aux promesses qu'il faisait à ses malades; mais si l'Allemagne a poussé l'ingratitude au point de ne vouloir reconnaître en lui qu'un charlatan éhonté et cupide, nous sommes presque tentés aujourd'hui, tout magnétiseurs que nous sommes, d'associer notre jugement à celui de ses compatriotes.

Cependant, abstraction faite des miracles de Mesmer et des petites supercheries qui les accréditaient dans l'opinion publique, on ne pouvait guère se refuser à admettre qu'il existât réellement quelque chose sous le prestige calculé dont on voilait adroitement la véritable manifestation des faits ; et les bons esprits pouvaient déjà soupçonner dans le baquet mesmérien et dans le magnétisme d'alors une grande science à son berceau.

Ce fut pourtant bien différemment qu'en jugea la commission de 1784. Mais, ayons la témérité de le dire : nonobstant le haut mérite et les noms imposants des savants qui la composèrent, il est hors de doute qu'il faille uniquement attribuer à la défectuosité de leur manière d'observer des faits délicats et contre lesquels ils étaient d'ailleurs prévenus, ce qu'il y a d'évidemment inexact dans les conclusions de leur rapport.

Borie, Sallin, d'Arcet et le célèbre Guillotin furent, parmi les médecins, les membres de cette première commission. Ce fut sur leur demande qu'on leur adjoignit les cinq membres de l'Académie des sciences, Franklin, Leroi, Bailly, de Bory et Lavoisier (1).

Mesmer avait alors quitté la France (12 mars 1784) ; il prenait les eaux de Spa *pour sa santé* (que de contradictions dans la vie d'un homme!), et il avait

---

(1) Borie étant mort dans le commencement du travail des commissaires, il fut remplacé par Majault.

laissé son établissement de Paris entre les mains de Deslon, un des membres les plus éminents de la Faculté, mais complétement perdu dans l'esprit de ses confrères depuis sa conversion au magnétisme.

Il est peu de médecins et il n'est point de magnétiseurs qui n'aient lu le rapport de Bailly. C'est le procès en règle de la doctrine mesmérienne; et, sans contredit, les conclusions qui le terminent étaient de nature à trancher définitivement la question du magnétisme animal si les jugements des hommes pouvaient porter atteinte à la vérité. Mais la vérité est éternelle comme Dieu; on peut la maudire ou l'honorer, la proclamer ou la proscrire; tout cela ne change rien à son existence.

Répandu avec profusion et peut-être avec une sorte d'ostentation dans toutes les écoles et parmi les gens du monde, le rapport de Bailly ne produisit guère d'autre effet que celui d'aigrir les esprits convaincus, et d'exciter parmi les partisans de la doctrine inculpée des récriminations plus ou moins acerbes contre leurs juges. Il est dans la nature de l'esprit humain de chérir l'indépendance et de s'exaspérer par les obstacles : que le pouvoir adopte et prescrive une croyance, il fera un schisme; qu'il proscrive cette croyance, il lui fera des apôtres; qu'il la tourmente, il lui fera des martyrs. — Cela en serait allé jusque là pour le magnétisme si le pouvoir l'eût voulu; mais il aurait eu trop à faire. Le magnétisme, en effet, comptait déjà de trop nombreux partisans, et parmi ceux-ci des hommes de trop grand poids; il avait trouvé un défenseur jusqu'au sein de l'Académie royale, où il venait de faire son entrée sous les auspices d'un des plus beaux génies de l'époque. Le rapport de de Jussieu, rédigé avec la minutieuse conscience d'un observateur probe et délicat, fut la contre-partie du rapport de Bailly. Il n'y a que les intelligences médiocres qui redoutent la contradiction dans une cause dont ils sont sûrs, et qui craignent de se mettre en opposition avec les forts et la majorité. — De Jussieu terminait ainsi : « La théorie du magnétisme ne peut être admise tant qu'elle ne sera pas développée et étayée de preuves solides. Les expériences faites pour constater l'existence du fluide magnétique, prouvent seulement que l'homme produit sur son semblable une action sensible par le frottement, par le contact et plus rarement par un simple rapprochement à quelque distance. Cette action, attribuée à un fluide universel non démontré, appartient certainement à la chaleur animale existant dans les corps, qui émane d'eux continuellement, se porte assez loin et peut passer d'un corps dans un autre. La chaleur animale est développée, augmentée ou diminuée dans un corps par des causes morales et par des causes physiques. Jugée pas ses effets, elle participe de la propriété des remèdes toniques (1), et produit comme eux des effets salutaires ou nuisibles, selon la quantité communiquée et selon les circonstances où elle est employée. Un usage plus long et plus réfléchi de cet agent fera mieux connaître sa véritable action et son degré d'utilité. Tout médecin peut suivre les méthodes qu'il croit avantageuses pour le traitement des maladies, mais sous la condition de publier ses moyens lorsqu'ils seront nouveaux ou opposés à la pratique ordinaire. Ceux qui ont établi, propagé ou suivi le traitement appelé magnétique, et qui se proposent de le continuer, sont donc obligés d'exposer leurs découvertes et leurs observations; et l'on doit proscrire tout traitement de ce genre dont les procédés ne seront pas connus par une prompte publication. »

Alors même que de Jussieu n'eût point exprimé aux magnétiseurs cette obligation où ils étaient de livrer au public les comptes rendus de leurs travaux, ce devoir eût été pour eux un besoin impérieux. Novateurs enthousiastes et désintéressés, ils ne désiraient rien tant que la propagation de leurs croyances. Aussi vit-on alors se succéder rapidement et les mémoires, et les livres de polémique, et les ouvrages dogmatiques dans lesquels vinrent s'entasser les faits nouveaux.

(1) Observation que nous croyons fondée.

Publié en 1784 dans l'unique but de dépouiller Mesmer d'une célébrité qui commençait à devenir importune, l'ouvrage de Thouret intitulé *Recherches et doutes sur le magnétisme animal*, produisit un effet diamétralement contraire. L'érudition que l'auteur y avait déployée excita l'émulation et ouvrit une voie nouvelle. On consulta l'histoire, on fouilla les vieilles chroniques, et l'on expliqua en les rapportant à la doctrine nouvelle tous les faits qui, dans les annales de l'antiquité ou du moyen âge, offraient de l'analogie avec les faits magnétiques. De là l'origine de ces innombrables et savantes recherches bibliographiques qui, grâce aux efforts de MM. Abrial, Deleuze, Bertrand, Foissac, etc., réunis aux travaux des Allemands, nous permettent aujourd'hui de suivre le magnétisme chez les peuples éteints ou transformés, comme chez toutes les nations modernes.

Nous allons présenter à nos lecteurs le résumé sommaire de ces études historiques d'un nouveau genre (1).

§ II. *Du magnétisme chez les Égyptiens.*

Des charlatans, au dire de Celse, opéraient des

---

(1) Aujourd'hui, on magnétise partout : dans les déserts de la Louisiane comme en France, à Pékin comme à Paris. — Il y a même en Auvergne et dans le Limousin des somnambules qui ne se réveillent jamais.

cures merveilleuses par la simple *apposition des mains*, et guérissaient des malades *par le souffle*.

Arnobe, qui confirme le même fait (1), rappelle en ces termes les reproches que les païens adressaient à Jésus : « C'est un magicien, disaient-ils, qui a fait toutes ces choses par un art clandestin ; il a soustrait furtivement des temples égyptiens le nom des anges puissants, et leur a dérobé leurs antiques usages, leurs disciplines secrètes. »

Enfin la prétendue intervention de la déesse Isis, (2), qui, suivant les prêtres égyptiens, inspirait aux fidèles pendant leurs songes les moyens de se guérir de leurs maladies, ne nous paraît pas autre chose que l'*instinct des remèdes* dont sont doués nos somnambules.

§ III. *Du magnétisme chez les Hébreux.*

Les prophètes d'Israël, désignés sous le nom de *Voyants*, étaient aussi bien consultés pour les événements ordinaires de la vie que pour les choses saintes. Nous lisons, par exemple, au chapitre 9 du livre des *Rois*, que Saül va consulter Samuel pour apprendre de lui ce qu'étaient devenues les ânesses de son père, égarées depuis plusieurs jours.

(1) *Adv. gentes*, liv. I.
(2) *Diodore de Sicile*, liv. I.

Achab, roi d'Israël, voulant savoir s'il devait faire la guerre pour prendre Ramoth en Galaad, assembla ses prophètes qui étaient au nombre de quatre cents (1).

Dieu parle *pendant les songes*, dans les *visions* de la nuit, afin d'avertir l'homme du mal qu'il fait et l'instruire de ce qu'il doit savoir (2).

Le fils de la veuve de Sarepta devint malade, et sa langueur était si forte, qu'il ne lui restait plus un souffle de vie. Élie prit l'enfant dans ses bras, le porta dans la chambre où il demeurait, et le mit sur son lit. Ensuite, il s'étendit par trois fois sur l'enfant, en se mesurant à son petit corps, et il s'écria : Seigneur, mon Dieu, faites, je vous prie, que l'âme de cet enfant rentre dans son corps ; et l'enfant fut rendu à la vie (3).

Élysée guérit à peu près de la même façon l'enfant de la Sunamite. Enfin, tout le monde connaît les miracles de l'Évangile ; mais, attendu le respect que nous inspirent certaines convictions sincères, nous nous abstiendrons d'en parler, d'autant plus qu'il nous répugnerait infiniment d'établir aucun parallèle entre Jésus-Christ et Mesmer.

(1) *Rois*, liv. III, ch. XXVIII.
(2) *Job*, ch. XXXIII.
(3) *Rois*, Liv. III, ch. XVII.

§ IV. *Du magnétisme chez les Grecs.*

Les Grecs avaient emprunté la plupart de leurs coutumes à l'Inde et à l'Égypte. La médecine, chez eux, était une espèce de sacerdoce, dont les initiés sous peine de sacrilége ne pouvaient révéler les mystères aux profanes. Aussi voyons-nous les premiers médecins grecs employer à la guérison de leurs malades certains procédés magiques qu'on ne saurait comparer qu'aux actes de nos magnétiseurs.

Pyrrhus, roi d'Épire, guérissait les personnes qui souffraient de la rate, en les *touchant lentement et longtemps sur l'endroit douloureux* (1).

Elien dit qu'en approchant du *Psylle* on était frappé de stupeur comme si on avait bu une potion soporifique, et qu'on restait privé de ses sens jusqu'à ce que le Psylle se fût retiré (2).

Les affections qu'éprouve le corps, dit Hippocrate (3), l'âme les voit très bien les yeux fermés.

D'après Strabon, il y avait entre Népe et Fralées une caverne consacrée à Pluton et à Junon, dans laquelle les prêtres *s'endormaient* pour les malades qui venaient les consulter. Enfin, suivant M. Foissac, l'esprit familier, le démon (ὁ θεος) de Socrate,

---

(1) Plut., in *Pyrrho.*
(2) Ælianus, *Hist. animalium*, lib. XVI, cap. xxviii.
(3) *Du régime*, liv. iii.

cette voix intérieure qui l'avertissait de ce qui devait arriver et de ce qu'il devait faire, n'était autre chose qu'un état de crise ou de somnambulisme naturel dont était fréquemment atteint ce divin génie que M. Lélut, notre savant compatriote, a vainement cherché à nous représenter comme atteint de démence.

§ V. *Du magnétisme chez les Romains.*

Esculape rendait des oracles *en songe*, pour la guérison des malades (1).

« Je ne souffrirai point, dit Varron (2), que l'on conteste à la Sibylle d'avoir donné aux hommes d'utiles conseils pendant sa vie, et d'avoir laissé après sa mort des prédictions que l'on consulte encore avec empressement dans toutes les occasions difficiles. »

Nous lisons dans saint Justin : « Que les Sibylles disaient avec justesse et vérité beaucoup de grandes choses, et que, lorsque l'instinct qui les animait venait à s'éteindre, elles *perdaient la mémoire* (3) de ce qu'elles avaient annoncé (4). »

Au dire de Celse, (5) Asclépiade endormait au

(1) CICÉRON, *De la Divin.*, liv. III.
(2) *De Re rustica.*
(3) On verra plus loin que c'est là un des traits caractéristiques du sommeil magnétique.
(4) JUSTIN, *Adm. ad Græcos.*
(5) *De la médecine*, Paris, 1824, liv. III. Pag. 147.

moyen de *frictions* ceux qui étaient atteints de frénésie. Il arrivait même assez souvent, d'après le même auteur, que *trop de frictions pouvaient plonger le malade dans la léthargie*. Ces faits, auxquels une multitude d'analogues pourraient être ajoutés, ne nous laissent aucun doute sur leur identité avec les phénomènes magnétiques que nous observons aujourd'hui.

§ VI. *Du magnétisme chez les Gaulois.*

Il n'est peut-être pas dans toute l'antiquité un peuple chez lequel la puissance du magnétisme joue un rôle plus évident et plus incontestable que chez les Gaulois. Des femmes élevées et dirigées par les druides rendaient des oracles, prophétisaient l'avenir, et guérissaient les maladies. Les récits de Tacite, de Lampridius et de Voriscus au sujet des druides témoignent de la confiance qu'ils avaient dans la justesse de leurs prédictions.

« Douées de talents singuliers (les druidesses), elles guérissent les maladies réputées incurables, connaissent l'avenir et l'annoncent aux hommes » (1).

Enfin, Pline désigne les druides par ces expressions caractéristiques : *Cette sorte de devins et de médecins... Hoc genus vatum medicorumque.*

(1) *Pomp. Mela*, t. III, cap. VI.

§ VII. *Du magnétisme au moyen-âge.*

Dans tous les temps comme dans tous les pays, les choses extraordinaires ont passé pour surnaturelles, dès l'instant où l'on ne parvint plus à se les expliquer; et comme il est conséquent de rapporter et d'attribuer les choses surnaturelles à un pouvoir divin, l'histoire du magnétisme au moyen âge de même que dans l'antiquité païenne, de même que chez les Gaulois, se trouve inextricablement mêlée à l'histoire de la religion. « Les églises, dit M. Foissac, succédèrent aux temples des anciens, dans lesquels étaient consignés les traditions et les procédés du magnétisme. Mêmes habitudes d'y passer les nuits, mêmes songes, mêmes visions, mêmes guérisons. Les vrais miracles opérés sur les tombeaux des saints se reconnaissent à des caractères qu'il n'est pas au pouvoir des hommes d'imiter; mais on doit retrancher de la liste des anciennes légendes une foule de cures très surprenantes, où la religion et la foi ne sont intervenues que comme des dispositions éminemment favorables à l'action naturelle du magnétisme » (1).

On comprend qu'il nous est impossible de nous engager ici dans l'analyse critique de ces ténébreuses annales, et il nous faudrait un volume pour seule-

---

(1) Foissac, *Rapports de l'Académie royale de médecine sur le magnétisme animal.* In-8. Paris, 1833.

ment nommer les faits, depuis les exorcismes de saint Grégoire le Thaumaturge jusqu'aux convulsionnaires de saint Médard (1).

Au surplus, ainsi que nous l'avons observé déjà, quelques hommes éclairés, cent ans avant la *découverte* de Mesmer, avaient enlevé leurs prestiges aux prétendus miracles, et donné aux faits magnétiques leur véritable interprétation. « Le magnétisme, dit Van Helmont, agit partout et n'a rien de nouveau que le nom; il n'est un paradoxe que pour ceux qui se moquent de tout, et qui attribuent au pouvoir de Satan ce qu'ils ne peuvent expliquer. »

§ VIII. *Du magnétisme de nos jours.*

Entrevu par de Jussieu aux traitements de Deslon, mais méconnu de Mesmer et des magnétiseurs d'alors, le *somnambulisme* est aujourd'hui le fait capital du magnétisme, et il ne s'agit plus, pour résoudre définitivement la grande question qui s'y rattache, que de faire connaître et de démontrer l'existence des phénomènes qui le constituent? Nous verrons un peu plus bas où en est à ce sujet l'opinion publique et en particulier celle des médecins. Mais avant, continuons, pour ne pas anticiper, notre simple relation des faits.

(1) Nous renvoyons nos lecteurs pour ces détails à Carré de Montgeron, au *Théâtre sacré des Cévennes*, à l'ouvrage de M. A. Bertand: *Du Magnétisme animal en France*, etc.

Les premiers cas de somnambulisme artificiel furent observés par le marquis de Puységur (1), à sa terre de Busancy. Voici ce qu'il écrivait le 8 mars 1780 à l'un des membres de la Société de l'harmonie.

« Je ne puis tenir, monsieur, au plaisir de vous faire part des expériences dont je m'occupe dans ma terre. Je suis d'ailleurs si agité moi-même, je puis même dire si exalté, que je sens qu'il me faut du relâche, du repos ; et j'espère le trouver en écrivant à quelqu'un qui puisse m'entendre. Lorsque je blâmais l'enthousiasme du père Hervin, que j'étais loin encore d'en connaître la cause ! Aujourd'hui, je ne l'approuve pas davantage, mais je l'excuse. Plus de feu, plus de chaleur dans l'imagination que je n'en ai peut-être, l'auront maîtrisé ; et d'ailleurs l'expérience de personne avant lui ne le pouvait retenir. Puissé-je contribuer ainsi que ceux qui, comme moi, s'occuperont du magnétisme animal à ramener la tranquillité dans l'esprit de tous les témoins de nos singulières expériences, et cela par notre propre tranquillité ! Contenons-nous ; faisons, à l'exemple de M. Mesmer, des efforts ; et certes, il en faut beaucoup pour ne pas s'exalter au dernier point, en voyant tous les effets surprenants et salutaires qu'un homme, avec le cœur droit et l'amour du bien, peut opérer par le magnétisme

(1) Armand-Marc-Jacques Chastenet de Puységur, né à Paris en 1750.

animal. J'entre donc en matière, et j'en suis bien pressé.

« Après dix jours de tranquillité dans ma terre, sans m'occuper d'autre chose que de mon repos et de mes jardins, j'eus occasion d'entrer chez mon régisseur. Sa fille souffrait d'un grand mal de dents; je lui demandai en plaisantant si elle voulait être guérie; elle y consentit, comme vous pouvez le croire. Je ne l'eus pas magnétisée dix minutes, que ses douleurs furent entièrement calmées; elle ne s'en ressent pas depuis.

« La femme de mon garde fut guérie le lendemain du même mal et en aussi peu de temps.

« Ces faibles succès me firent essayer d'être utile à un paysan, homme de vingt-trois ans, alité depuis quatre jours par l'effet d'une fluxion de poitrine. J'allai donc le voir: c'était mardi passé, 4 de ce mois, à huit heures du soir; la fièvre venait de s'affaiblir. Après l'avoir fait lever, je le magnétisai. Quelle fut ma surprise de voir au bout d'un demi-quart d'heure, cet homme *s'endormir* paisiblement dans mes bras, sans convulsions ni douleurs! Je poussai la crise; ce qui lui occasionna des vertiges: il parlait, s'occupait tout haut de ses affaires. Lorsque je jugeais ses idées devoir l'affecter d'une manière désagréable, je les arrêtais et cherchais à lui en inspirer de plus gaies. Il ne me fallait pas pour cela faire de grands efforts; alors, je le voyais content, imaginant tirer à un prix, danser à une fête, etc. *Je nourrissais en lui* ces idées, et par là, je le *forçais* à se donner beaucoup de mouvement sur sa chaise, comme pour danser sur un air, qu'en chantant *mentalement* je lui faisais répéter tout haut. Par ce moyen, j'occasionnai dès ce jour-là au malade une sueur abondante. Après une heure de crise, je *l'apaisai* et sortis de la chambre. On lui donna à boire, et lui ayant fait porter du pain et du bouillon, je lui fis manger dès le soir même une soupe, ce qu'il n'avait pu faire depuis cinq jours. Toute la nuit il ne fit qu'un somme, et le lendemain, ne se souvenant plus de ma visite du soir, il m'apprit le meilleur état de sa santé..... Je lui ai donné deux crises mercredi, et jeudi j'ai eu la satisfaction de ne lui voir le matin qu'un léger frisson. Chaque jour j'ai fait mettre les pieds dans l'eau au malade, l'espace de trois heures, et lui ai donné deux crises par jour. Aujourd'hui samedi, le frisson a été encore moins long qu'à l'ordinaire ; son appétit se soutient, ses nuits sont bonnes ; enfin j'ai la satisfaction de le voir dans un mieux sensible, et j'espère que d'ici à trois jours il reprendra ses ouvrages accoutumés, etc. »

Un grand nombre de faits analogues, depuis cette lettre, furent constatés et publiés par M. de Puységur ; et à partir de cette époque, les observations de somnambulisme artificiel se sont tellement multipliées, qu'il n'est presque personne aujourd'hui qui n'ait eu l'occasion d'en recueillir. Ce nouvel ordre de phénomènes dut nécessairement modifier les premières idées que l'on s'était faites du magnétisme ; aussi tout est-il changé maintenant dans les procédés (1) comme dans la théorie. On substitua un *fluide nerveux* au *fluide universel* de Mesmer ; mais cette moderne hypothèse mérite à peine qu'on en fasse mention, car dans les sciences naturelles les faits seuls sont plus ou moins immuables, et l'explication qu'on en donne n'est que relative à la tournure d'esprit et au degré de savoir des hommes qui les observent. Mais ce qui est incontestable, c'est que la question du magnétisme animal avait réellement changé de terrain depuis la découverte de de Puységur, et que, lorsque M. le docteur Foissac proposa en 1825 à l'Académie de médecine l'examen d'une somnambule, il ne s'agissait nullement de reprendre en sous-œuvre les observations de 1784, mais bien d'observer une chose nouvelle. Aussi MM. les membres de l'Académie chargés par leurs collègues d'apprécier l'opportunité d'une nouvelle commission se résumèrent-ils en ces termes :

« 1° Le jugement porté en 1784 par les commissaires chargés par le roi d'examiner le magnétisme animal ne doit en aucune manière vous dispen-

(1) Voir notre chapitre *Des différentes manières de magnétiser.*

ser de l'examiner de nouveau, parce que dans les sciences un jugement quelconque n'est point une chose absolue, irrévocable.

» 2° Parce que les expériences d'après lesquelles ce jugement a été porté paraissent avoir été faites sans ensemble, sans le concours simultané et nécessaire de tous les commissaires, et avec des dispositions morales qui devaient, d'après les principes du fait qu'ils étaient chargés d'examiner, les faire complétement échouer.

» 3° Le magnétisme, jugé ainsi en 1784, diffère entièrement par la théorie, les procédés et les résultats, de celui que des observateurs exacts, probes, attentifs, que des médecins éclairés, laborieux, opiniâtres, ont étudié dans ces dernières années.

» 4° Il est de l'honneur de la médecine française de ne pas rester en arrière des médecins allemands dans l'étude des phénomènes que les partisans éclairés et impartiaux du magnétisme annoncent être produits par ce nouvel agent.

» 5° En considérant le magnétisme comme un remède secret, il est du devoir de l'Académie de l'étudier, de l'expérimenter, afin d'en enlever l'usage et la pratique aux gens tout à fait étrangers à l'art, qui abusent de ce moyen, et en font un objet de lucre et de spéculation.

» D'après toutes ces considérations, votre commission est d'avis que la section doit adopter la proposition de M. Foissac, et charger une commission spéciale de s'occuper de l'étude et de l'examen du magnétisme animal.

Signé : Adelon, Pariset, Marc, Burdin *aîné*, Husson, *rapporteur*.

Après de longs débats, ces conclusions furent adoptées par l'Académie, et la commission demandée en octobre 1825, fut enfin formée en mai 1826 de MM. Leroux, Bourdois de la Motte, Double, Magendie, Guersant, Husson, Thillaye, Marc, Itard, Fouquier, et Guéneau de Mussy.

Presque immédiatement après leur nomination, MM. les commissaires commencèrent leurs travaux et les poursuivirent jusqu'au milieu de l'année 1831; enfin, ce fut dans les séances des 21 et 28 juin de la même année qu'ils communiquèrent à l'Académie, par l'organe de M. Husson, les résultats de leurs observations.

Remarquable sur plus d'un point, le rapport de M. Husson fera toujours époque dans les fastes du magnétisme, et il nous serait difficile de donner à nos lecteurs une idée plus nette et plus authentique de l'état actuel de la science qu'en leur transcrivant textuellement les conclusions de ce rapport.

§ IX. *Conclusions du rapport de M. Husson en* 1831.

1º Le contact des pouces ou des mains, les frictions ou certains gestes que l'on fait à peu de distance du corps, et appelés *passes*, sont les moyens employés pour mettre en rapport, ou en d'autres termes pour transmettre l'action du magnétiseur au magnétisé.

2º Les moyens qui sont extérieurs et visibles ne sont pas toujours nécessaires, puisque, dans plusieurs occasions, la volonté, la fixité du regard ont suffi pour produire les phénomènes magnétiques, même à l'insu des magnétisés.

3º Le magnétisme a agi sur des personnes de sexes et d'âges différents.

4º Le temps nécessaire pour transmettre et faire éprouver l'action magnétique a varié depuis une heure jusqu'à une minute.

5º Le magnétisme n'agit pas en général sur les personnes bien portantes.

6º Il n'agit pas non plus sur tous les malades.

7º Il se déclare quelquefois, pendant qu'on magnétise, des effets insignifiants et fugaces que nous n'attribuons pas au magnétisme seul, tels qu'un peu d'oppression, de chaleur ou de froid, et quelques autres phénomènes nerveux dont on peut se rendre compte sans l'intervention d'un agent particulier; savoir, par l'espérance ou la crainte, la prévention et l'attente d'une chose inconnue et nouvelle, l'ennui qui résulte de la monotonie des gestes, le silence et le repos observés dans les expériences; enfin, par l'imagination, qui exerce un si grand empire sur certains esprits et sur certaines organisations.

8° Un certain nombre des effets observés nous ont paru dépendre du magnétisme seul, et ne se sont pas reproduits sans lui. Ce sont des phénomènes physiologiques et thérapeutiques bien constatés.

9° Les effets réels produits par le magnétisme sont très variés ; il agite les uns, calme les autres ; le plus ordinairement il cause l'accélération momentanée de la respiration et de la circulation, des mouvements convulsifs fibrillaires passagers, ressemblant à des secousses électriques, un engourdissement plus ou moins profond, de l'assoupissement, de la somnolence, et dans un petit nombre de cas, ce que les magnétiseurs appellent *somnambulisme*.

10° L'existence d'un caractère unique, propre à faire reconnaître, dans tous les cas, la réalité d'un état de somnambulisme, n'a pas été constaté.

11° Cependant on peut conclure avec certitude que cet état existe, quand il donne lieu au développement des facultés nouvelles qui ont été désignées sous les noms de *clairvoyance*, d'*intuition*, de *prévision intérieure*, ou qu'il produit de grands changements dans l'état physiologique, comme l'*insensibilité*, un *accroissement subit et considérable de forces*, et quand cet effet ne peut être rapporté à une autre cause.

12° Comme parmi les effets attribués au somnambulisme, il en est qui peuvent être simulés, le somnambulisme lui-même peut quelquefois être simulé et fournir au charlatanisme des moyens de déception. Aussi, dans l'observation de ces phénomènes qui ne se présentent encore que comme des faits isolés, qu'on ne peut rattacher à aucune théorie, ce n'est que par l'examen le plus attentif, les précautions les plus sévères, et par des épreuves nombreuses et variées qu'on peut échapper à l'illusion.

13º Le sommeil provoqué avec plus ou moins de promptitude, et établi à un degré plus ou moins profond, est un effet réel, mais non constant, du magnétisme.

14º Il nous est démontré qu'il a été provoqué dans des circonstances où les magnétisés n'ont pu voir et ont ignoré les moyens employés pour le déterminer.

15º Lorsqu'on a fait tomber une fois une personne dans le sommeil magnétique, on n'a pas toujours besoin de recourir au contact et aux passes pour la magnétiser de nouveau. Le regard du magnétiseur, sa volonté seule ont sur elle la même influence. Dans ce cas, on peut non-seulement agir sur le magnétisé, mais encore le mettre complétement en somnambulisme et l'en faire sortir à son insu, hors de sa vue, à une certaine distance et au travers des portes fermées.

16º Il s'opère ordinairement des changements

plus ou moins remarquables dans les perceptions et les facultés des individus qui tombent en somnambulisme par l'effet du magnétisme.

A. Quelques-uns, au milieu du bruit de conversations confuses, n'entendent que la voix de leur magnétiseur; plusieurs répondent d'une manière précise aux questions que celui-ci ou que les personnes avec lesquelles on les a mis en rapport leur adressent; d'autres entretiennent des conversations avec toutes les personnes qui les entourent : toutefois, il est rare qu'ils entendent ce qui se passe autour d'eux. La plupart du temps, ils sont complétement étrangers au bruit extérieur et inopiné fait à leur oreille, tel que le retentissement de vases de cuivre vivement frappés près d'eux, la chute d'un meuble, etc.

B. Les yeux sont fermés, les paupières cèdent difficilement aux efforts qu'on fait avec la main pour les ouvrir. Cette opération, qui n'est pas sans douleur, laisse voir le globe de l'œil convulsé et porté vers le haut, et quelquefois vers le bas de l'orbite.

C. Quelquefois l'odorat est comme anéanti. On peut leur faire respirer l'acide muriatique ou l'ammoniaque sans qu'ils en soient incommodés, sans même qu'ils s'en doutent. Le contraire a lieu dans certains cas, et ils sont sensibles aux odeurs.

D. La plupart des somnambules que nous avons vus étaient complétement insensibles. On a pu leur chatouiller les pieds, les narines et l'angle des yeux par l'approche d'une plume, leur pincer la peau de manière à l'ecchymoser, la piquer sous l'ongle avec des épingles enfoncées à l'improviste à une assez grande profondeur, sans qu'ils aient témoigné de la douleur, sans qu'ils s'en soient aperçus. Enfin, on en a vu une qui a été insensible à une des opérations les plus douloureuses de la chirurgie, et dont ni la figure, ni le pouls, ni la respiration n'ont pas dénoté la plus légère émotion.

17° Le magnétisme a la même intensité, il est aussi promptement ressenti à une distance de six pieds que de six pouces, et les phénomènes qu'il développe sont les mêmes dans les deux cas;

18° L'action à distance ne paraît pouvoir s'exercer avec succès que sur des individus qui ont été déjà soumis au magnétisme.

19° Nous n'avons pas vu qu'une personne magnétisée pour la première fois tombât en somnambulisme; ce n'a été quelquefois qu'à la huitième, dixième séance que le somnambulisme s'est déclaré.

20° Nous avons constamment vu le sommeil ordinaire, qui est le repos des organes des sens, des facultés intellectuelles et des mouvements volontaires, précéder et terminer l'état de somnambulisme.

21° Pendant qu'ils sont en somnambulisme, les magnétisés que nous avons observés conservent l'exercice des facultés qu'ils ont pendant la veille. Leur mémoire même paraît plus fidèle et plus étendue, puisqu'ils se souviennent de ce qui s'est passé pendant tout le temps et toutes les fois qu'ils ont été en somnambulisme.

22° A leur réveil, ils disent avoir oublié totalement toutes les circonstances de l'état de somnambulisme, et ne s'en ressouvenir jamais. Nous ne pouvons avoir, à cet égard, d'autres garanties que leurs déclarations.

23° Les forces musculaires des somnambules sont quelquefois engourdies et paralysées ; d'autres fois les mouvements ne sont que gênés, et les somnambules marchent ou chancèlent à la manière des hommes ivres, et sans éviter, quelquefois aussi en évitant les obstacles qu'ils rencontrent sur leur passage. Il y a des somnambules qui conservent intact l'exercice de leurs mouvements ; on en voit même qui sont plus forts et plus agiles que dans l'état de veille.

24° Nous avons vu deux somnambules distinguer, les yeux fermés, les objets que l'on a placés devant eux ; ils ont désigné, sans les toucher, la couleur et la valeur des cartes ; ils ont lu des mots tracés à la main, ou quelques lignes de livres que l'on a ouverts au hasard. Ce phénomène a eu lieu alors même qu'avec les doigts on fermait exactement l'ouverture des paupières.

25° Nous avons rencontré chez deux somnambules la faculté de prévoir des actes de l'organisme plus ou moins éloignés, plus ou moins compliqués. L'un d'eux a annoncé plusieurs jours, plusieurs mois d'avance, le jour, l'heure et la minute de l'invasion et du retour d'accès épileptiques; l'autre a indiqué l'époque de sa guérison. Leurs prévisions se sont réalisées avec une exactitude remarquable. Elles ne nous ont paru s'appliquer qu'à des actes ou des lésions de leur organisme.

26° Nous n'avons rencontré qu'une seule somnambule qui ait indiqué les symptômes de la maladie de trois personnes avec lesquelles on l'avait mise en rapport. Nous avons cependant fait des recherches sur un assez grand nombre;

27° Pour établir avec quelque justesse les rapports du magnétisme avec la thérapeutique, il faudrait en avoir observé les effets sur un grand nombre d'individus, et avoir fait longtemps et tous les jours des expériences sur les mêmes malades. Cela n'ayant pas eu lieu, la commission a dû se borner à dire ce qu'elle a vu dans un trop petit nombre de cas, sans oser rien prononcer;

28° Quelques-uns des malades magnétisés n'ont ressenti aucun bien; d'autres ont éprouvé un soulagement plus ou moins marqué, savoir: l'un, la suppression de douleurs habituelles; l'autre, le retour des forces; un troisième, un retard de plusieurs mois dans l'apparition des accès épileptiques ; et un quatrième, la guérison complète d'une paralysie grave et ancienne.

29° Considéré comme agent de phénomènes physiologiques ou comme moyen thérapeutique, le magnétisme devrait trouver sa place dans le cadre des connaissances médicales ; et par conséquent les médecins seuls devraient en faire ou en surveiller l'emploi, ainsi que cela se pratique dans les pays du Nord ;

30° La commission n'a pu vérifier, parce qu'elle n'en a pas eu l'occasion, d'autres facultés que les magnétiseurs avaient annoncé exister chez les somnambules; mais elle a recueilli et communiqué des faits assez importants pour qu'elle pense que l'*Académie devrait encourager les recherches sur le magnétisme*, comme une branche *très curieuse de psychologie et d'histoire naturelle*.

Arrivée au terme de ses travaux, avant de clore ce rapport, la commission s'est demandé si, dans les précautions qu'elle a multipliées autour d'elle pour éviter toute surprise ; si, dans le sentiment de constante défiance avec lequel elle a toujours procédé; si, dans l'examen des phénomènes qu'elle a observés, elle a rempli scrupuleusement son mandat. Quelle autre marche, nous sommes-nous dit, aurions-nous pu suivre? Quels moyens plus certains aurions-nous pu prendre? De quelle défiance plus marquée et plus discrète aurions-nous pu nous pénétrer? Notre conscience, messieurs, nous a répondu hautement que vous ne pouviez rien attendre de nous que nous n'ayons fait. Ensuite, avons-nous été des observateurs probes, exacts, fidèles. C'est à vous qui nous connaissez depuis longues années; c'est à vous qui nous voyez constamment soit dans le monde, soit dans nos fréquentes assemblées, de répondre à cette question. Votre réponse, messieurs, nous l'attendons de la vieille amitié de quelques-uns d'entre vous, et de l'estime de tous.

Certes, nous n'osons nous flatter de vous faire partager entièrement notre conviction sur la réalité des phénomènes que nous avons observés, et que vous n'avez ni vus, ni suivis, ni étudiés avec et comme nous.

Nous ne réclamons donc pas de vous une croyance aveugle à tout ce que nous vous avons rapporté. Nous concevons qu'une grande partie de ces faits sont si extraordinaires, que vous ne pouvez pas nous l'accorder: peut-être nous-mêmes oserions-nous vous refuser la nôtre, si, changeant de rôle, vous veniez les annoncer à cette tribune à nous, qui, comme vous, n'aurions rien vu, rien observé, rien étudié, rien suivi.

Nous demandons seulement que vous nous jugiez comme nous vous jugerions, c'est-à-dire que vous demeuriez bien convaincus, que ni l'amour du merveilleux, ni le désir de la célébrité, ni un intérêt quelconque ne nous ont guidé dans nos travaux. Nous étions animé par des motifs plus élevés, plus dignes de vous, par l'amour de la science et par le besoin de justifier les espérances que l'Académie avait conçues de notre zèle et de notre dévouement. »

Ont signé : Boudois de la Motte, *président*, Fouquier, Gueneau de Mussy, Guersant, Itard, J.-J. Leroux, Marc, Thillaye, Husson, rapporteur (1).

Le rapport de M. Husson produisit une vive impression à l'Académie. Cependant s'il éveilla quelques doutes, il fit peu de convictions. On ne pouvait pas révoquer la véracité de MM. les commissaires, dont la bonne foi comme le haut savoir étaient choses irrévocables, mais on les soupçonna d'avoir été dupes. C'est qu'il est le propre en effet de certaines vérités malheureuses de compromettre ceux qui les croient, et surtout ceux qui ont la candeur de les avouer publiquement : le magnétisme est au nombre de ces vérités. Mais que les magnétiseurs se consolent et prennent courage ; le pire qu'on puisse leur faire, c'est de se moquer d'eux,

(1) MM. *Double* et *Magendie*, n'ayant point assisté aux expériences, n'ont pas cru devoir signer le rapport.

Galilée fut condamné au feu pour avoir dit que la terre tournait. La postérité a fait justice à Galilée ; à leur tour la postérité la leur rendra. Le passé leur répond de l'avenir, car s'ils ouvrent l'histoire, ils y verront que de tous temps les académies furent, comme elles sont aujourd'hui, des sortes de citadelles embastionnées contre toute innovation. La vérité n'y pénètre que par ruse le plus souvent, mais quelquefois aussi elle y entre par force, alors qu'après avoir envahi successivement toutes les intelligences elle vient battre de son flot tumultueux et faire crouler à la fin la muraille du sanctuaire.

Ici se terminent nos aperçus historiques sur le magnétisme animal; car les discussions académiques des années suivantes, le prix proposé en 1837 et le rapport Gérardin en 1838, ne nous semblent pas marquer de nouvelles phases dans cette histoire.

Voici du reste, quant à nous, notre profession de foi : Sous peu, le magnétisme animal aura acquis son droit de bourgeoisie parmi les découvertes qui honorent le plus l'esprit humain ; car, avant deux ans, et peut-être avant six mois, le prix Burdin aura trouvé un candidat heureux (1).

(1) *Voir le bulletin de l'Académie royale de médecine*, tom. II, pag. 19, 560 ; tom. III, pag. 1123.

CHAPITRE II.

DES CAUSES QUI ONT RETARDÉ LA PROPAGATION DU MAGNÉTISME.

Il y en a deux principales : l'inconstance des phénomènes magnétiques dès qu'il s'agit de les produire devant témoins; le manque de persévérance chez les hommes de bonne foi qui veulent se convaincre par des expériences personnelles. Ajoutons à cela que les phénomènes magnétiques reposent sur des principes inconnus et partant rejetés comme absurdes ; enfin, qu'ils sont tellement excentriques à toute idée reçue, tellement extraordinaires en leur nature, qu'on passe pour un fou quand on y croit après les avoir vus, et pour un imposteur alors qu'on parvient à les faire voir aux autres. Quant à moi, je suis persuadé qu'en racontant ce qui m'est arrivé à ce sujet-là, je vais faire le récit de ce qui est arrivé à tous les magnétiseurs, et de ce qui arrive journellement à ceux qui ne croient point encore au magnétisme.

Dès 1830, j'avais lu l'*Instruction pratique* de Deleuze, plusieurs articles insérés dans les publications périodiques, et la relation des expériences faites à l'Hôtel-Dieu de Paris par J. Dupotet. Tout cela m'avait *amusé* beaucoup, mais ne m'avait pas convaincu, et tous les magnétiseurs ne me paraissant que des niais ou des fripons (j'étais explicite dans mes jugements), je me permis cent fois sur leur compte maintes plaisanteries que j'ai de la peine à me pardonner aujourd'hui. Cependant j'essayai de magnétiser moi-même; mais, soit manque de foi, soit manque de *sympathie nerveuse* entre les sujets de mes expériences et moi, je ne parvins qu'à des résultats risibles, si risibles que je ne puis m'empêcher d'en rire encore quand je me les rappelle. Plus tard (en 1834), le hasard fit tomber entre mes mains quelques ouvrages sérieux que je me sentis forcé de lire avec attention. Entre autres, le livre de M. A. Bertrand intitulé : *Du magnétisme animal en France*, me parut une de ces compositions consciencieuses qu'on n'écrit point avec des billevesées et qu'on ne publie qu'après y avoir réfléchi longtemps. L'impression que me fit cet ouvrage me détermina à reprendre mes expériences et à les poursuivre aussi loin que possible. Cela dit, je me mis à l'œuvre; mais je ne fis juste que la moitié de ce que je m'étais proposé de faire; c'est-à-dire que je magnétisai *une fois* deux personnes, dont l'une eut des pandiculations après une demi-heure de *passes*, et dont l'autre, plus ou moins bien endormie après trois quarts d'heure d'efforts, répondit (fort niaisement il est vrai) aux questions que je lui adressai. Il est certain pour moi aujourd'hui que si j'avais eu alors la patience de recommencer le lendemain, j'aurais déterminé, au moins sur un de mes sujets, les phénomènes du somnambulisme complet; mais, soit légèreté, soit présomption, j'en restai là; et, bien convaincu d'avoir atteint en fait de magnétisme jusqu'aux colonnes d'Hercule, c'est-à-dire jusqu'au *nec plus ultrà* du possible, je crus devoir, l'année suivante, faire entrer cette proposition dans ma thèse inaugurale:

« Il y a quelque chose de vrai dans le magnétisme animal, mais il s'en faut que tout soit vrai dans ce qu'on en a dit. Depuis Mesmer, qui n'était qu'un charlatan, jusqu'à nos modernes, parmi lesquels on pourrait peut-être compter plus d'un Mesmer, le magnétisme trouva tour à tour des fauteurs fanatiques et des détracteurs exagérés. Mais en fait de science, il est aussi hasardeux de croire sur parole que de se faire sceptique par passion. Avant de ne rien admettre ou de ne rien nier, lorsqu'il s'agit de questions litigieuses, il faut expérimenter, il faut voir. Or, c'est probablement là ce que n'ont pas fait ou ce qu'ont mal fait, ce qui pis est (j'étais persuadé d'avoir fait très bien), ceux qui ont tout admis et ceux qui ont tout nié. De là, le merveilleux ridicule ou la futilité de la plupart des articles *magnétisme* de nos recueils encyclopédiques. »

Dans la première partie de cette dernière phrase j'avais évidemment en vue l'article de M. Rostan, sur lequel tant de gens avaient crié *haro!* Quant à la *futilité*, je connais plus d'un rédacteur de *dictionnaire* ou de *revue* qui eût pu s'attribuer ma critique. Mais que réparation soit faite à M. le professeur Rostan, qui non-seulement eut le mérite de constater la vérité, mais qui eut le courage plus louable encore de la dire, alors qu'elle était encore plus ridicule qu'aujourd'hui.

Pour ce qui est de l'article *magnétisme* de M. Bouillaud.... (1), la nature de cet ouvrage m'interdit la polémique.

Voilà donc où j'en étais en 1836, après *avoir expérimenté moi-même*. Or, je déclare que, pour me conduire au point où j'en suis aujourd'hui, il m'a fallu un concours de circonstances qui ne doivent se reproduire que rarement, un hasard presque prodigieux, et une persévérance que je n'aurais peut-être pas trouvée en moi seul, si je n'avais eu pour m'encourager des hommes éclairés et énergiques qui me montrèrent la route et m'entraînèrent après eux.

Eh bien! je le répète; les déceptions qui me sont advenues, les obstacles que j'ai rencontrés, ils ont toujours dû et doivent encore aujourd'hui exister pour tout le monde. Cependant il est un fait positif: c'est qu'en matière de magnétisme chacun ne croit

---

(1) *Dictionnaire de médecine et de chirurgie pratiques*, t. xi, pag. 299.

que ce qu'il a vu et bien vu ; et comme, d'après ce qui précède, il est souvent fort difficile de voir, on ne doit nullement s'étonner de l'incrédulité presque générale avec laquelle on accueille encore en France les relations des magnétiseurs, quels que soient d'ailleurs leurs antécédents scientifiques et moraux.

Au surplus, comme il est aisé d'éviter un écueil bien signalé, et comme, après tout, la chose sous plus d'un rapport mérite qu'on l'examine de près, tout nous porte à croire et nous fait espérer que les plus *incrédules* eux-mêmes ne tarderont pas à se metttre à l'œuvre, et que du concours de tant d'efforts résultera en peu de temps une foi générale, universelle, dans un ordre de faits destinés, selon moi, à devenir dans tous les pays autant de vérités populaires.

CHAPITRE III.

CONDITIONS NÉCESSAIRES A LA PRODUCTION
DES PHÉNOMÈNES MAGNÉTIQUES.

Quelle que soit l'idée qu'on se fasse du magnétisme, quelle que soit la théorie à laquelle on rattache les phénomènes qu'il détermine, il me semble qu'une déduction rationnelle de cette théorie est que tous les hommes peuvent être tour à tour, et suivant les conditions physiques ou morales dans lesquelles on les place, magnétiseurs et magnétisés. En effet, en invoquant l'analogie des faits psychologiques et des caractères d'anthropologie qui nous sont connus, il n'est guère supposable qu'une faculté dont est douée une organisation quelconque ne se retrouve pas, au moins à l'état rudimentaire, dans une organisation analogue. Seulement, il est permis de penser que, sur un assez grand nombre d'individus, l'influence magnétique, tout en s'exerçant suivant sa nature et son mode ordinaire, non-seulement ne se manifeste pas d'une manière appréciable pour l'observateur, mais encore échappe à la perception de celui même qui en est l'objet. — Je vais plus loin, je crois (abstraction faite de l'intervention purement imaginaire de toute espèce de *fluide*), je crois, dis-je, que cette influence s'exerce constamment, bien que d'une manière latente, de telle façon que tous les hommes, et peut-être tous les êtres de la nature, sont réciproquement et incessamment magnétisés. Cela est subtil, je le sais, et bien éloigné encore d'être susceptible de démonstration rigoureuse ; mais, à tout prendre, si cette loi, que l'on peut à peine encore pressentir, devenait un jour axiome de physiologie, devrait-elle nous étonner davantage que les phénomènes de la pesanteur, de la gravitation, etc.? Non sans doute; et je ne serais nullement étonné en apprenant que ce pouvoir magique que certains hommes exercent sur leurs semblables n'est qu'un pouvoir *magnétique*. Des soldats qui ne l'avaient jamais vu ont deviné Napoléon; et Aristide, au dire de Platon, avançait dans l'étude de la sagesse par cela seul qu'il habitait la même maison que Socrate, et il avançait encore plus alors qu'il habitait la même chambre; enfin, le progrès était plus grand encore, lorsque le disciple, assis à côté du maître, pouvait en être touché. Ces réflexions, qui paraîtront étranges à plus d'un *profane*, ne seront bien comprises que des magnétiseurs; mais passent quelques siècles, et cette simple idée que nous laissons tomber ici au hasard et sous forme de rêverie, cette idée à laquelle un petit nombre de lecteurs seulement prendront garde, et dont Voltaire eût assurément fait autant de cas que d'une des dissertations *quintessentiées* de l'hôtel Rambouillet; cette idée, dis-je, deviendra peut-être la base d'un nouveau et grand système d'anthropologie. Mais ce n'est point ici le lieu de développer longuement des espérances que trop de gens encore trouveraient extravagantes; d'ailleurs, c'est un livre pratique que nous avons pris l'engagement d'écrire.

Quels sont les sujets qui, par leur sexe, leur âge,

leur tempérament, etc., sont les plus aptes à être magnétisés? Voilà les questions à résoudre, et certes on peut affirmer que les faits dont la science est aujourd'hui en possession sont assez nombreux pour constituer les éléments d'une statistique concluante. Notre propre expérience, jointe à celle d'hommes laborieux et intègres, va donc nous fournir là-dessus, les principes généraux qu'il importe de formuler.

§ Ier. *Du sexe.*

Les femmes, généralement parlant, sont incomparablement plus magnétisables que les hommes. Cela se conçoit aisément, si l'on admet, ce qui est vrai, que la faculté magnétique, c'est-à-dire celle qui rend apte à être magnétisé, n'est qu'une faculté, pour ainsi dire, négative, laquelle tend à rendre l'âme et toute l'organisation passives d'une puissance extérieure. Tout, chez les femmes, semble les entraîner naturellement à cette sorte de dépendance, qui, dans leur état normal, constitue chez la plupart d'entre elles un des traits saillants de leur organisme et de leurs mœurs. Presque toutes ressentent même le besoin d'éprouver cette dépendance lorsqu'elle n'est point portée jusqu'à une servilité pénible. La domination (sauf pour quelques exceptions qui ressemblent à des anomalies) serait au-dessus de leurs forces, et, de leur propre aveu, en dehors de leurs instincts. Ajoutons à cela que, si certaines propensions de l'âme sont de nature à favoriser la réception de l'action magnétique, les femmes bien plus que nous sont douées de ces propensions. Ainsi elles ont plus de sensibilité, plus de tendance au merveilleux, plus de vénération, moins d'énergie, moins d'orgueil, et en conséquence de toutes ces choses une foi plus vive, ce qui constitue, comme nous aurons l'occasion de le dire plus loin, une des conditions les plus nécessaires à la production des phénomènes magnétiques. Les hommes en général ne croient que difficilement, et lorsqu'ils en sont arrivés à *croire*, je ne dis pas seulement les choses les plus raisonnables, mais les plus incontestables, ils ont souvent encore l'impardonnable faiblesse de rougir de leurs croyances. Voilà pourquoi les hommes controversent la religion pendant que les femmes la pratiquent ; ce qui tient sans doute à ce que ces dernières ne savent que sentir et ne savent pas raisonner, tandis que des hommes, qui ne savent fort souvent ni l'un ni l'autre, raisonnent et ne croient pas. Mais on pourrait résumer dans un mot toutes ces considérations, auxquelles je serais désespéré de donner une couleur métaphysique. Les femmes sont plus faibles, plus délicates, plus impressionnables que les hommes ; cela signifie simplement que, relativement à nous, le système nerveux est chez elles le système prédominant. Voilà la véritable cause, la cause évidente, palpable, anatomique de leur impressionnabilité magnétique, et les ennemis de la vérité que nous avons pris mission de propager manqueraient de loyauté, s'ils affectaient d'attribuer uniquement à *la faiblesse d'esprit* des femmes les prodigieux phénomènes que l'on parvient journellement à développer sur un grand nombre d'entre elles. Beaucoup d'hommes, au surplus, peuvent être magnétisés et l'ont été en effet; mais la plupart de ceux-là, il le faut dire, se rapprochaient singulièrement des femmes par la débilité et la délicatesse de leur organisation ; ou bien encore ils se trouvaient accidentellement placés dans des conditions physiologiques qui leur avaient fait perdre pour un temps plus ou moins limité les prérogatives de leur sexe.

Sur douze femmes que j'ai magnétisées depuis un mois, j'en ai endormi huit chez lesquelles je suis parvenu à déterminer un somnambulisme complet : trois dès la première séance; les cinq autres, après deux, trois et même quatre séances d'une demi-heure chaque.—Par opposition, j'avoue n'être parvenu que trois fois à produire un sommeil complet chez des hommes bien portants ; mais n'étant pas moi-même d'une complexion très forte, je me garderai de déduire une règle générale de ces observations. Elles prouvent seulement d'une manière irrécusable la disproportion que nous avons établie plus haut, entre les aptitudes magnétiques des deux sexes.

§ II. *De l'âge.*

J'ai magnétisé un grand nombre d'enfants depuis l'âge de 6 mois à 5 ans, et je dois avouer qu'excepté sur quelques sujets chétifs, souffreteux ou convalescents, je n'ai jamais réussi ; ce que je m'explique d'ailleurs aisément. Indépendamment de ce que les enfants sont distraits, inattentifs, impatients, il est d'une part impossible de leur demander la *foi*, et d'autre part le système nerveux, enseveli chez eux dans la graisse abondante qui arrondit leurs formes, n'a certainement pas encore acquis toute la susceptibilité qu'il doit avoir. Il est bien clair que je ne parle ici que des enfants en bonne santé, car la maladie peut modifier à l'infini, comme personne n'en doute, les conditions organiques dont je parle. Cependant il me paraît, d'après mes propres expériences et le petit nombre d'observations que l'on trouve dans les livres, qu'il est en général difficile de magnétiser complétement un enfant très jeune, alors même qu'il est malade ; témoin le fait suivant relaté dans le rapport de M. Husson : « Un enfant de vingt-huit mois, *atteint d'attaques d'épilepsie*, fut magnétisé chez M. Bourdois, par M. Foissac, le 6 octobre 1827. Presque immédiatement après le commencement des passes, l'enfant se frotta les yeux, fléchit la tête de côté, l'appuya sur un des coussins du canapé où on l'avait assis, bâilla, s'agita, se gratta la tête et les oreilles, parut combattre le sommeil qui semblait vouloir l'envahir, et bientôt se releva, permettez-nous l'expression, en grognant. Le besoin d'uriner le prit, et après qu'il l'eut satisfait, il fut encore magnétisé quelques instants ; mais comme cette fois *la somnolence n'était pas aussi prononcée*, on cessa l'expérience. » Nous lisons dans une note que ce petit garçon fut mis plus tard en somnambulisme par M. Foissac ; mais il n'en reste pas moins constant que les enfants ne cèdent pas à l'action magnétique en raison directe de leur faiblesse.

Les vieillards aussi peuvent être magnétisés ; mais les expériences faites sur eux sont peu nombreuses, et, pour mon compte, je ne puis en citer qu'une seule qui me soit personnelle. L'individu que je magnétisai était âgé de soixante-douze ans ; il était de haute taille, d'un tempérament nerveux bien caractérisé, d'un caractère doux, mais mobile et impressionnable ; enfin Pierre Courtois (c'était son nom) était atteint de la gravelle, et de plus d'une incontinence d'urine dont il était fort difficile de préciser la cause. Le résultat le plus remarquable des premières séances fut la manifestation subite et parfaitement insolite d'une sorte de toux convulsive qui donna lieu le deuxième jour à une légère expectoration sanguinolente. Enfin, le cinquième jour (chaque séance ayant été d'une demi-heure), Courtois s'endormit et me parla pendant son sommeil. Mais ses paroles étaient confuses, embarrassées, presque dépourvues de sens, et souvent n'offraient aucun rapport avec mes questions. Les jours suivants je ne fus pas plus heureux, et je renonçai enfin, après huit ou neuf jours de tentatives inutiles, à poursuivre une expérience qui me sembla ne devoir être d'aucun profit ni pour moi ni pour mon malade.

La première jeunesse et l'adolescence me paraissent donc être les époques de la vie auxquelles le magnétisme réussit le mieux; mais c'est surtout aux approches et dans les premiers temps de la puberté que les jeunes filles offrent le plus de prise à son action. Cependant je dois ici à mes lecteurs un conseil utile que m'a suggéré l'expérience. Il n'est pas sans danger de magnétiser une fille de quatorze ou quinze ans, qui voit ses règles pour la première fois. Divers accidents cérébraux ou nerveux dont j'ai été témoin en circonstances pareilles motivent ma réflexion, et m'ont averti à mes dépens qu'il pouvait être des cas, très rares il est vrai, dans lesquels il était bon d'être circonspect dans la pratique du magnétisme. Je déclare au reste que les accidents dont je parle n'ont eu absolument aucune suite fâcheuse; mais il n'en reste pas moins importun à un médecin d'avoir lui-même donné lieu à un délire de plusieurs jours, et non moins importun peut-être de ne pas l'avoir prévu. — Quelques observations récentes tendraient à me faire croire que les femmes sur le point d'atteindre à l'âge critique se retrouvent précisément dans les mêmes dispositions que les jeunes filles depuis peu menstruées; et il n'est rien à cela d'étonnant, puisque l'apparition comme la cessation des règles constituent véritablement deux états *morbides*, qui, sans compter les autres points d'analogie qu'ils ont entre eux, se rapprochent évidemment par le singulier retentissement qu'ils opèrent sur le système nerveux en général et sur le cerveau en particulier.

§ III. *Du tempérament.*

Toutes les somnambules à réputation qu'il m'a été donné d'approcher, lesquelles passent leur vie à dormir et à prophétiser pour la stupéfaction de leur prochain; toutes celles-là, dis-je, m'ont paru d'une corpulence plus que médiocre et presque diaphane, d'un aspect olivâtre ou terreux, d'une irritabilité sans égale; toutes enfin m'ont semblé réunir à leur *summum* les traits caractéristiques du tempérament nerveux. C'est qu'en effet ce sont surtout les sujets ainsi constitués que l'on parvient à magnétiser aisément, et chez lesquels le somnambulisme revêt des formes si extraordinaires que le premier mouvement de l'observateur inexpérimenté est d'en suspecter la réalité. Mais il n'est certainement pas indispensable d'être affligé d'une pareille constitution pour s'endormir et devenir somnambule sous l'influence des passes. — Le 6 avril dernier, je magnétisai la nommée Angéline Paulin, femme de chambre chez un de nos confrères. Cette fille, âgée de 29 ans, remarquable peut-être par l'exiguité de son intelligence, est d'une constitution véritablement athlétique ; eh bien ! pourtant, je l'endormis et la mis en somnambulisme dès la première séance. Elle ne fut pas *lucide*, il est vrai ; mais rien ne me prouve qu'elle n'aurait pas fini par le devenir.

Les observations de cette espèce sont loin d'être rares ; mais des faits de nature différente ne s'infirment pas mutuellement, à moins d'être absolument et évidemment contradictoires ; et je n'ai certainement pas cité celui d'Angéline pour *prouver* que le tempérament nerveux n'était point une des conditions les plus favorables possibles au magnétisme.

Au surplus, ce tempérament nerveux, dont on fait tant de bruit, n'est pas toujours très facile à reconnaître lorsqu'il n'est pas exagéré ; et comme ce livre sera peut-être lu par des personnes étrangères aux études physiologiques, et par conséquent n'ayant pas, comme les médecins, l'habitude des sortes d'appréciations dont nous parlons, il nous semble important d'exprimer d'une manière plus générale et plus à la portée de tout le monde le principe que nous tenons à établir. Nous dirons donc, en faisant abnégation du langage technique, *que le magnétisme réussit principalement chez les femmes délicates, dépourvues d'embonpoint, au teint pâle ou plombé, à sensibilité vive, à propensions enthousiastes et ardentes; chez les femmes enfin dont le meilleur état de santé est une sorte de maladie continue sans acuité et sans symptômes déterminés.*

§ IV. *De l'état physiologique.*

C'est surtout chez les sujets amaigris et débilités par une affection chronique qu'il est facile de déterminer les phénomènes magnétiques; mais on se tromperait étrangement si l'on pensait que les malades seuls ou les convalescents fussent susceptibles de présenter ces phénomènes. L'observation que j'ai rapportée plus haut prouve même qu'une parfaite santé n'est point un obstacle insurmontable à la production du somnambulisme artificiel, puisqu'Angéline Paulin m'a déclaré n'avoir jamais été malade une heure dans sa vie.

Mais un fait qui n'est pas moins certain, c'est qu'une longue maladie, ou même une maladie aiguë, mais de nature nerveuse ou débilitante, peut rendre en fort peu de temps magnétisable un sujet qui avant ne l'eût pas été. — J'avais inutilement tenté à plusieurs reprises de magnétiser mademoiselle Julie S**., charmante personne de vingt-deux ans, d'un tempérament lymphatico-sanguin, et d'une admirable santé, lorsque, dans le courant du mois de mars 1839, cette demoiselle fut atteinte d'une fièvre muqueuse qui, après avoir revêtu pendant quelques jours des caractères typhoïdes très prononcés, s'amenda assez rapidement sous l'influence de violents purgatifs administrés coup sur coup (1). Huit ou dix jours après le début de sa maladie, mademoiselle Julie pouvait se regarder comme convalescente, mais elle était loin encore d'avoir recouvré ses forces. Ce fut alors qu'à sa demande (car *mes grimaces*, disait-elle, l'amusaient beaucoup) je la magnétisai en présence de sa mère et de deux de ses amies. Mais, cette fois, mon aimable cliente cessa ses plaisanteries; car après dix ou douze minutes de *passes*, tout au plus, elle bâilla, soupira, se trémoussa sur sa chaise, puis s'endormit, à la grande admiration des témoins qui se trouvaient être des *esprits forts;* puis enfin elle tomba dans un somnambulisme complet pendant lequel elle parla fort sérieusement du magnétisme.

Ce fait n'a rien que de très ordinaire, et bien certainement il ne serait point difficile de rassembler un grand nombre d'observations semblables. L'explication qu'on en donnerait serait d'ailleurs infiniment simple; ni la fièvre ni les purgatifs, en effet, n'avaient

(1) Teinture alcoolique de scammonée et de coloquinte. — Je me propose de publier des observations curieuses sur l'emploi de ce médicament dans le traitement de la fièvre typhoïde.

fait acquérir à Mlle Julie une faculté nouvelle; mais la douloureuse excitation de son système nerveux pendant huit jours de souffrances avait augmenté son impressionnabilité : voilà pour le physique; tandis que le mal, en usant son énergie, l'avait privée de sa force de résistance : voilà pour le moral. Tout cela tombe sous les sens, et de plus longs commentaires nous feraient perdre un temps précieux. Nous dirons donc en nous résumant : *Qu'il n'est point indispensable d'être malade pour être magnétisé avec succès, mais que les maladies, surtout les maladies nerveuses, telles que l'hystérie, l'épilepsie, etc., favorisent singulièrement la puissance de l'action magnétique.*

§ V. *Conditions morales.*

On ne saurait douter que la disposition intellectuelle avec laquelle chaque individu s'offre ou se prête aux expériences n'ait une grande part dans le résultat de ces expériences. Je sais bien qu'il est souvent fort difficile, impossible même à l'expérimentateur d'apprécier cette disposition ; mais enfin son devoir, s'il veut réussir, est de chercher à la pénétrer, et même à la modifier si elle lui est contraire, par le raisonnement et l'insinuation. Il est certains esprits auxquels il n'est point aisé d'inspirer la foi (1),

(1) Nous dirons ailleurs quel rôle important elle joue dans les expériences magnétiques.

mais il en est d'autres qui se rendent volontiers aux preuves fournies par un homme dont le caractère sait inspirer la confiance. Ici, le succès peut dépendre d'une chose imperceptible, et il n'est rien à négliger si l'on tient à y parvenir. Il est donc pour le moins utile, lorsqu'on est sur le point de magnétiser une personne étrangère à la science, de s'expliquer clairement, sérieusement et surtout avec bienveillance sur ce qu'on se propose de faire.

Quelquefois il existe entre le magnétiseur et la personne qui se livre à son influence certaine antipathie morale que rien ne pourrait dissiper. Cette circonstance est fâcheuse; je la crois même un obstacle insurmontable, lorsque le sentiment d'aversion dont nous parlons est principalement ressenti par celui ou celle qu'on prétend magnétiser. Néanmoins, cette sorte de répulsion morale peut, jusqu'à un certain point, être compensée par une grande disproportion de forces physiques et de volonté entre les deux sujets. Le hasard m'a rendu témoin de pareilles circonstances; j'ai vu par exemple une jeune dame se prêter par politesse aux passes d'un médecin pour lequel elle ressentait involontairement un éloignement extrême; le sommeil eut lieu, mais il fut agité, pénible, et la *lucidité*, ordinairement très remarquable de la jeune somnambule, manqua totalement ce jour-là, au grand dépit des assistants.

§ VI. *Conditions phrénologiques.*

Les volumes relatifs des masses cérébrales et des centres nerveux en général jouent également ici un rôle important ; mais nous n'osons pas encore nous hasarder sur le terrain mouvant de la phrénologie, et appuyer une science qui naît sur les données trop incertaines d'une science née d'hier.

§ VII. *Des lieux, des témoins*, etc.

Comment pourrait-on imaginer une expérience sérieuse, faite dans l'agitation tumultueuse d'un salon, par exemple, au milieu de témoins ou bruyants, ou distraits, ou malveillants, ou seulement enfin incrédules. Qu'on explique comme on voudra la transmission réciproque, sinon des idées, du moins des dispositions morales, mais il est certain que cette transmission s'effectue. Dans toutes les réunions, quel que soit leur but, il arrive toujours un instant, si elles se prolongent, où une sorte d'équilibre indéfinissable s'établit entre toutes les pensées de ceux qui les composent; de telle manière qu'une nuance uniforme de joie ou de plaisir, de gaîté ou de tristesse s'étend sur toutes les physionomies, et règne dans l'appartement comme une sorte d'atmosphère commune. Eh bien ! qu'une expérience de magnétisme ait lieu dans une pareille assemblée; les influences réciproques des deux organismes qui vont se mettre en rapport ne seront-elles pas croisées en tous sens par les influences extérieures? — Tout cela est abstrait; mais, encore une fois, cela peut être ainsi, et tout au moins ne pouvons-nous pas nier que cela soit, puisque rien ne nous prouve le contraire. — Au surplus, qu'on explique le fait comme on voudra, mais il existe: les expériences magnétiques ne réussissent presque jamais devant de nombreux témoins.

Il faut donc opérer dans le calme, autant que possible dans la solitude et dans des lieux qui n'inspirent à l'âme ni émotion ni contrainte, et où rien ne soit de nature à captiver trop vivement l'attention. — Quant aux témoins, qu'on en restreigne le nombre autant que les circonstances ou la bienséance le permettront; qu'on tâche surtout de les avoir bienveillants; mais encore, qu'est-il besoin de témoins, si l'on ne fait du magnétisme qu'un acte de charité et de philanthropie!

CHAPITRE IV.

CLASSIFICATION ET DESCRIPTION DES PHÉNOMÈNES MAGNÉTIQUES.

Ce chapitre étant un des plus importants de ce manuel, nous allons mettre toute notre attention à l'écrire. Tout en nous aidant des ouvrages de nos devanciers pour en compléter les détails, nous ne donnerons pour certain que ce que nous avons nous-mêmes observé, et nous prenons l'engagement d'être fidèle et scrupuleux dans le récit de nos observations. C'est surtout lorsqu'on traite d'un sujet nouveau et de faits extraordinaires, qu'il importe à l'écrivain d'être rigoureux, de ne rien imaginer, et de présenter la vérité toute nue, sous sa véritable forme, sous son véritable aspect, et sans jamais l'altérer par un seul mot inexact ou faux. Quant à moi, quel que soit le merveilleux des faits que je raconterai, je n'aurai jamais honte de les affirmer lorsque je serai bien convaincu de leur existence; mais il n'y a qu'un seul moyen d'être convaincu de l'existence des faits, c'est de les avoir vus.

Au surplus, je renonce d'avance à toute espèce d'interprétation dogmatique, parce qu'en fait de magnétisme aucune théorie ne me paraît encore possible. Cette théorie, d'ailleurs, si on entreprenait de l'établir, renverserait probablement toutes nos idées physiologiques, et la physiologie presque entière serait à recommencer. Le malheur ne serait pas grand, je le sais, si la plupart des principes de cette science sont erronés; mais encore est-il dangereux de substituer à d'utiles erreurs une erreur qui risquerait, quant à présent, de n'être d'aucun profit. Il pourrait se faire, du reste, que les faits magnétiques, au lieu d'être contradictoires à ceux qu'admettent et que décrivent les physiologistes, ne fussent tout simplement que des faits d'un nouveau genre. Pour en donner un exemple, la vision à travers les paupières closes ou même par l'occiput n'infirme pas nécessairement notre théorie de l'optique; mais seulement on peut supposer que, en outre de la vision au moyen de l'œil, il y ait un autre genre de vision dont nous ne comprenons pas encore le mécanisme. — Socrate disait à ses disciples : « Tout ce qu'on m'a enseigné, toutes les sciences humaines que j'ai étudiées et approfondies, toutes les recherches enfin que j'ai faites sur le principe et l'essence des choses, ne m'ont servi qu'à savoir que je ne savais rien. »

Les phénomènes magnétiques présentent dans leur développement quatre phases différentes, sa savoir: 1° les signes précurseurs du sommeil, 2° le sommeil, 3° le somnambulisme; 4° enfin le réveil. Nous allons donc, pour procéder méthodiquement, consacrer à chacune de ces phases une des principales divisions de ce chapitre.

§ I. *Signes précurseurs du sommeil.*

Ils sont, généralement parlant, très complexes et fort difficiles à décrire. Variables à l'infini suivant les sujets, ils dépendent non-seulement de la constitution de ceux-ci, mais encore de la disposition éventuelle dans laquelle ils se trouvent, des circonstances où ils sont placés, des témoins qui les observent ; enfin, ils dépendent de la constitution, de la puissance magnétique, du procédé employé et de la disposition mentale du magnétiseur.—Une jeune somnambule de ma connaissance, magnétisée successivement par quatre personnes, s'est quatre fois endormie d'une manière différente. — Cependant, voici les traits généraux que l'on observe le plus communément :

a. La tête s'appesantit ; mais ceci mérite explication. Il ne s'agit pas seulement ici de cet alourdissement de la pensée qui caractérise une légère congestion cérébrale, telle que celle que pourrait déterminer l'application d'un corps chaud sur le front ; il s'agit d'une sensation particulière, qu'il n'est pas aisé de comprendre lorsqu'on ne l'a pas soi-même éprouvée. Il semble que la main du magnétiseur s'appuie médiatement sur le sommet et les régions pariétales de la tête en pressant un corps élastique sur ces régions, qui deviennent en même temps le siége d'une vive sensation de chaleur ou de fraîcheur (ce qui est plus rare), alors pourtant que la main qui s'en approche n'est ni froide, ni chaude.

b. Une sensation analogue à celle que nous venons de décrire se manifeste à l'épigastre lorsque le magnétiseur y touche, et dessine le trajet des nerfs lorsqu'on fait des passes sur les membres. Quelquefois, chez les sujets très nerveux, c'est un fourmillement bien marqué qui se fait sentir jusqu'au bout des doigts ou des orteils, et ébranle le membre tout entier d'un léger trémoussement convulsif.

c. Les paupières éprouvent un clignotement tout particulier, qui devient de plus en plus marqué au fur et à mesure que l'opération s'avance; avant qu'elles se ferment définitivement, leur muscle orbiculaire se contracte fortement à plusieurs reprises, comme cela arrive lorsque la vue est fatiguée d'une contemplation prolongée ou de l'aspect d'un corps lumineux. — Les larmes semblent aussi les humecter plus abondamment que dans l'état ordinaire (1).

d. Le globe oculaire, aux approches du sommeil, exécute plusieurs mouvements de rotation, après lesquels il se convulse définitivement vers la voûte de l'orbite, et beaucoup plus rarement vers sa paroi inférieure. — Ce signe n'est pas constant; et il arrive parfois, on peut dire même assez fréquemment, que l'œil reste fixe; mais alors la pupille se dilate, ce qui donne au regard quelque chose de vague et d'hébété. — Enfin, il y a quelquefois strabisme.

e. La contraction spasmodique des muscles de la face chez quelques sujets imprime à la physionomie

---

(1) Le magnétisme paraît activer toutes les sécrétions.

un cachet indéfinissable, tandis que le tremblement convulsif des *masséter*, qui survient d'intervalle en intervalle chez d'autres sujets, fait claquer les arcades dentaires l'une contre l'autre avec une incroyable rapidité.

f. Très fréquemment (et nous verrons que cette circonstance se représente au réveil) les fonctions de l'estomac éprouvent un trouble passager, mais bien manifeste; ainsi, ce sont des nausées, des régurgitations, et peut-être même des vomissements, quoique je n'en aie jamais observé.

g. Le pouls est tantôt ralenti, tantôt accéléré, sans qu'il soit possible de préciser les circonstances qui donnent lieu à l'un ou à l'autre de ces deux symptômes opposés; mais, à peu près constamment, il y a augmentation de chaleur à la peau.

h. La respiration, d'abord évidemment ralentie, devient ensuite suspirieuse et haletante. La poitrine est comme comprimée par une force physique, et j'ai vu souvent un point douloureux se manifester subitement à la région sous-sternale, et persister jusqu'au sommeil. Viennent ensuite des bâillements fréquents, prolongés et irrésistibles; un malaise général, une toux nerveuse, et parfois du hoquet; mais c'est principalement au réveil que j'ai eu l'occasion de constater ces deux derniers caractères, qui sont d'ailleurs très loin d'être fréquents.

i. Ce qui est beaucoup moins rare, c'est une sorte

d'hilarité sans motif, hilarité bizarre, souvent fort plaisante, qui se traduit par un rire extraordinaire, inextinguible, et ne cesse qu'au moment du sommeil.

k. Enfin, le corps entier peut être pris de convulsions violentes, de ces convulsions qui constituaient les *crises* de Mesmer, mais qui ne sont guère de nos jours que le résultat de circonstances accidentelles, apparentes ou non pour l'observateur. — Il n'est rien de plus commun, au contraire, qu'une espèce de soubresauts qu'on prendrait pour les effets inopinés de décharges électriques. La plus légère agitation préexistante à l'opération ne manque presque jamais d'y donner lieu.

Il peut arriver que tous ces prodrômes existent simultanément sur le même sujet et dans la même séance; mais ce n'est pas l'ordinaire qu'il en soit ainsi. Une observation importante à faire, c'est qu'ils sont en général d'autant plus prononcés que le sujet est moins accoutumé au magnétisme. — Madame Hortense*** (1), pendant que je la magnétise, cause et plaisante avec moi sans la moindre émotion jusqu'à l'instant où le sommeil vient à clore brusquement sa paupière, et, dès la première seconde, ce sommeil est un somnambulisme parfait.

(1) Cette jeune dame, dont j'aurai l'occasion de parler souvent, est la plus remarquable somnambule que j'aie vue dans ma vie.

La manière dont s'endormait Paul Villagrand, l'un des sujets soumis à l'observation de MM. les commissaires de 1826, est des plus remarquables. Nous allons en emprunter la relation à M. Foissac :

« On ne trouve dans les ouvrages de magnétisme aucun exemple des effets que Paul éprouvait avant d'entrer en somnambulisme. Les premières passes excitaient d'abord son hilarité ; mais au bout de deux minutes, sa figure devenait sérieuse et peignait l'étonnement. Tout le corps était agité de secousses partielles ou générales, ressemblant à celles que détermine l'action de l'électricité. Les paupières s'élevaient et s'abaissaient en suivant la direction de mes doigts avec une précision mécanique ; bientôt toute la tête participait à ce mouvement. Si je m'éloignais, il s'avançait comme attiré par un aimant ; si ma main s'arrêtait à quelques pouces de distance de ses yeux, il reculait la tête avec un air effrayé ; si je faisais des passes avec les deux mains, il portait rapidement ses yeux de l'une à l'autre ; bientôt il en saisissait une, me pinçait fortement les doigts, et les quittait presque aussitôt pour suivre les mouvements de l'autre. Quelquefois il avançait sa figure vers ma main, et semblait craindre pourtant de la toucher ; il la flairait ; tout à coup, il ouvrait la bouche pour la saisir ; mais ses lèvres l'avaient à peine effleurée, qu'il se retirait avec effroi.

« Il nous arriva souvent, à la Charité, de l'engager

à se tenir immobile pendant l'opération magnétique. Nous placions une montre devant lui, en l'invitant de nous prévenir lorsque la troisième minute serait écoulée; il le promettait, et fixait les yeux sur cette montre. Pendant la première minute, il restai tranquille; mais à la seconde, ses yeux allaient avec rapidité de la montre à mes doigts, et de ceux-ci à la montre; enfin, à la troisième, après de vains efforts, il semblait perdre le souvenir et la volonté, et ne s'occupait que de ma main. On avait beau lui rappeler sa promesse, le pincer, le tirer par les cheveux, il était insensible à tout. Si je lui adressais la parole, il répétait à plusieurs reprises, comme un écho fidèle, le dernier mot de ma phrase, avec des inflexions de voix différentes et fort bizarres; mais à mesure que le sommeil s'emparait de lui, sa voix s'affaiblissait, il prononçait ce mot plus bas et moins distinctement, et enfin ses lèvres, ne pouvant plus émettre de sons, faisaient encore un mouvement pour articuler la première syllabe. Lorsque je voulais arrêter cette pantomime amusante, il me suffisait de placer une main sur l'épigastre du malade; aussitôt il baissait la tête et ne tardait pas à pousser un long soupir, qui était le signe précurseur du somnambulisme. Si je lui demandais alors ce que le magnétisme lui faisait éprouver, il répondait qu'il voyait d'abord mes doigts multiples, lumineux, et s'allongeant quelquefois de manière à lui faire croire qu'ils allaient lui crever les yeux; qu'ensuite ses idées s'obscurcissaient; que sa vue était tout éblouie, et qu'il était sous l'empire d'une véritable fascination. A son réveil, toutes ces circonstances étaient effacées de sa mémoire; il répondait naturellement à nos questions, et croyait avoir obéi à l'injonction de se tenir tranquille. »

J'avoue n'avoir jamais rien observé de pareil à ce que l'on vient de lire; mais bien que le fait rapporté par M. Foissac me paraisse des plus curieux, je pourrais en produire qui peut-être n'auraient pas moins d'intérêt. En effet, ainsi que je l'ai fait remarquer au commencement de ce chapitre, rien n'est plus varié que les signes précurseurs du sommeil magnétique; et pour en donner une idée complète, il faudrait presque faire autant de descriptions qu'on a magnétisé de sujets. Au surplus, ce que nous disons ici des signes sensibles est sans doute applicable aux transactions morales, dont ils ne sont peut-être que la traduction matérielle. Or, on sait quelles prodigieuses différences il existe entre la trempe des divers intellects; mais tous, dans cette circonstance, subissent, à l'anxiété près, les modifications graduées que produit une somnolence naturelle; c'est-à-dire que l'âme se retranche peu à peu en elle-même au fur et à mesure que les sens suspendent leurs fonctions, jusqu'à ce qu'enfin la pensée, complétement privée d'excitations extérieures, ne

DES PHÉNOMÈNES MAGNÉTIQUES. 69

vive plus que de sa puissance intime ; car le sommeil est une vie d'intuition, lorsqu'il est encore une vie.

Avant de terminer ce qui se rapporte aux signes précurseurs du sommeil magnétique, nous allons résumer en quelques phrases ce qu'il y a de pratique dans les pages qu'on vient de lire. Ainsi nous dirons :

1º Que ces signes n'ont rien de constant.

2º Qu'ils sont d'autant plus marqués (*a*), que le sujet sur lequel on fait l'expérience n'a point encore été magnétisé ou qu'il ne l'a été qu'un petit nombre de fois, ou bien enfin qu'il ne l'a jamais été par le magnétiseur actuel (*b*); qu'il offre volontairement une résistance morale à l'action magnétique (*c*); qu'il entre plus d'énergie que de bienveillance dans l'acte du magnétiseur (1).

3º Enfin, que la durée de ces prodrômes, qui ne se manifestent qu'à demi ou ne se manifestent pas du tout chez les sujets réfractaires au magnétisme, est subordonnée, comme on le devine d'ailleurs aisément, à la présence ou à l'absence des diverses conditions que nous avons signalées dans le chapitre précédent comme favorisant l'action magnétique.

(1) Par énergie j'entends parler ici de la *volonté*. Les chapitres suivants donneront mieux l'intelligence de ce passage.

§ II. *Du sommeil magnétique.*

Les hommes, en général, ne cherchent le repos que lorsqu'ils en éprouvent le besoin ; et, comme ce repos, ils ne le prennent qu'à des heures déterminées et peu variables, il en résulte que leur sommeil quotidien, alors même qu'il n'est pas pour eux un besoin réel, se trouve être encore un acte d'habitude que la nature même de leur organisation les pousse presque irrésistiblement à accomplir. Mais, que, au milieu de ces tumultueuses agitations de sa vie active, on aille surprendre un homme, juste au moment où il a surtout coutume d'exercer son esprit ou son corps, et que, par un moyen quelconque, on arrive à le plonger subitement dans le sommeil, est-il supposable que ce sommeil impromptu soit pour l'homme dont nous parlons l'analogue du repos réparateur qui vient chaque jour à intervalles égaux rafraîchir sa pensée et ses sens? Eh! non sans doute, parce qu'en violentant la nature on la fait sortir de ses lois; et voilà précisément le fait du sommeil magnétique. Au surplus, cette espèce de sommeil (que nous n'avons nullement après tout la prétention d'expliquer), si l'on n'y comprend pas le somnambulisme, ne constitue, à vrai dire, qu'un temps très limité et le plus souvent même parfaitement inappréciable quant à sa durée dans l'ensemble et la succession des phénomènes magnétiques. — On magnétise un individu ; vous le croyez endormi, et voilà que le seul contact de votre main lui fait ouvrir les yeux. Je vous dis moi qu'il ne dormait pas. — Mais on ne l'éveille point en le touchant. Parlez-lui alors ; il vous répondra, car je vous déclare qu'il est en somnambulisme.

§ III. *Du somnambulisme.*

Le somnambulisme est un état fort singulier, et passablement mal étudié jusqu'à présent. Dépendant de circonstances extérieures (les passes magnétiques) ou de conditions intérieures qui échappent à nos moyens d'investigation, il se présente à nous sous deux formes principales que nous allons essayer de décrire. La première de ces formes est le somnambulisme proprement dit, et la seconde le somnambulisme *lucide*.

Du somnambulisme proprement dit.

Si un homme se trouvait privé en naissant de toute espèce de sens, soit externes, soit internes; c'est-à-dire s'il existait un homme qui pût vivre sans vue, sans ouïe, sans odorat, sans organes sensibles, et enfin sans la moindre perception de ce qui se passerait en lui, je maintiens que, à moins d'admettre la révélation divine, il serait absolument impossible que cet homme eût une seule idée. — Cette image est à mon avis celle du sommeil profond, pendant lequel une rupture complète mais parfaitement inexplicable s'est effectuée entre l'*âme* et les organes.

Que si au contraire on suppose que l'homme dont nous parlons perçoive seulement les actes physiologiques de sa vie intérieure, cet homme aura une sensation et partant une idée, celle de son existence. Bien plus (chose importante de la théorie que je cherche à établir), il est très vraisemblable que, dans ce cas, cette idée unique se développerait et se perfectionnerait au-delà de tout ce que nous pouvons imaginer, par cela même qu'elle serait à elle seule l'élément incessant de tout une vie de sensation et de réflexion. — Voilà exactement l'intuition des somnambules *isolés* et non *lucides*.

Supposons maintenant l'existence d'un des sens de la vie de relation, mais d'un seul, de l'ouïe, par exemple, jointe au jeu normal de quelques-unes seulement des facultés instinctives ou intellectuelles, ou bien au jeu incomplet de toutes les facultés ; la pensée dès lors, se complique, puisqu'elle peut s'alimenter de sensations multiples et variées ; et si la volonté parvient à se transmettre aux organes de la voix, c'est la *somniloquie* (a) ; ou si la volonté réagit sur les muscles de la locomotion, c'est le véritable somnambulisme avec perception des sons.

Cela posé, il est clair que le somnambulisme se

rapprochera d'autant plus de la vie réelle qu'il y aura plus de sens et plus de facultés *éveillés*. Mais aussi, observons que plus il sera complet moins il sera parfait, attendu que, par suite d'un système de compensation qui paraît inhérent à notre nature, nos sensations perdent de leur perfection en se multipliant.

Ce qu'on vient de lire nous semble pouvoir s'appliquer exactement à toutes les espèces de somnambulismes, et je ne comprends pas pourquoi des auteurs doués de bon sens et d'esprit d'observation se sont plus jusqu'à présent à nous faire du somnambulisme naturel et du somnambulisme magnétique deux entités absolument différentes. Une seule circonstance est peut-être susceptible de les justifier, c'est la permanence du rapport nerveux, magnétique, comme on voudra l'appeler, en un mot de cette sorte d'association organique qui, dans un assez grand nombre de cas, semble mettre le somnambule magnétique dans la dépendance explicite de son magnétiseur. Mais que dira-t-on alors des somnambules qui s'endorment en se magnétisant eux-mêmes (1)?

Actuellement que nous avons établi sommairement des principes généraux, que nous discuterons peut-être un jour plus longuement dans un ouvrage

(1) Le fait existe, je l'ai vu.

spécial, nous allons procéder à l'examen des phénomènes du somnambulisme en étudiant successivement les appareils intellectuels et sensitifs chez les somnambules observés jusqu'à présent.

§ V. *Intelligence et facultés morales.*

Ces facultés sont surbordonnées à deux conditions capitales : la première est leur état normal pendant la veille; la seconde le degré de somnambulisme dans lequel se trouvent les magnétisés. Lors des premières expériences l'intelligence est ordinairement confuse, et les sujets, tout en exprimant des idées vraies, ne savent pas coordonner ces idées, et sont presque toujours incapables de faire ou de comprendre un raisonnement suivi. D'ailleurs, lorsqu'il existe un engourdissement absolu de tous les sens externes, de telle sorte qu'il n'est possible qu'au magnétiseur de se faire entendre du somnambule, celui-ci est taciturne et ne parle guère que pour répondre aux questions que le premier lui adresse. Cependant, comme il sent quelquefois admirablement bien ce qui se passe en lui, il réfléchit sur cette sensation, et il n'est point rare qu'il exprime tout haut l'étonnement qu'il en éprouve. La mémoire est aussi chez lui une des premières facultés dont on puisse constater l'existence. Dès le principe, la plupart des somnambules se rappellent avec une étonnante précision tous les événements qui leur sont arrivés, quelquefois depuis si longtemps qu'ils en avaient absolument perdu le souvenir pendant l'état de veille; mais leur tendance la plus évidente alors est de ne parler et de ne s'occuper que des choses qui les concernent personnellement. Leur santé surtout, alors même que l'expérience est faite sur des sujets bien portants, leur santé, dis-je, les préoccupe singulièrement; aussi, les premières questions qu'un magnétiseur bienveillant adresse à son somnambule doivent-elles porter sur cet objet.

Plus tard, bien que l'isolement persévère, l'intelligence se développe, et on ne tarde pas à arriver à un point où *toutes les facultés* de l'âme présentent une exaltation des plus remarquables. On s'en convainc en s'adressant séparément à chacune de ces facultés. C'est la mémoire qui est devenue prodigieuse, c'est la sensibilité qui est exquise; c'est l'amour-propre, la vanité, la ruse, etc., qui se mettnet en jeu à la moindre occasion qu'on leur en donne; mais observons que je n'entends parler ici que des somnambules habitués déjà depuis un certain temps au magnétisme.

Une faculté remarquable que développe aussi le somnambulisme est l'appréciation du temps. Un somnambule n'a nullement besoin d'être *lucide* pour indiquer l'heure que marque une montre qui marche bien.

J'avais un jour magnétisé une jeune dame de la rue Saint-Dominique, et je lui demandai quelle heure il était.

— Quatre heures trois quarts, me répondit-elle.

Je tirai ma montre, il était en effet quatre heures trois quarts.

— Vous avez donc vu l'heure à ma montre, madame?

— Non monsieur.

— Où donc l'avez-vous vue?

— Je ne l'ai vue nulle part.

— Alors, comment la savez-vous?

— Je la sais.

— Mais encore?...

— Je la sens.

J'ai répété cent fois cette expérience avec succès sur d'autres sujets.

De très fréquentes expériences finissent par donner au somnambulisme (tant qu'il n'est point lucide) la plus parfaite ressemblance avec l'état de veille.

Madame Hortense ***, pendant son sommeil, raisonne et converse avec moi des sujets métaphysiques les plus délicats; souvent elle m'embarrasse par la vivacité de ses réparties ou la subtilité de sa controverse. Son langage est brillant, facile, souvent métaphorique, et quelquefois pittoresque, mais sans pour cela cesser d'être vrai. Madame Hortense*** est à la vérité une personne de sens et de beaucoup d'esprit, mais elle est loin, infiniment loin, d'avoir dans son état habituel la facilité de pensée et d'élocution que lui donne le sommeil magnétique.

On sait que le bonhomme La Fontaine a écrit en dormant sa fable des *Deux pigeons*, délicieuse poésie où se réfléchissent à l'envi les deux facultés dominantes de notre grand fabuliste, la candeur et la sensibilité.

Les instincts, tels que la faim, la soif, les affections, etc., se font également sentir chez les somnambules, et il est certaines questions sur lesquelles il serait inconvenant pour ne point dire immoral de mettre leur franchise à l'épreuve. Disons pourtant qu'après un petit nombre de séances, pour peu qu'ils aient en eux les habitudes que donne une bonne éducation, ils tardent peu à substituer pendant leur sommeil le sentiment des bienséances aux inspirations quelquefois brutales de la nature. Ce sentiment peut même aller chez eux jusqu'à l'exagération. Quelques réflexions purement médicales m'ont valu de la part d'une jeune dame de vertes réprimandes dont rirent les assistants.

Peut-être devrions-nous énoncer ici quelques-unes des facultés qui, bien que beaucoup plus évidentes pendant le sommeil lucide, existent pourtant aussi dans le somnambulisme ordinaire; mais, pour éviter des redites fastidieuses, nous renvoyons nos lecteurs aux paragraphes suivants, et nous passons de suite à l'examen des phénomènes de la vie de relation.

§ VI. *De l'isolement.*

Nous avons tout à l'heure exprimé d'une manière métaphorique et pourtant très exacte ce qu'il faut entendre par ce mot. Il signifie, dans le sens où nous l'employons, la suspension complète des fonctions de relation, c'est-à-dire l'engourdissement absolu des sens externes, de telle sorte que le somnambule ne perçoit plus d'autres sensations que celles qui lui viennent directement de son magnétiseur. Ainsi :

a. Les yeux sont fermés ; mais alors que l'on parvient à entr'ouvrir mécaniquement les paupières, ce qui d'ailleurs ne se fait qu'assez difficilement, le somnambule ne voit pas. Il est trop aisé de se convaincre d'un pareil fait pour qu'il nous soit besoin de citer des observations à son appui. L'œil, dans ce cas, est terne, sans expression, et convulsé vers une des parois de l'orbite, ordinairement vers la supérieure.

b. Les somnambules n'entendent pas, ou du moins n'entendent que les paroles qui leur sont adressées par leur magnétiseur. — Bien longtemps avant les expériences faites en 1826 à l'Hôtel-Dieu de Paris, il n'y avait à ce sujet aucune incertitude dans l'esprit des magnétiseurs ; mais les témoignages d'hommes aussi connus que MM. Husson, Récamier, etc., ne doivent actuellement laisser de doutes dans l'esprit de personne. — Il n'est pas aisé de contrefaire le sourd, surtout avec des médecins. — Par opposition, l'ouïe des somnambules acquiert, relativement à la voix de la personne qui les magnétise, une délicatesse inaccoutumée et quelquefois extrême. En voici un exemple. Dans le courant du mois de mars 1840, je magnétisai en présence d'un assez grand nombre de personnes une jeune fille nommée Adèle Défossey, sur laquelle j'avais déjà tenté plusieurs expériences. Cette jeune fille d'une santé très frêle et d'une intelligence plus chétive encore, s'endormait au bout de dix ou douze minutes, tombait immédiatement dans le somnambulisme et dans un isolement parfait. Le jour dont je parle, en raison sans doute des nombreux témoins que j'avais réunis, je mis un peu plus de temps que de coutume à l'endormir; mais enfin sa paupière s'appesantit et se ferma, elle poussa un profond soupir, sa tête tomba sur sa poitrine, et je crus pouvoir l'interroger :

— Dormez-vous Adèle?
— Oui monsieur (1).
— Qui est-ce qui vous a endormie?
— C'est vous.
— Cela vous fait-il plaisir qu'on vous endorme?

(1) Il est à remarquer que tous les somnambules n'ont pas la conscience de leur état, et que plusieurs, surtout lors des premières expériences, sont très éloignés de penser qu'ils dorment.

— Ça ne me fait pas de peine.

Un des assistants ayant fait une réflexion plaisante à côté d'elle, je continuai :

— Entendez-vous, Adèle?

— Quoi?

— Ce que l'on vient de dire?

— Je n'ai rien entendu.

— Pourtant on a parlé ; nous ne sommes pas seuls ici.

— Je le sais bien.

— Connaissez-vous ces messieurs?

— Je ne les vois pas.

— Mais vous les avez vus?

— Oui, mais je ne les vois plus.

— Et moi, me voyez-vous?

Adèle hésita et finit par répondre : — Non monsieur.

A cet instant, un de mes amis qui avait gonflé en l'insufflant de son haleine un sac de fort papier, le fit éclater en le frappant violemment sur sa main, et de manière à produire un son excessivement éclatant. Adèle ne fit pas le moindre mouvement, et sa physionomie ne dénota pas la plus légère émotion. Nous ne remarquâmes pas même cet imperceptible clignotement de paupière qu'avait présenté la fille Sanson à l'Hôtel-Dieu, alors qu'on avait jeté à côté d'elle un bassin de métal sur le parquet. Adèle en un mot n'avait rien entendu. — Il s'engagea alors parmi les assistants une conversation animée et bruyante, pendant laquelle je continuai à m'entretenir à voix très basse avec notre somnambule, absolument comme si j'eusse été seul avec elle et dans le calme le plus absolu. Chose remarquable, c'est que j'eus beau mettre Adèle en rapport avec les différentes personnes qui vinrent l'observer dans son somnambulisme, il n'y eut jamais que ma voix qu'elle entendit.

Au surplus, si l'on nous permet de revenir encore une fois sur l'identité ou pour le moins la grande analogie des somnambulismes naturel et magnétique, nous affirmons avoir vu un somnambule naturel duquel il était absolument impossible de se faire entendre, et qu'aucune espèce de bruit n'était capable d'éveiller. Le manque d'observations ne nous permet pas de savoir s'il en est ou non qui présentent les autres conditions de l'isolement, mais nous dirons un peu plus bas à quoi tient surtout cette manière d'être chez les somnambules magnétiques.

c. Odorat. Des expériences concluantes ont démontré que non-seulement le sens de l'odorat était suspendu pendant l'isolement, mais encore que la muqueuse des fosses nasales avait perdu toute sa sensibilité. Je fis priser une jeune somnambule qui n'était nullement accoutumée au tabac, et elle n'en ressentit aucun effet. Ce fut seulement à son réveil,

c'est-à-dire une heure après l'ingestion du sternuta-
toire, qu'elle se prit à éternuer avec les contorsions
les plus plaisantes. Une autre fois je substituai le
poivre en poudre au tabac, et le même résultat eut
lieu. On sait d'ailleurs que, pendant le cours des expériences de 1826, on plaça des flacons d'alcali vo-
latil sous le nez de plusieurs somnambules qui ne
s'aperçurent pas même de ce qu'on avait cherché à
leur faire éprouver.

d. Goût. Je n'ai fait qu'une seule expérience qui
tende à prouver la suspension de ce sens durant le
somnambulisme. Je mis un jour un morceau de
coloquinte dans la bouche d'Adèle Défossey, ma-
gnétiquement endormie, en la priant de mâcher
sans l'avaler la *délicieuse dragée* dont je la gratifiais.
Adèle fit ce que je lui disais. Elle mâcha automati-
quement pendant plus d'un quart d'heure la pulpe
de coloquinte, et finit par me déclarer que ma délicieuse dragée n'avait aucune saveur. — Dans quelques circonstances au contraire, l'odorat et le goût
semblent acquérir chez les somnambules une admirable perfection.

§ VII. *De l'insensibilité physique*.

Elle n'existe non-seulement à la peau, mais encore dans les tissus sous-cutanés, dans les muscles
et jusque dans les ramifications nerveuses. Il n'est
personne qui n'ait entendu parler d'un fait qui a

attiré l'attention de l'Académie de médecine, à laquelle il a été communiqué dans la séance du 16 avril 1829 par M. le professeur Jules Cloquet. Madame Plantain, âgée de 64 ans, demeurant rue Saint-Denis n° 151, consulta M. Cloquet, le 8 avril 1829, pour un cancer ulcéré qu'elle portait au sein droit depuis plusieurs années, et qui était compliqué d'un engorgement considérable des ganglions axillaires correspondants. M. Chapelain, médecin de cette dame, qu'il magnétisait depuis quelques mois dans l'intention, disait-il, de dissoudre l'engorgement du sein, n'avait pu obtenir d'autre résultat qu'un sommeil très profond, pendant lequel la sensibilité paraissait anéantie, les idées conservant toute leur lucidité. Il proposa à M. Cloquet de l'opérer pendant qu'elle serait plongée dans le sommeil magnétique. Ce dernier, qui avait jugé l'opération indispensable, y consentit, et l'on décida qu'elle aurait lieu le dimanche suivant, 12 avril. La veille et l'avant-veille, cette dame fut magnétisée plusieurs fois par M. Chapelain, qui la disposait lorsqu'elle était en somnambulisme à supporter sans crainte l'opération, et qui l'amena même à en causer avec sécurité, tandis qu'à son réveil elle en repoussait l'idée avec horreur.

Le jour fixé pour l'opération, M. Cloquet, en arrivant à dix heures et demie du matin, trouva la malade habillée, assise dans un fauteuil, dans l'attitude d'une personne paisiblement livrée au sommeil naturel. Il y avait à peu près une heure qu'elle était revenue de la messe, qu'elle entendait habituellement à la même heure. M. Chapelain l'avait mise dans le sommeil magnétique depuis son retour; la malade parla avec beaucoup de calme de l'opération qu'elle allait subir. Tout étant disposé pour l'opérer, elle se déshabilla elle-même, et s'assit sur une chaise.

M. Chapelain soutint le bras droit. Le bras gauche fut laissé pendant sur le côté du corps. M. Pailloux, élève interne de l'hôpital Saint-Louis, était chargé de présenter les instruments et de faire les ligatures. Une première incision partant du creux de l'aisselle fut dirigée au-dessus de la tumeur jusqu'à la face interne de la mamelle. La deuxième, commencée au même point, cerna la tumeur par en bas, et fut conduite à la rencontre de la première. M. Cloquet disséqua avec précaution les ganglions engorgés, à raison de leur voisinage de l'artère axillaire, et extirpa la tumeur. La durée de l'opération a été de dix à douze minutes.

Pendant tout ce temps, la malade a continué à s'entretenir tranquillement avec l'opérateur, et n'a pas donné le plus léger signe de sensibilité : aucun mouvement dans les membres ou *dans les traits*, aucun changement *dans la respiration* ni *dans la voix*, aucune émotion, même *dans le pouls*, ne se sont manifestés : la malade n'a pas cessé d'être dans l'état d'abandon et d'impassibilité automatique où elle était quelques minutes avant l'opération. On n'a pas été obligé de la contenir, on s'est borné à la soutenir. Une ligature a été appliquée sur l'artère thoracique latérale, ouverte pendant l'extraction des ganglions. La plaie étant réunie par des emplâtres agglutinatifs et pansée, l'opérée fut mise au lit, toujours en état de somnambulisme, dans lequel on l'a laissée quarante-huit heures. Une heure après l'opération il se manifesta une légère hémorrhagie qui n'eut pas de suites. Le premier appareil fut levé le mardi suivant (14); la plaie fut nettoyée et pansée de nouveau : la malade ne témoigna ni sensibilité ni douleur ; le pouls conserva son rhythme habituel.

Après ce pansement, M. Chapelain réveilla la malade, dont le sommeil somnambulique durait depuis une heure avant l'opération, c'est-à-dire depuis deux jours. Cette dame ne parut avoir aucune idée, aucun sentiment de ce qui s'était passé ; mais en apprenant qu'elle avait été opérée, et voyant ses enfants autour d'elle, elle en éprouva une très vive émotion, que le magnétiseur fit cesser en l'endormant aussitôt (1).

(1) *Bulletin de l'Académie de médecine.* Paris, 1837, t. II, pag. 370.

M. le docteur Oudet a communiqué à l'Académie de médecine (séance du 24 janvier 1833) une observation qui, sans être peut-être aussi concluante que celle qu'on vient de lire, tend néanmoins à accréditer et à généraliser l'insensibilité d'un bon nombre de somnambules. Voici le fait tel que l'a raconté le magnétiseur avec l'approbation de M. Oudet (1).

« Madame B... a vingt-cinq ans et un caractère très impressionnable ; elle appréhende vivement la moindre douleur, et souffre de l'action de causes à peine appréciables pour d'autres. C'est ainsi qu'elle ne peut pas entendre craquer les doigts de quelqu'un sans éprouver des palpitations et une sorte de défaillance.

« Plusieurs fois j'avais produit en elle le somnambulisme, et constaté son insensibilité dans cet état, quand, le 6 septembre dernier, elle se plaignit à moi d'un mal de dents qui, disait-elle, la torturait depuis quelques jours. L'extraction de la dent malade était l'unique remède à ses souffrances ; mais l'idée d'une opération la tourmentait au point qu'elle en éprouvait presque des convulsions. Je la conduisis à M. le docteur Oudet, qui, étant prévenu de l'état particulier de cette dame, la rassura sur la nécessité qu'elle redoutait ; et je convins secrètement avec

(1) *Bulletin de l'Académie de médecine.* Paris, 1837, t. I*er*, pag. 343.

mon estimable confrère qu'il la trouverait chez moi en somnambulisme.

« Le 14 novembre, à l'heure indiquée, M. Oudet la vit paisiblement assise dans un fauteuil, et livrée depuis une heure au sommeil magnétique. Pour explorer la sensibilité, je la piquai fortement et à plusieurs reprises avec une épingle; je lui plongeai un doigt pendant quelques secondes dans la flamme d'une chandelle; elle ne donna absolument aucun signe de douleur. Durant ces épreuves, madame B... répondait à mes questions avec l'indolence ordinaire à son état. M. Oudet déplia sa trousse. Le cliquetis de ses instruments ne parut causer aucune sensation; ma somnambule se croyait seule avec moi. Je la priai de me laisser voir sa dent malade (c'était une grosse molaire). Elle ouvrit la bouche sans défiance, en disant: « Elle ne me fait plus de mal. » M. Oudet plaça son instrument. Au moment de l'avulsion, la tête sembla fuir un peu la main de l'opérateur, et nous entendîmes un léger cri. Ces deux signes de douleur eurent la rapidité de l'éclair. Le pouls de la patiente était calme; son visage n'indiquait pas la moindre émotion; ses mains étaient demeurées immobiles sur ses genoux. Je me hâtai de lui adresser cette question: « Avez-vous souffert? » Elle répondit tranquillement: « Pourquoi souffrir? » Elle ignorait ce qu'on venait de faire. Je lui offris un verre d'eau en l'engageant à se laver la bouche. Elle ne comprit pas ma recommandation, ne but ni ne cracha.

« Pendant une demi-heure que je prolongeai encore son sommeil, je la fis beaucoup parler, mais je ne pus découvrir en elle aucune marque de douleur; éveillée, elle ne se douta de rien, et ne se plaignit point d'abord. Vingt minutes après, elle porta la main à sa joue, en disant : « Voilà ma dent qui va recommencer à me tourmenter. » Je lui appris enfin, à sa grande satisfaction, ce que j'avais fait pour lui épargner des terreurs et de la souffrance. »

A ces deux observations rapportées par des hommes éminemment éclairés et sincères, nous allons en ajouter une troisième qui nous appartient, et que, dans la crainte de faire suspecter notre bonne foi, nous n'eussions qu'à peine osé citer sans la faire précéder des deux autres. C'est encore d'une avulsion de dent qu'il s'agit. Personne n'ignore avec quelle promptitude peut être pratiquée cette petite opération ; mais pourtant les adultes qui ont subi la triste nécessité de s'y soumettre savent aussi combien il est difficile de la supporter sans laisser échapper aucune marque de souffrance.

Mlle Virginie L*** est âgée de 17 ans et demi. Bien que pourvue d'un assez honnête embonpoint, elle est essentiellement nerveuse, et supporte difficilement la plus légère douleur. Sa sensibilité est extrême, et, de plus, elle ne peut s'empêcher d'exprimer avec vivacité, et peut-être même avec exagération, le moindre événement qui lui arrive ou la moindre sensation qu'elle éprouve. L'expansivité de son caractère, naturellement doux et candide, ne pouvait donc me donner le change dans la circonstance dont il s'agit, en me faisant croire à une force d'âme qu'elle n'a point (au moins pour surmonter le mal physique), et qui, après tout, ne pouvait avoir ici aucune utilité ni aucun but. Or, ce fut le 21 mai 1840 que je lui enlevai une dent dont elle souffrait beaucoup, et voici comment les choses se passèrent : J'avais déjà fait sur Virginie un assez grand nombre d'expériences magnétiques qui n'avaient pas eu de résultats bien brillants ; c'est-à-dire que j'avais produit le sommeil et une simple somniloquie : en effet, si on soulevait Virginie de sa chaise lorsque je l'avais mise dans cet état, elle y retombait aussitôt et s'y affaissait à la manière d'une personne endormie du sommeil naturel. Cependant, comme je l'avais guérie une fois de la migraine en la magnétisant, elle se prêtait volontiers aux expériences magnétiques. Mais cette fois, lorsqu'à la prière de sa mère je me rendis chez elle, je la trouvai dans une désolation extrême. Elle se roulait sur son lit en sanglottant, en même temps que ses membres étaient agités de légers mouvements convulsifs. Je la fis lever, j'essayai de la consoler ; mais il fallait la guérir, ou pour le moins la soulager. Je lui demandai donc à voir la dent dont elle souffrait ; c'était une molaire de la mâchoire inférieure, qui me parut assez gâtée pour que le seul moyen de guérison fût l'avulsion de cette dent ; mais comme je craignais, en parlant seulement d'un pareil remède, de déterminer chez Virginie des attaques d'hystérie auxquelles cette jeune personne est sujette, je lui proposai d'abord de la magnétiser pour calmer sa douleur. Elle y consentit ; et, chose étrange ! malgré l'état d'angoisse où elle se trouvait, je mis à l'endormir moitié moins de temps que de coutume ; puis (autre fait important à noter) elle perdit cette fois en s'endormant toute sa sensibilité physique, phénomène que jusqu'alors elle ne m'avait point encore présenté. Cette circonstance m'inspira et me dicta ce qu'il fallait faire ; mais je voulus cependant, avant de me mettre à l'œuvre, savoir ce qu'elle-même en penserait :

— Dormez-vous, Virginie?
— Oui monsieur.
— Souffrez-vous encore?
— Non monsieur.
— Qu'est-ce qui vous a calmé?
— Le magnétisme.
— Et vous ne souffrirez plus?
— J'ai bien peur que si.
— Que faudrait-il donc faire pour vous prévenir le retour de votre douleur ?

— M'arracher ma dent.

— Vraiment! vous arracher votre dent! Et quand voulez-vous qu'on vous l'arrache?

— Tout de suite.

— Vous ne sentirez donc pas?

— Non monsieur.

J'étais confondu. Comme je ne m'étais point muni des instruments nécessaires, je courus chez moi chercher ce qu'il me fallait.

— Êtes-vous toujours dans les mêmes dispositions, Virginie? lui dis-je en entrant.

— Oui monsieur, me répondit-elle avec un calme inimitable.

— Hé bien! que votre volonté soit faite.

Virginie me présenta sa bouche; j'appliquai mon crochet, et la dent fut enlevée sans que la jeune somnambule eût jeté le moindre cri, et sans que sa figure eût exprimé la plus fugitive émotion; en un mot, je crois que j'étais plus ému qu'elle. — Un quart d'heure après, je voulus l'éveiller; mais elle me dit : « Ne vous fatiguez pas inutilement, vous ne parviendrez pas à m'éveiller, et je m'éveillerai de moi-même à trois heures » (1). — J'obéis, parce que l'expérience m'avait appris déjà qu'en insistant en pareils cas, on use en vain ses gestes et sa volonté.

Je revins à trois heures. Virginie s'éveilla comme

(1) Il était midi et demi.

elle l'avait prédit, mais je ne parviendrais jamais à peindre son étonnement et sa joie lorsqu'elle reconnut qu'elle était réellement débarrassée de sa mauvaise dent.

§ 8. *De l'isolement incomplet.*

La complète insensibilité dont nous venons de donner des exemples n'existe pas toujours chez les somnambules. Il en est au contraire un grand nombre qu'on pourrait tirer de leur état en les pinçant ou en les agitant vivement, et qui, en *rapport* dès le principe avec toutes les personnes qui les entourent, répondent indifféremment aux questions que ces personnes leur adressent.

S'il était permis de généraliser un principe d'après un nombre limité de faits, je dirais que l'isolement complet est subordonné chez les somnambules à l'existence d'une maladie plus ou moins douloureuse. En effet, à l'observation de Virginie qui ne fut insensible pendant son sommeil que le jour de son odontalgie, je pourrais ajouter plusieurs observations analogues, qui, si elles se multipliaient ne laisseraient aucun doute sur la nature de l'hypothèse que nous avançons.

Ce qu'il y a de certain, c'est que *la plupart* des personnes en bonne santé que j'ai magnétisées dans le monde, ont constamment conservé une partie de leur sensibilité; seulement leurs sensations étaient plus obtuses que dans l'état normal. Cependant, suivant M. Georget, le contraire aurait lieu quelquefois. « Mes somnambules, dit-il, conservaient d'abord la faculté de sentir telle qu'elle existe dans l'état de veille; mais en outre il leur était acquis, sous certains rapports, une exaltation particulière de ce sens (le toucher) au moyen de laquelle elles devenaient susceptibles de percevoir des impressions, d'avoir connaissance d'objets que, dans toute autre circonstance, elles n'auraient ni perçus ni connus, etc. » (1). Cette relation peut être exacte, mais elle manque de précision en ce que Georget omet de nous dire si ses somnambules étaient lucides, ce qui, ainsi qu'on le verra plus loin, changerait complétement la question.

Des fonctions de la vie organique pendant le somnambulisme.

La respiration et la circulation ne subissent pas durant le sommeil de modifications notables, et il est assez présumable qu'il en est de même des autres fonctions de la vie animale. Nous ferons néanmoins observer que certains agents médicamenteux ou autres paraissent avoir perdu leur puissance

(1) *De la Physiologie du système nerveux, spécialement du cerveau; recherches sur les maladies nerveuses.* Paris, 1821, t. I*er*, pag. 279.

relativement aux organes sur lesquels, pendant l'état de veille, ils exercent une action marquée.

On sait par exemple que la fumée de tabac chez les personnes qui fument sans en avoir l'habitude détermine un malaise excessivement prononcé, une sorte d'ivresse qui trouble profondément les fonctions du cerveau et de l'estomac; eh bien! j'ai fait fumer deux énormes pipes d'un tabac très fort à u jeune somnambule qui bien certainement n'en avait pas autant fait dans toute sa vie, et il n'en ressentit absolument aucune espèce d'incommodité. Bien plus, on rend toute sa raison à un homme ivre qu'on magnétise; mais les symptômes de l'ivresse se reproduisent au réveil. Enfin, les somnambules peuvent *s'endormir* pendant leur sommeil, et se réveiller en somnambulisme.

Madame Hortense *** s'était un jour magnétisée elle même, ce qui lui arrive souvent. En entrant, son mari et moi, dans son appartement, nous la trouvons assise sur une causeuse où elle nous paraît profondément endormie. Monsieur *** s'approche de sa femme, lui prend la main et l'appelle à plusieurs reprises par son nom; madame Hortense *s'éveille* alors en sursaut, et dit à son mari : « Ah! c'est toi! je dormais. » Puis elle m'aperçoit, me reconnaît, répond avec grâce à mon salut, et se met à causer avec nous. — Madame Hortense n'était sortie de son état de somnambulisme que **pour dormir**.

CHAPITRE V.

DU SOMNAMBULISME LUCIDE.

En nous rappelant les prodigieux souvenirs que nous a transmis l'histoire des extatiques célèbres, tels que saint Cyprien, saint Paul l'Anachorète, le Tasse, Mahomet, Cardan, etc.; en nous rappelant surtout les curieuses observations que nous a laissées Petétin de Lyon, et celles qu'ont plus récemment publiées MM. les docteurs Barrier de Privas Despine d'Aix-les-Bains, etc., nous ne pouvons nous refuser à admettre qu'il existe une ressemblance frappante entre le somnambulisme lucide et certaine forme de l'extase. Mais comme cette question de haute philosophie médicale ne saurait être débattue dans un livre élémentaire de la nature de celui-ci, nous nous contentons de la mentionner sans en entreprendre la discussion. C'est qu'en effet, du point de vue dont nous l'envisageons, le sujet que nous allons embrasser nous paraît en lui-même assez vaste pour que nous ne pensions pas devoir l'élargir encore par des digressions excentriques. Nous voici sur un terrain nouveau, à peine connu, où chaque objet tient du prodige, et dont il est impossible de faire une description exacte sans passer pour un fourbe ou un halluciné ; mais qu'à cela ne tienne : la réputation d'un homme quel qu'il soit ne vaut pas autant qu'une grande vérité ; et si nos récits semblent aujourd'hui monstrueux ou ridicules à certains esprits forts, avant dix ans ils seront autrement jugés, car le magnétisme aura eu gain de cause.

Tous les somnambules ne sont pas lucides ; mais la plupart d'entre eux le deviennent plus ou moins après un nombre suffisant d'expériences. Quelques-uns sont lucides dès la première séance, d'autres ne le sont qu'à la seconde, d'autres à la troisième, d'autres enfin, et c'est le plus grand nombre, ne le deviennent qu'après huit ou dix séances ; mais dans ce cas ils sentent et annoncent plusieurs jours à l'avance le jour et l'heure où ils *verront*. Ce qui leur advient alors les étonne beaucoup, et la description qu'ils en donnent diffère suivant leur caractère et l'éducation qu'ils ont reçue ; mais en définitive cette description, constamment la même quant au fond, ne varie jamais que par la forme. C'est toujours une *vive lumière* dont ils sont inondés, un *beau soleil*, suivant l'expression de Catherine Sanson (1), qui frappe subitement leurs yeux. Une jeune personne du département de la Haute Saône, que je magnétise actuellement, s'écria le jour de sa luci-

(1) *Expériences faites à l'Hôtel-Dieu*, par J. Dupotet, 1826, in-8°.

dite : *Oh! je vois! je vois loin, bien loin, je vois partout! Voilà votre pays, voilà le mien* (et notez que sa main indiquait fort exactement la direction dans laquelle se trouvaient par rapport à nous les lieux dont elle parlait); *voilà ma mère qui épluche des herbes pour son souper! Oh! que c'est drôle! que c'est drôle!* etc.

La lucidité paraît dépendre de circonstances très complexes, et d'autant plus difficiles à déterminer, qu'à chaque instant les faits qui pourraient à ce sujet fournir quelques inductions semblent se contredire entre eux; ainsi : tandis que des malades *presque agonisants* sont parfaitement lucides, d'autres sujets cessent de l'être à la moindre indisposition qui leur arrive. Bien plus, presque tous les malades qu'on magnétise deviennent lucides, alors que, par opposition, presque tous les somnambules en bonne santé perdent leur lucidité en contractant une maladie.

Au surplus, la lucidité ne paraît jamais durer qu'un temps limité, lequel, suivant les tempéraments et surtout suivant les procédés et les précautions des magnétiseurs, peut varier depuis huit jours à dix ans (1). En général, il est bon sous tous les rapports de ne point contrarier les somnambules dans ce qu'ils font ou dans ce qu'ils disent; de ne point les fatiguer par des expériences de pure curiosité et sans

---

(1) Caliste, le célèbre somnambule de M. Ricard, est lucide depuis cinq ans.

cesse renouvelées ; enfin, de ne point exiger d'eux au-delà de ce qu'ils déclarent pouvoir faire aisément. On peut d'ailleurs résumer tous ces conseils en un seul : Dès qu'il s'agit de l'intérêt personnel d'un somnambule, consultez-le lui-même, et rapportez-vous-en explicitement à l'avis qu'il vous aura donné; lorsqu'il s'agit d'eux-mêmes, les somnambules ne se trompent jamais.

Le plus ordinairement, la lucidité n'est point permanente, et ne se reproduit que d'intervalle en intervalle. C'est encore ici qu'il est indispensable d'interroger les somnambules pour connaitre le retour de ces sortes d'éclipses, qu'ils prédisent à une seconde près plusieurs jours à l'avance. Le peu de compte que le public médical a jusqu'à présent tenu de ces prédictions a été, pour le dire en passant, une des grandes causes de la défaveur où se trouve encore le magnétisme. Votre somnambule vous annonce qu'elle *lira* tel jour à 4 heures de l'après-midi. Cela dit, vous vous croyez en mesure, et vous conviez vos témoins pour l'instant indiqué. Déception ! Messieurs de l'Académie croient encore faire trop d'honneur au magnétisme en se rendant chez vous à 5 heures, et l'expérience est manquée.

On se tromperait grossièrement si l'on s'imaginait que tout le merveilleux de la lucidité se réduise à un simple phénomène de vision. Indépendamment d'une admirable exaltation de toutes les facultés de l'intellect, des facultés sans analogues et inconnues au physiologiste se sont révélées alors chez le somnambule. Sa mémoire domine toute son existence; un indéfinissable instinct l'associe à tous les événements du moment actuel, et nous verrons plus tard, jusqu'à quel point il parvient même jusqu'à soulever le voile de l'avenir.

Vision sans le secours des yeux, — *intuition*, — *prévision intérieure*, — *prévision extérieure*, — *pénétration de la pensée*, — *transposition des sens*, tels sont les titres sous lesquels nous allons successivement passer en revue les phénomènes du sommeil lucide; réservant l'*instinct des remèdes* pour le chapitre que nous consacrons à la médecine des somnambules.

1º *Vision sans le secours des yeux.*

Voici une de ces questions capitales dont la solution définitive ne laissera pas de retraite à l'incrédulité, et fera tout au moins regarder comme raisonnables les autres *visions* des magnétiseurs. Nos lecteurs nous pardonneront donc la minutie de nos détails.

Appliquer un bandeau sur les yeux d'un somnambule; faire *lire* ce somnambule dans cet état; et s'il lit, être convaincu, ou qu'il voit sans ses yeux ou qu'il voit à travers son bandeau, c'est-là, ce vous semble une expérience simple, concluante et sans réplique? Pauvre gens! Ils pensaient aussi comme vous, MM. Orfila, Pariset, Gueneau de Mussy, Adelon, Bousquet, Réveillé Parisse, Ribes, notre divine Sand, etc., alors qu'ils ont loyalement apposé leur signature au bas de l'un des procès-verbaux des séances Pigeaires! Eh bien! tous ces illustres personnages étaient dans l'erreur, comme vous, comme le commun des martyrs. Ignorez-vous, en effet, qu'il y a de par le monde une certaine Académie.... Oh! si c'était ici le lieu de tout dire! mais patience! le temps des représailles approche, et justice sera faite à tous (1).

La vision à travers les paupières closes et à travers les corps opaques est non-seulement un fait réel, mais un fait *très fréquent*. Il n'est pas de magnétiseur qui ne l'ait observé vingt fois, et je connais aujourd'hui, dans Paris seulement, un fort grand nombre de somnambules qui pourraient en fournir la preuve.

Le fait de la *lecture* dans les mêmes conditions, fait qui au résumé est le même, se rencontre beaucoup plus rarement, ce qui se conçoit; c'est le phé-

(1) M. Prosper Lucas nous semble avoir parfaitement démontré l'incompétence de l'Académie de médecine en fait de questions magnétiques, dans sa lettre au rédacteur des Annales d'hygiène. (V. *Annales d'hygiène publique et de médecine*. Paris, 1837, t. XVIII, pag. 243.)

nomène dans toute sa perfection. Un seul exemple va nous servir à l'étudier; les livres de magnétisme sont d'ailleurs remplis d'observations plus ou moins semblables à celles que nous allons rapporter.

Observation de madame Hortense ***.

Madame Hortense ***, que des raisons de position sociale nous empêchent de désigner par son véritable nom, est née à G. en Franche-Comté. Agée de 22 ans environ, elle est mariée depuis 6 mois, et habite Paris depuis trois mois seulement. Les relations d'amitié que j'entretiens depuis plus de vingt ans avec sa famille me mettent plus que personne à portée de connaître son tempérament et son histoire physiologique. Née de parents très robustes, Mme Hortense n'a pourtant joui depuis qu'elle est au monde que d'une santé fort éphémère. Il y a actuellement cinq ans qu'elle fut atteinte d'une maladie grave et compliquée, qui dura presque jusqu'à l'époque de son mariage, et pour laquelle j'ai été plusieurs fois appelé à lui donner mes soins. C'était une sorte de névrose dont je n'ai pas vu d'autre exemple en toute ma vie, et dont il n'existe de description nulle part. Après avoir débuté par une espèce d'embarras gastrique avec douleur vive dans l'hypocondre droit, cette affection ne tarda pas à revêtir une forme nerveuse qui se modifia successivement de cent façons différentes, présenta toutes sortes d'aspects étranges, en sautant d'un organe à un autre, et finit par devenir tellement insolite, tellement extraordinaire dans ses symptômes, qu'aucun médecin n'osa plus la qualifier. Des spasmes effrayants, des convulsions pendant lesquelles la malade brisait son lit, puis une paralysie absolue des membres abdominaux, avec fièvre continue et émaciation de tout le corps, délire, idiotisme; puis enfin léthargie simulant la mort, et qui persiste *trois mois*, tels furent les traits saillants de cette incompréhensible maladie, dont la relation méthodique et complète serait d'ailleurs ici déplacée. Au surplus, Mme Hortense se porte passablement depuis son mariage; sans avoir à proprement parler de l'embonpoint, elle est loin d'être d'une maigreur extrême. Son caractère a rapidement recouvré son égalité et son enjouement naturels depuis que la santé lui est revenue; enfin, cette dame n'avait jamais été magnétisée, lorsque je reçus de son mari la lettre suivante en date du 3 mars dernier.

« Mon bon ami,

« Je suis anéanti, confondu; il m'est advenu *un sixième sens*; je crois au magnétisme. Mais ne chantez pas victoire, car à vous n'appartient pas l'honneur de ma conversion. A qui donc direz-vous? A ma femme, mon cher docteur, à ma femme qui, après avoir été une prodigieuse malade, est aujourd'hui une prodigieuse somnambule. Lisez vite; c'est toute une histoire. Dimanche dernier, la *Gazette des médecins praticiens* renfermait un charmant feuilleton qui avait pour titre *Une consultation de somnambule*, et dans lequel, comme de raison, on se moquait fort agréablement du magnétisme. Or, voilà qu'hier, lundi, ma concierge, qui lit toujours mes journaux avant moi (c'est justice, elle les reçoit la première), après s'être récréée de la délicieuse élucubration dont je vous parle, trouva un prétexte pour venir chez moi et, entre deux coups de plumeau qu'elle donna pour l'acquit de sa conscience à l'un de mes fauteuils, me glissa très adroitement cette malicieuse question : — « Monsieur, qu'est-ce donc que le magnétisme ? » — Le magnétisme! répondis-je.... Et en même temps je me drapai gravement dans ma robe de chambre, tandis que Mme Défossey qui ne demandait pas mieux posa son plumeau pour mieux m'entendre. Je parlai un gros quart d'heure sans prendre haleine; je dis tout ce que je savais et ce que je ne savais pas (notez que je m'exprimais en *croyant*); enfin je fis si bien, que la bonne femme, que ma simple dissertation sur la chose avait à moitié endormie, crut tout de bon au magnétisme et me proposa de magnétiser sa fille.

Il n'y avait pas moyen de reculer; j'accepte donc, et la séance est arrêtée pour les 6 heures du soir. — L'instant arrivé, Adèle et sa mère montent chez moi; je fais asseoir la petite sur mon canapé, je m'assieds vis-à-vis d'elle, et, après avoir rassemblé toute ma foi (j'avoue que je n'en avais guère), je me mets à l'œuvre en me mordant les lèvres pour ne pas pouffer de rire. Eh bien! mon ami, vous faites-vous une idée de mon étonnement! Il n'y avait pas dix minutes que je *gesticulais*, que voilà ma petite endormie, oh! mais endormie du plus profond somme. Je lui parle, elle me répond; je la pince, elle ne sent rien; je lui ouvre les yeux et je ne vois que la sclérotique. Adèle était évidemment somnambule, et j'en devenais fou de plaisir; enfin, après m'être assuré de cent manières de mon triomphe, je la réveille à force *de la pincer et de l'agiter*.

« Après qu'Adèle et sa mère se furent retirées, Hortense qui avait assisté à l'expérience me demanda de la magnétiser à son tour, idée qui allait bien certainement me venir si elle ne lui fût pas venue. Donc, ainsi que vous le devinez, j'accepte avec empressement, et me remets à faire des *passes*. Oh! mon Dieu! c'est l'affaire de six minutes; ma femme, après avoir bien ri, se trémousse, se plaint un peu, soupire deux ou trois fois et s'endort; mais, pour le coup, c'est bien autre chose qu'Adèle. Elle n'est pas plus tôt endormie, qu'elle se lève avec vivacité, prend un cahier de musique dont elle se fait un éventail pour se donner de l'air, parcourt tout mon appartement sans se heurter dans aucun meuble, enfin revient s'asseoir à mon invitation et se prend à jaser avec une assurance et une volubilité qui sont loin de lui être familières.

« Je ne parviendrais jamais, mon bon ami, à vous décrire ce qui se passait alors en moi. Il me semblait que je venais de découvrir le magnétisme, et la joie que je ressentais touchait de près au délire.

« D'avoir endormi les autres, je ne dormis pas de la nuit, et ce matin je crois que je me ferais au besoin égorger pour l'honneur de Mesmer. Hâtez-vous donc de venir me voir pour que nous recommencions ensemble mes expériences d'hier, et faisons vite des prosélytes, car je sens que si j'avais longtemps raison tout seul, je ne manquerais pas d'en devenir fou, etc. » Il est inutile de dire que je me rendis avec empressement à l'invitation de mon confrère. Il était deux heures quand j'arrivai chez lui, et, dans son enthousiasme, mon ami avait déjà magnétisé sa femme deux fois depuis le matin, ce qui la fatiguait beaucoup, attendu le procédé monstrueux qu'il employait à l'éveiller (1). Cependant, comme on voulut

(1) Il lui pinçait les genoux.

à toute force que je fusse témoin d'une expérience, madame Hortense, qui du reste s'y prêtait avec la plus aimable gaîté, fut magnétisée pour la troisième fois. A partir de celle-là, nous allons rendre compte à nos lecteurs de chacune des séances; les numéros d'ordre n'indiquant que celles où il me fut donné d'assister.

1re *Séance* (4 mars 1840). — Mme Hortense est magnétisée à deux heures et demie. Elle ne met pas plus de sept minutes à s'endormir : son sommeil est lucide, car elle distingue parfaitement tout ce qui se passe autour d'elle. Comme son mari m'en prie, c'est moi-même qui la questionne.

— Dormez-vous, madame?

— Si je dors? Quelle plaisanterie! Je vous assure, monsieur, que je n'ai jamais eu moins envie de dormir.

Les yeux sont fermés; la paupière, soulevée au moyen du pouce, ce qui se fait au reste assez difficilement, laisse voir le globe oculaire tourné convulsivement en haut. La sensibilité est obtuse.

— Me voyez-vous, madame?

— Comment! si je vous vois? Êtes-vous donc devenu invisible?

— Non, mais vous avez les yeux fermés.

— Moi! j'ai les yeux fermés!

— Oui, madame.

— Est-ce qu'on vous a magnétisé, M. le docteur?

— Pourquoi cela?

— Parce que je crois, Dieu me pardonne, que vous êtes somnambule aujourd'hui.

— Comment donc?

— Ma foi, vous prétendez que je dors, que je ne puis pas vous voir, que j'ai les yeux fermés, que sais-je?

— Allons, madame, je plaisantais.... Comment vous portez-vous?

— Je vous l'ai déjà dit, fort bien.... Irons-nous ce soir au bois de Boulogne?

— Je ne pourrais pas vous y accompagner, madame; j'ai à répondre à une lettre très pressée que je viens de recevoir de G.

— Une lettre de G.! vraiment! et de qui donc?

— Vous êtes curieuse, madame?

— Comme tout le monde; trouvez une femme qui ne le soit pas.... Voyons votre lettre, monsieur?

— Vous désirez la lire?

— Oui, si réellement il n'y a pas d'indiscrétion?

— Eh bien! madame, j'y consens; mais à une condition.

— Laquelle?

— C'est que vous la lirez tout haut.

— Quel caprice! Mais n'importe, donnez; je

lirai pour tout le monde; mon mari et moi nous ne faisons qu'un.

A un signe que je fis à mon ami, il couvrit les yeux de sa femme d'un châle de laine qui lui tomba sous la main, ce dont madame Hortense ne parut pas s'apercevoir. Après que le châle qui couvrait presque toute la face eut été convenablement noué à l'occiput, je tirai au hasard de ma poche le premier papier qui s'y trouva; c'était un prospectus de librairie. Je ne l'eus pas plus tôt remis entre les mains de notre jeune somnambule, qu'elle s'écria:

—Vous vous trompez, M. le docteur, ce n'est point là la lettre que vous avez reçue: on n'imprime pas les lettres. — Puis elle ajouta: Ah! Dieu! quelle chaleur il fait ici! c'est un four que ce salon! on y étouffe.

—Eh bien! madame, ma lettre?...

—Eh! je vous dis, monsieur, que vous ne me l'avez pas encore présentée; ce n'est point une lettre, ça. (Elle jette le papier avec impatience.)

— C'est vrai, madame; je me trompais, mais la voici.

—Je ne veux plus la lire à présent.

—Pourquoi donc?

— Parce que j'étouffe ici. Oh! je vous en supplie, donnez-moi de l'air ou sortons, car je n'y tiens plus.

— Nous sortirons, madame, dès que vous aurez

eu la complaisance de nous lire seulement une ligne.

— Eh! vous m'importunez, monsieur ; je me soucie bien de tout ce que peuvent écrire les méchantes gens de votre méchant pays.

Cette phrase fut la dernière qu'elle prononça. Le malencontreux châle dont nous l'avions voilée par une température déjà assez élevée avait subitement neutralisé ses bonnes dispositions. Le visage était couvert de sueur; la tête se penchait avec défaillance sur la poitrine et les épaules; la respiration était haletante; il y avait en un mot imminence de syncope, et insister davantage eût été non-seulement un manque de savoir-vivre, mais un manque d'humanité. J'éveillai donc moi-même madame Hortense, qui, après quelques minutes de malaise et d'hébétude, reprit avec son état normal son amabilité ordinaire (1); mais l'expérience ne fut pas renvoyée plus loin qu'au lendemain à la même heure. — Le fait dont nous laissa convaincu cette première séance, fut que madame Hortense, *les yeux et le visage presque entier recouverts d'un épais châle de laine*, avait pu reconnaître instantanément que les caractères tracés sur le papier que je

---

(1) Je dois faire observer pourtant qu'il y eut ce jour-là, ainsi que les jours où furent faites les premières expériences qui suivirent, des maux de cœur et une légère céphalalgie. Tous ces symptômes diminuent progressivement au fur à mesure que les sujets s'habituent au magnétisme.

7

lui avais présenté, étaient imprimés et non manuscrits.

2ᵉ *Séance* (5 mars). — Madame Hortense *** paraît dans de très bonnes dispositions (1). Son mari la magnétise à deux heures un quart; elle dort à deux heures vingt minutes.

— Dormez-vous, madame?
— Pourquoi cette question?
— Est-ce qu'elle vous ennuie?
— Non, mais je ne la comprends pas. Que me répondriez-vous si je vous l'adressais?
— Je vous répondrais que je ne dors pas.
— Et vous penseriez que je suis folle.
— Ah! madame...
— Pas de galanterie, monsieur, vous ne savez pas où j'en veux venir.

La subtilité de ce syllogisme, dont on ne m'exprima que la moitié avec un excellent ton de plaisanterie, divertit beaucoup les assistants, et j'en élude la conséquence en continuant:

— Voulez-vous être magnétisée, madame?
— Oh! non, monsieur, cela me fait trop de mal.
— Quel mal cela vous fait-il?
— Cela me donne des nausées, des envies de vomir, un mal de tête affreux.

---

(1) Cette expérience est faite en présence du docteur Millardet et de quelques personnes étrangères à la médecine.

—Alors nous ne vous magnétiserons pas ; mais serez-vous assez bonne pour nous lire quelques lignes d'un livre charmant que j'ai dans ma poche?

— Quel est ce livre?

— Ce sont de fort beaux vers.

— Voyons.

Madame Hortense *** a les yeux recouverts d'un bandeau de soie rembourré de coton cardé; nous nous assurons à plusieurs reprises qu'il est impossible que ce bandeau, à la manière dont il est confectionné et adapté, n'intercepte pas complétement la lumière. Je présente à notre somnambule les *Pensées de Pascal ;* elle prend le livre, l'ouvre, l'élève à la hauteur de ses yeux, le feuillete pendant quelques minutes après l'avoir tourné dans son véritable sens, puis le jette avec dédain en disant :

— Je ne lirai pas ça.

— Pourquoi?

— Parce que *vos beaux vers* ne sont pas de mon goût... Et puis, je ne lis pas devant le monde, moi ; quand je lis, je lis pour moi, c'est très bien ; mais devant le monde!.... Je m'en acquitterais trop mal.

—Madame, je vous en supplie!... Songez donc qu'il s'agit du triomphe d'une grande vérité.

—Je ne comprends pas du tout. De quoi voulez-vous parler?

—Eh! Du magnétisme.

—Ah! nous y voilà. Depuis trois jours je n'entends plus parler d'autre chose. Mais savez-vous, monsieur, que c'est une double calamité que votre magnétisme, car il rend fous ceux qui s'en mêlent, et rompt la tête à ceux qui ne veulent pas s'en mêler.

— Madame, nous convenons de notre importunité; mais lisez-nous un mot, un seul mot, et nous n'en parlerons plus.

— Ah! de grâce, laissez-moi; vous m'agacez les nerfs.

Après ces derniers mots prononcés d'un ton d'impatience, madame Hortense *** se lève en chantant à demi-voix et d'un air d'indifférence le refrain d'une ballade d'Aubert; après quoi elle entre dans la bibliothèque de son mari, où nous la suivons.

—Il y a de l'ordre, dit-elle, en regardant les rayons. Mon mari n'a jamais eu d'ordre que dans ses livres.... Ah! je croyais qu'il n'y avait ici que des ouvrages de médecine, et voilà les *OEuvres complètes de Jean-Jacques Rousseau*.

Observons que le bandeau n'est nullement dérangé, ainsi que nous nous en assurons, et que les volumes dont il s'agit occupent un rayon assz élevé, de telle façon que la somnambule, à supposer encore que la lumière pût arriver à ses yeux par-dessous son bandeau, serait obligée de renverser fortement la tête en arrière, ce qu'elle ne fait pas, pour aper-

DU SOMNAMBULISME LUCIDE. 113

cevoir l'intitulé qu'elle vient de lire. Mais ce n'est pas tout : madame Hortense prend un des volumes en se dressant sur la pointe des pieds, l'ouvre brusquement, au hasard, si bien au hasard que le feuillet *n'est pas coupé* à l'endroit où elle l'ouvre, et que c'est moi qui le lui coupe entre les mains. Je lui dis alors :

— Eh bien, madame, une phrase du livre que vous tenez ?

— Monsieur, répond-elle avec une affectation toute plaisante, lorsque vous voulez quelque chose, vous le voulez si bien qu'il est fort difficile de ne point vous l'accorder. Et en même temps elle se met à lire avec une incroyable rapidité toute cette fin de période du CONTRAT SOCIAL : ...... *perd sa rectitude naturelle lorsqu'elle tend à quelque objet individuel et déterminé, parce qu'alors, jugeant de ce qui nous est étranger, nous n'avons aucun vrai principe d'équité qui nous guide* (1).

La séance avait été longue, et le réveil fut un peu plus pénible que la veille. Madame Hortense ***, non-seulement ne se rappelle rien de ce qu'elle a dit et fait pendant son sommeil, mais elle se refuse positivement à y croire.

3ᵉ *Séance* (8 *mars*). — Madame Hortense *** est magnétisée à trois heures. Elle s'endort en quelques

---

(1) Liv. II, chap. IV.

minutes; mais, ainsi que précédemment, elle n'a point encore la conscience de son sommeil, et refuse de lire. En revanche, elle accepte très volontiers une partie d'écarté que je lui propose. On lui bande donc les yeux sans qu'elle s'en aperçoive, et nous jouons aux cartes; mais elle gagne constamment, attendu que bien évidemment elle *voit* les deux jeux, car alors que je m'efforce de lui cacher le mien, elle se fait un malicieux plaisir d'en nommer toutes les cartes l'une après l'autre.— Je demande en finissant à mon ami la permission de convier quelques médecins en renom et quelques gens de lettres à l'une de ses premières séances; proposition qui est acceptée.

4ᵉ *Séance* (12 *mars*). — Quoique nous ne soyons pas encore très nombreux, cette séance présente un peu plus de solennité que les précédentes. Nous sommes assistés de MM. les docteurs Bousquet (1) et Amédée Latour (2), de M. Charles d'Orbigny (3) et de quelques personnes étrangères à la science. Madame Hortense n'est que légèrement émue, et n'éprouve point le trouble que j'avais redouté de la présence de témoins inconnus d'elle. Après un quart d'heure de conversation générale, elle est endormie

---

(1) Secrétaire du conseil de l'Académie de médecine.
(2) Rédacteur de la *Gazette des médecins praticiens.*
(3) Directeur du *Dictionnaire universel d'histoire naturelle.*

à trois heures précises. Cette fois, son mari la magnétise par la simple influence du regard, et cela presque aussi vite qu'au moyen de passes; c'est toujours moi qui suis chargé de l'interroger.

— Votre santé, madame?

— Pas trop bonne, monsieur; mais pourtant n'y touchez pas, car les médecins ont la main malheureuse avec moi.

— Vous leur en voulez donc bien?

— Pas le moins du monde.

— Cependant, vous prétendez qu'ils vous ont fait du mal.

— Eh! mon Dieu! comme à beaucoup d'autres; mais ils croient faire le bien, on ne peut pas leur en vouloir.

— Vous n'avez donc pas été traitée convenablement dans votre grande maladie?

— Non, monsieur; non, bien loin de là.

— Qu'aurait-il fallu vous faire?

— Ce que vous m'avez fait, vous.

— Vous auriez donc à présent confiance en moi, madame?

— Eh!... comme en un autre.

— Pas plus? Et pourtant je vous ai guérie.

— Par hasard.

— Ah! madame, vous êtes injuste.

— Non, monsieur; non, rassurez-vous, je ne suis ni injuste, ni ingrate; j'ai grande, très grande confiance en vous, surtout aujourd'hui.... que je puis me passer de votre ministère.

— Eh! tant mieux, madame; vous y avez recouru assez longtemps; mais puisque vous vous trouvez aujourd'hui en dispositions passables, aurez-vous l'obligeance de nous lire quelques lignes?

— Encore! Vouloir toujours me faire lire! c'est une monomanie!

Je dois faire observer que madame *** ne lit jamais à haute voix pendant ses veilles, et que la dernière exclamation qui vient de lui échapper prouve irrévocablement qu'elle se rappelle pendant son somnambulisme ce qui s'est passé dans ses précédents sommeils. Comme elle continue à nous refuser de lire, nous sommes obligés d'employer différents détours pour obtenir d'elle ce que nous désirons; enfin, après une demi-heure de débats, elle nous promet qu'elle lira *dans dix minutes*. Chacun de nous remarque alors l'heure qu'il est à la pendule, et dix minutes après, seconde pour seconde, madame Hortense prend le livre que je lui présente, et lit couramment la phrase suivante :.....
La qualité de citoyen étant considérable dans les démocraties, où elle emportait avec elle la souveraine puissance, il s'y faisait souvent des lois sur l'état des bâtards, qui avaient moins de rapport...... (1).

(1) Montesquieu. *Esprit des lois*, t. II, p. 265.

DU SOMNAMBULISME LUCIDE.   417

D'une part, le livre a été choisi, par nous il est vrai, dans la bibliothèque de monsieur ***, et il est évident que Mme Hortense pourrait fort bien *savoir par cœur* les 500 volumes qui composent cette bibliothèque; il y a des mémoires si extraordinaires! D'un autre côté, les bandeaux sont des bandeaux, et messieurs les membres de l'Académie ont depuis longtemps démontré *ex professo* qu'il était moralement et physiquement impossible de boucher les yeux à un homme de manière à l'empêcher d'y voir. Cela posé et parfaitement compris de tous nos lecteurs, il est clair comme le jour que l'expérience que nous venons de raconter ne prouve rien du tout. Demandez-le plutôt à nos confrères; sur cent médecins, quatre-vingt-dix-neuf vous le diront comme moi. Il nous était donc pour le moins raisonnable d'attendre, avant de rien conclure, une expérience moins suspecte. Mais attendre! qui en a la patience? M. Bousquet tire de sa poche *un imprimé* (*petit romain*) qu'il enveloppe d'une double feuille de papier blanc et qu'il présente à madame ***. J'observe pourtant que c'est changer les conditions du problème, puisqu'alors les caractères destinés à être lus ne sont plus éclairés (1). J'observe en outre qu'il est fort rare que deux expériences de cette na-

(1) Nous verrons un peu plus loin que cette circonstance, en rendant il est vrai le phénomène plus difficile à produire, n'est point un obstacle insurmontable à son accomplissement.

ture, réussissent coup sur coup dans la même séance, attendu la fatigue que la première fait éprouver à la somnambule. On insiste en dépit de tout cela. Madame ***, malgré l'agitation évidente qu'elle éprouve, a la complaisance de se prêter encore à ce qu'on exige d'elle; mais cette fois elle échoue. Après d'extraordinaires efforts pour déchiffrer l'indéchiffrable imprimé de M. Bousquet, elle ne lit qu'un mot insignifiant (*il*), et jette le papier en déclarant qu'elle ne peut aller plus loin.

Il est alors quatre heures et demie. Mme Hortense, éveillée par moi, me demande avec anxiété ce qu'elle a fait et ce qu'elle a lu. Nous lui épargnons des détails qui pourraient blesser sa susceptibilité de somnambule, et nous prenons congé d'elle.

— Qu'en pensez-vous? me dit en sortant le docteur Amédée Latour; faut-il croire?

— Mon bon ami, lui répondis-je, pour le moment je ne m'occupe point encore des convictions d'autrui.

5e *Séance* (2 *avril*).— Le monde médical est essentiellement inféodé; tout y est serf ou grand vassal. Ceux-ci, montés sur des échasses et grossissant leur voix pour mieux se faire entendre, impriment bon gré malgré au petit peuple qui ne demande pas mieux leurs croyances ou leurs doutes. Niant comme de raison tout ce qu'ils ne savent pas, ils font en toute occasion parade de leur incrédulité, et passent pour *esprits forts*; puis, prenant eux-mêmes de bonne foi leur verbiage pour de l'éloquence et leur présomption pour du génie, ils parviennent à grouper autour d'eux une multitude de petites gens (*servum pecus* d'Horace), c'est-à-dire intelligences infimes qui ne pensent que par autrui, réfléchissent en miroitant jusqu'aux grimaces du maître, et répètent comme de fidèles échos jusqu'à ses platitudes. Or, des hommes que je viens de dire, je ne chercherai jamais à les convaincre ni les uns ni les autres : ceux-ci n'ont et ne sauraient avoir de conviction à eux; ceux-là n'en veulent point avoir d'autre que celle qui s'adapte à leurs intérêts; c'est-à-dire que leur scepticisme est pour eux un système, et partant un vice incurable. Il ne me faut, à moi, dans l'intérêt de la vérité que j'inscris sur mon drapeau, que des organisations loyales et indépendantes, capables de pénétrer et d'étudier cette vérité, pourvues d'assez de courage pour la défendre et d'assez d'abnégation pour lui tout sacrifier.

Voilà donc pourquoi, parmi tous les *illustres* incrédules de ma connaissance, je n'avais convié à notre séance du 2 avril que M. le professeur Bouillaud, auquel je joignis après coup et par réflexion M. le docteur Cornac, dont le caractère aimable et bienveillant tempère l'incrédulité et peut servir de moyen de sympathie entre un homme convaincu et un homme qui redoute de l'être. J'espérais donc beaucoup; mais, comme par un fait exprès, tout alla de travers cette malheureuse soirée, et l'événement trompa cruellement mes espérances. D'abord, M. Bouillaud se fait attendre, et c'est un grand tort. Je ne dirai point au savant professeur que l'éclat de sa réputation ou l'austérité de son maintien font clocher les expériences magnétiques, en *intimidant* somnambules et magnétiseurs; mais je lui ferai remarquer tout simplement qu'il indispose les uns et les autres en leur manquant d'exactitude. — Ainsi, notre séance, qui devait avoir lieu à sept heures du soir, ne commence qu'à huit passées. D'abord, l'instant n'est plus propice. Mais ce n'est pas tout; depuis une heure, on baille, on s'ennuie, on s'impatiente, on attend enfin; de telle façon que je suis encore à me demander, aujourd'hui que j'ai subi des échecs beaucoup moins motivés, comment dans de pareilles dispositions d'esprit nous avons pu obtenir les résultats qu'on va voir. Voici le résumé succinct mais pourtant scrupuleux de tout ce qui s'est passé dans cette séance.

Mme Hortense ***, qui dort à demi de son sommeil naturel, est magnétisée à huit heures dix minutes, et ne met pas plus de trois minutes et demie pour entrer en somnambulisme. Le bandeau qui doit lui couvrir les yeux est confectionné séance tenante et *appliqué par M. Bouillaud lui-même.* Cela fait, le phénomène, j'en conviens, fut cette fois très lent à se manifester, et nous attendons une heure entière (1) qu'il vienne à notre somnambule le vouloir ou la possibilité de lire; mais enfin, elle se décide, elle lit; elle lit tout *un vers alexandrin*, dans un livre *apporté par M. Cornac*, livre imprimé en caractère *petit romain*, et qui, pour arriver des mains de ces messieurs aux mains de madame *** n'a point passé par les miennes. Cependant, du propre aveu des témoins, le bandeau, qui descend jusqu'aux ailes du nez, ne s'est point déplacé d'une ligne, et se retrouve exactement tel que M. Bouillaud l'a appliqué.

Mais voici un autre fait, qui peut-être laisse encore moins d'équivoque. Toutes les lumières sont éteintes et une obscurité profonde règne dans l'appartement. Mme Hortense est alors débarrassée de son bandeau; mais le livre de M. Cornac est encore entre ses mains.

— Pourriez vous lire ainsi, madame?

— Oui monsieur. (L'obscurité est telle, que nous avons de la peine à nous distinguer les uns les autres.)

— Eh bien! quel est l'intitulé du livre que vous tenez?

---

(1) C'est fort souvent qu'il faut attendre ainsi, parce que les phénomènes magnétiques ne se produisent pas à volonté.

— Madame *** ne répond pas, et M. Cornac lui souffle à plusieurs reprises : *OEuvres de Rousseau.*

— Non, monsieur, réplique-t-elle enfin, au bout de quelques minutes; ce sont les *Poésies de Malherbe*; et c'était cela en effet. — Là-dessus, messieurs les académiciens se retirèrent en disant : *Expérience à recommencer* (1)!

6e *Séance* (8 *avril*). — Aujourd'hui, voici le magnétisme jugé par ses pairs, ou tout au moins aux prises avec des ennemis bienveillants. MM. les docteurs Frapart et Amédée Latour, M. Gustave Janselme et M. d'Épagny; tels sont les témoins de notre sixième séance. Elle commence à trois heures. Madame Hortense *** est magnétisée à distance, au moyen du regard seulement; elle ne met pas plus de trois minutes à s'endormir; et encore échange-t-elle pendant ces trois minutes avec son magnétiseur

---

(1) Une particularité fort étrange, mais que j'ai souvent remarquée sans pouvoir mieux l'expliquer que les autres faits magnétiques, c'est qu'un somnambule lucide, alors qu'il voit assez pour lire avec un bandeau sur les yeux, peut très bien ne pas distinguer un individu assis à son côté. Ce qu'il y a de plus contrariant en pareil cas, c'est que les somnambules trompent ou se trompent (je ne sais lequel des deux), et affirment qu'ils voient des choses que réellement ils ne voient pas. Les magnétiseurs savent à quoi s'en tenir sur ces sortes de bévues, mais à coup sûr elles font du tort au magnétisme lorsqu'elles ont lieu devant témoins; c'est ce qui nous arriva le 2 avril.

plusieurs plaisanteries qui les font rire tous les deux, et ont probablement pour effet de retarder l'instant du sommeil. Enfin elle dort, et tout le monde est attentif; M. le docteur Frapart surtout (rendons-lui cette justice en passant), M. Frapart, que l'on pourrait croire aveuglé par son enthousiasme, est en matière de magnétisme plus circonspect et plus défiant qu'un incrédule.

Comme, en définitive, il y a toujours quelque chose d'équivoque dans l'emploi des bandeaux quels qu'ils puissent être, nous décidons à l'unanimité que nous renonçons désormais à en faire usage, et que nous leur substituerons une simple feuille de papier ou de carton, tenue par l'un de nous de manière à ce qu'elle soit interposée entre l'objet à distinguer et les yeux de la somnambule; MM. Frapart et Latour s'acquittent à tour de rôle de cette fonction. Pour la première fois, Mme Hortense a la conscience de son état et comprend ce qu'on exige d'elle alors qu'on la prie de lire; mais elle ne possède pas encore la juste appréciation de ses moyens; elle promet quelquefois plus qu'elle ne peut tenir, et s'engage par exemple à lire alors que son degré de lucidité ne le lui permet pas encore. D'ailleurs la vision à travers un cahier de papier est une expérience nouvelle et à laquelle elle a besoin de s'exercer un peu. Cependant nous l'essayons. Madame ***, dont les mains ne touchent ni le cahier de papier blanc, ni le journal qu'on lui présente derrière ce papier, s'applique, fait des efforts qui la fatiguent, s'impatiente, nomme quelques lettres, mais en somme ne réussit pas. Je dois ici compte à mes lecteurs d'une petite circonstance qui les mettra en garde contre la ruse des somnambules et la tendance qu'ont à tromper ceux même qui dans l'état de veille ont le plus de bonne foi. Mme Hortense ***, qui, toujours en somnambulisme, venait de passer avec son mari et moi dans une pièce voisine de celle où se faisait l'expérience et dont la température élevée l'incommodait, nous demanda en confidence :

Qu'est-ce qu'il y a donc sur le journal de M. Latour ?

— Eh! madame, lui répondis-je, d'abord je ne le sais pas, et puis il est très probable que si nous reprenons l'expérience, ce sera un autre journal qu'on vous présentera.

— Oh! mon Dieu, mon Dieu! Si je ne pouvais pas lire aujourd'hui !

— Pourquoi ne liriez-vous pas? Ayez la patience d'attendre que la faculté vous en vienne, et celle d'attendre votre bon plaisir ne nous coûtera rien.

— C'est cela, me dit-elle à l'oreille en rentrant au salon, et si je ne peux pas je dirai que je ne veux pas.

Un quart d'heure après, Mme Hortense avait lu cette phrase à travers trois feuilles de fort papier : ...

en Chine, il n'y a point de loi sur la diffamation (1).

Ce fait est-il concluant? Au premier abord on serait tenté de le croire; mais, qui nous assure que les yeux de la somnambule ne se sont point ouverts? qui nous assure que juste à ce moment-là, par un faux mouvement de M. Frappart ou de M. Latour, le journal n'est point tombé à la portée de ses regards? qui nous assure?... — « Mesieurss, vous êtes incorrigibles, et je ne sais plus qu'un moyen de vous convaincre; mais comme je n'ai jamais vu faire l'expérience, il est pour le moins douteux qu'elle réussisse; enfin, tentons-la si vous voulez. Voici une boîte, mes chers confrères; que l'un de vous y écrive lisiblement la phrase qu'il jugera convenable; que cette boîte soit ensuite ficelée et cachetée par vous; si, demain, je vous envoie le tout intact avec la reproduction littérale de votre phrase, croirez-vous? »

—Oui, sans aucun doute.

Le lendemain j'écrivis au docteur Frapart : « Il y a dans votre boîte : *Le possible est immense.*

M. Frapart me répondit : « Mon cher ami, notre partie est gagnée ; car Mme Hortense a réellement lu dans la boîte l'hémistiche de Lamartine que j'y avais écrit : *Le possible est immense ;* seulement il s'y trouve précédé de celui-ci : *Le réel est étroit.* »

(1) *Journal l'Hygiène.*

Il est évident qu'il n'y avait rien à objecter à cela; mais comme notre ami Amédée Latour, qui jusqu'alors ne s'était défié que du magnétisme, nous fit l'honneur de se défier de nous (il sait bien que je lui pardonne), il fallut recommencer l'expérience pour lui. Ce fut donc lui qui cacheta la boîte après y avoir écrit, sans témoin, cette phrase qu'une dame n'imaginera jamais : *L'eau est composée d'hydrogène et d'oxygène.* Or, trois jours après, je me rendis chez le docteur Amédée Latour, je lui remis sa boîte; il l'examina, il reconnut ses cachets (et Dieu sait s'il en avait mis).

— Eh bien? me dit-il après cet examen fait.

— *L'eau est composée d'hydrogène et d'oxygène.* Eh bien ?

— Vous êtes le diable, s'écria-t-il, ou le magnétisme est une vérité (1).

La dernière expérience que je viens de rapporter a été faite, il est vrai, sans autre témoin que moi; mais n'est-il pas évident que d'après sa nature, cette circonstance ne lui ôte rien de son authenticité.

---

(1) Lorsque madame Hortense *** lit dans une boîte, elle prend celle-ci de sa main droite, la fixe à quelques millimètres d'un de ses yeux, à peu près comme un horloger tient sa loupe, sauf que l'œil reste fermé, puis demeure ainsi près d'un quart d'heure avant de rien voir. A la fin elle nomme quelques lettres; puis un mot (rarement celui qui commence la phrase); puis enfin lit tout d'un trait la phrase entière et jette la boîte.

Cette expérience prouve donc sans réplique que non-seulement les somnambules lucides peuvent voir et distinguer à travers des corps opaques des objets aussi ténus que des caractères d'imprimerie, mais encore qu'ils peuvent voir ces objets sans l'intervention, au moins apparente, de la lumière, puisqu'un morceau de papier enfermé dans une boîte de carton ou de bois, s'y trouve à coup sûr dans une obscurité complète.

Ici s'élèvent plusieurs questions auxquelles il n'est point facile de trouver une solution positive : 1° les somnambules voient-ils à travers tous les corps opaques indifféremment ? 2° se servent-ils de leurs yeux pour voir ?

A la première question, je répondrai : Je ne pense pas qu'on parvienne jamais à faire *lire* aucun somnambule à travers une cloison, un mur, etc.; mais je crois pouvoir assurer que les somnambules voient à travers ces corps, et que quelques-uns d'entre eux distinguent à des distances énormes, effrayantes, incroyables. Les exemples que j'en pourrais donner ne signifieraient absolument rien, précisément parce qu'ils n'auraient pas d'autre garantie que la mienne. —Il faut faire voir publiquement les phénomènes magnétiques, aux risques de se donner l'air d'un escamoteur et d'un baladin ; mais citer les faits que l'on a observés sans témoins, c'est vouloir se faire taxer d'imposture sans aucun profit pour la science. — Que les hommes sont rudes à manier !

Les somnambules se servent-ils de leurs yeux pour voir ? — Oui ; du moins c'est mon avis, et voici sur quoi je le fonde : 1° Soit habitude, soit nécessité, un somnambule qu'on veut faire lire, tourne son visage vers le livre qu'on lui présente, élève celui-ci à la hauteur de ses yeux, et le tient ainsi immobile jusqu'à ce que l'expérience soit terminée ; 2° Les phénomènes de vision n'ont jamais lieu (que je sache) chez les individus qui ont naturellement la vue basse ou les yeux fatigués ; 3° enfin, plusieurs fois il m'est arrivé d'entendre un somnambule se plaindre d'une douleur vive au fond de l'orbite pendant le cours des expériences dont il s'agit, ce qui prouverait, au moins jusqu'à un certain point, que la rétine et le nerf optique y jouent un rôle quelconque. On trouvera d'ailleurs à notre article *Transposition des sens* les restrictions qui pourraient à la rigueur être apportées à ce que nous venons de dire.

2° *De l'intuition.*

Cette faculté est une des premières que développe le somnambulisme ; mais la lucidité la porte à son maximum de perfection. L'intuition est alors un nouveau sens, un instinct sublime qui initie tout à coup l'intelligence de l'individu chez qui elle se révèle aux plus obscurs mystères de sa nature intime. On n'imaginerait jamais avec quel tact, quelle justesse et quelle précision les somnambules se rendent compte de ce qui se passe en eux. Ils assistent littéralement à l'accomplissement de toutes leurs fonctions organiques ; ils y découvrent le plus imperceptible désordre, la plus fugitive altération. Il n'est pas d'affections si légères ou si latentes, de celles-là mêmes qui, dans les premiers temps de leur existence, non-seulement ne donnent lieu à aucun symptôme extérieur, mais encore ne se trahissent par aucune espèce de souffrance interne ; il n'est pas d'affections, dis-je, qui échappent à l'investigation du somnambule. Puis, de tout cela il se fait une idée nette, rigoureuse, mathématique. Il dirait, par exemple, combien il y a de cuillerées de sang dans son cœur ; il sait, jusqu'à un gramme près, ce qu'il lui faudrait de pain pour satisfaire son appétit du moment ; combien il lui faudrait de gouttes d'eau pour apaiser sa soif ; et toutes ses évaluations sont d'une incompréhensible exactitude. Le temps, l'espace, les forces de toutes natures, la résistance et la pesanteur des objets, sa pensée ou plutôt son instinct, mesure, calcule, apprécie toutes ces choses en un clin d'œil. — Une femme en somnambulisme a la conscience de sa grossesse dès la première heure de la conception ; celle-ci sent si elle est ou non en disposition de concevoir ; enfin, elle ne sera pas enceinte de huit jours, qu'elle désignera sans *se tromper jamais* le sexe de son enfant, etc., etc.

Tout cela, je ne l'ignore pas, étonnera plus d'un de nos lecteurs, et fera sourire de pitié certains graves docteurs, lesquels parlent pourtant de l'*irritation*, de l'*inflammation*, du *principe vital*, etc., etc., avec autant de certitude et d'aplomb que s'ils avaient vu toutes ces choses ; car voilà le monde : c'est une grande maison de fous, où chacun, prenant en pitié ses voisins, croit seul avoir la sagesse en partage. — Mais nos honorés confrères seraient-ils donc les plus incurables de l'établissement? Qu'ils y prennent garde : ce n'est point une théorie que je leur soumets; ce sont simplement des faits que je les convie à vérifier, et qu'ils vérifieront s'ils ont pour cela assez de patience et...., de bonne foi. — Ils s'y refusent? Alors je déchire mon diplôme en m'écriant : Orgueil! présomption! sottise! allez, messieurs, je ne suis plus des vôtres.

Quoique les phénomènes de vision contribuent beaucoup chez les somnambules lucides à perfectionner et peut-être à rectifier l'intuition, il est néanmoins hors de doute pour moi que cette dernière n'est point indispensablement subordonnée à une clairvoyance parfaite. J'avoue toutefois que l'intégrité de l'une des deux facultés me semble une garantie pour l'excellence de l'autre; et comme nous ne possédons aucun moyen de vérifier la plupart des phénomènes d'intuition, je ne crois sincèrement à ces phénomènes que chez les somnambules clairvoyants.

L'intuition est à la clairvoyance ce que la physiologie est à l'anatomie ; à cette différence près cependant, que les somnambules, même les moins lucides, *sentent à priori* les actions vitales qui se passent en eux, et n'ont nullement besoin de notions organographiques pour être doués encore d'une appréciation physiologique très passable.

Observons, en terminant ce paragraphe, que tout ce qu'on vient de lire sur l'intuition n'a rapport qu'à celle dont les somnambules jouissent et font usage pour leur propre compte, nous réservant de parler, en traitant de leur *diagnostic*, de l'intuition qu'ils peuvent mettre au service des autres. (Voy. *Médecine des somnambules*).

3° *De la prévision intérieure.*

Non-seulement les somnambules lucides ont la conscience de leur état physiologique ou pathologique actuel, mais encore ils annoncent par une sorte de prescience qui n'appartient qu'à eux, toutes les modifications destinées à survenir dans leur organisme. Est-ce de leur part un calcul, un travail de déduction au moyen duquel ils déterminent d'après ce qui existe ce qui n'existe pas encore ? C'est ce que personne ne pourrait dire ; mais ce qu'il y a de très sûr, c'est que les exemples de prévision intérieure, c'est-à-dire portant sur des éventualités relatives à soi-même, sont excessivement multipliés. Il n'est pas d'auteur qui n'en cite un grand nombre.

Pierre Cazot, somnambule dont il est question dans le rapport de 1832, annonce plusieurs semaines à l'avance le jour et l'heure où il sera atteint d'un accès d'épilepsie. Non-seulement il précise l'instant où cet accès se manifestera, mais il en prédit la violence et la durée. La commission qui vérifie le fait dépose en faveur de son authenticité.

Paul Villagrand, dont il est aussi fait mention dans le travail de M. Husson, prédit longtemps à l'avance toutes les phases de sa maladie, et tout se passe exactement tel qu'il l'a annoncé.

Les extatiques de Petetin, de MM. Barrier et Despine présentent des faits analogues. — Dès l'antiquité la plus reculée, nous trouvons dans l'histoire de certains malades des exemples de prévision. — Arétée, Aristote, Platon, Plutarque, Porphyre et tous les philosophes de l'école d'Alexandrie nous ont laissé leur contingent d'observations sur cette singulière faculté ; enfin il suffit d'avoir une fois avec succès magnétisé dans sa vie, pour être bien convaincu de son existence. Reste maintenant l'explication qu'on en a donnée (car il n'est rien d'inexplicable pour les médecins). Un simple passage de l'ouvrage de M. A. Bertrand sur l'extase va nous résumer à peu près tout ce qu'on a dit de plus raisonnable sur ce sujet ; mais nous déclarons par anticipation que nous sommes infiniment éloigné de partager en cela les convictions de M. Bertrand :

« Nous avons déjà eu occasion de faire remarquer que les idées qui surviennent aux extatiques n'agissent pas seulement sur eux pendant l'extase, mais que leur influence peut encore s'étendre jusque sur l'état ordinaire. Il est cependant certain qu'à l'instant où l'extatique s'éveille, il ne conserve aucun souvenir de tout ce qui s'est passé pendant l'accès ; mais cette perte de souvenir ne suffit pas pour empêcher que les idées dont il a été agité ne produisent, à un moment déterminé, les effets qui doivent naturellement en être le résultat. Je m'explique : Nous avons déjà vu que quand les convulsionnaires de Saint-Médard annonçaient qu'en expiation de telle ou telle faute, ou pour tout autre motif, ils devaient faire un jeûne plus ou moins long, ils se trouvaient pendant tout ce temps dans l'impossibilité d'avaler aucune espèce de nourriture.

« Eh bien ! ce qui se passait à cet égard chez les convulsionnaires s'observe en général chez les extatiques relativement à une multitude de modifications organiques ; et il suffit que le somnambule ait annoncé qu'à tel moment déterminé il sera affecté de telle ou telle manière, pour qu'il le soit en effet...

. . . .

Rien de plus commun que de voir des femmes somnambules prédire, à heure fixe, l'apparition des règles, des paralysies partielles etc. J'ai même vu annoncer un gonflement de la face avec infiltration des paupières, et la prédiction s'accomplit. Je cite ce dernier exemple, parce qu'il ne semble guère de nature à pouvoir être l'effet d'une prédétermination. Les partisans du magnétisme animal, qui croient à une véritable prévision chez les somnambules, vont donc m'objecter l'observation même que je viens de rapporter.

«Je leur répondrai : 1º que nous ne pouvons positivement déterminer les limites dans lesquelles peut s'étendre cette influence singulière des somnambules sur leur organisation; 2º qu'on ne peut nier que dans la plupart des cas les prédictions ne soient réellement la cause de l'effet produit.» C'est-à-dire, suivant M. Bertrand, que les accès épileptiques de Cazot et les crises de Paul Villagrand n'avaient pas été prédits parce qu'ils devaient arriver, mais bien qu'ils ne sont arrivés que parce qu'ils avaient été prédits. Voilà de l'idéologie ! voilà du paradoxe déguisé en raison ! A cela il n'y a rien à objecter... que des faits. Je n'en citerai qu'un ; mais il est écrasant et en vaut mille.

*Observation de Mlle Clary D*** (1).*

Mlle Clary D*** est âgée de 11 ans et demi. Elle est d'une intelligence précoce, mais naturellement d'une santé frêle ; elle est de plus débilitée par une longue et cruelle maladie, et sa famille conçoit sur son avenir des craintes que l'événement ne doit que trop réaliser.

Ce fut le 6 mai 1840 que je fus pour la première fois appelé à donner mes soins à cette jeune personne. Je la trouvai dans son lit, la face amaigrie et décolorée, le pouls fébrile et la peau brûlante. Mlle Clary, qui, ainsi que nous le dirons tout à l'heure, avait été déjà magnétisée plusieurs fois, ne recevait la visite d'un médecin qu'avec une sorte de répugnance. Cependant, la manière de voir que j'exprimai devant elle sur le magnétisme me valut d'être bien accueilli d'elle, et, après l'avoir interrogée sur les antécédents de sa maladie, je procédai à un examen symptomatique des plus circonstanciés. La conclusion de mes recherches fut qu'il existait : 1° une fonte tuberculeuse dans les lobes supérieurs du poumon droit ; 2° des tubercules assez volumineux dans le mésentère ; 3° enfin, une affection gastro-intes-

---

(1) M. D***, un de nos principaux *libraires* de la capitale, demeure rue Pavée-Saint-André n° 2.

tinale qui pouvait bien n'être que la conséquence des altérations organiques précédentes.

Comme on le voit, le cas était plus que grave; il était désespéré. Mlle Clary était phthisique, au moins au deuxième degré. Cependant je m'informai de la médication qui jusqu'alors avait été suivie ; on me le dit; mais c'était un galimatias à n'y rien comprendre. Quand toutes les commères de la province se fussent ensemble donné rendez-vous chez Mme D*** pour faire des ordonnances à sa fille, il n'en serait pas résulté une thérapeutique plus étrange, plus compliquée. C'étaient les pieds qu'on avait chaussés de *pigeons égorgés vivants* ; c'étaient des emplâtres dont on avait couvert le ventre et la poitrine ; des fumigations de toutes les espèces, des drogues, des tisanes, des potions, comme jamais pharmacien n'en a préparées ; c'étaient des lavements de séné, de casse, etc. ; enfin des médecines qui rappelaient M. Diafoirus, et dont le nombre eût satisfait le *malade imaginaire*. Or, ces purgatifs, ces révulsifs, ces emplâtres et ces clystères, qui les avait prescrits? une somnambule *se disant lucide*. Avis au lecteur; mais passons; car là ne gît, non plus que dans la prescription que je fis à mon tour, l'importance du fait que je prétends opposer à la théorie de M. Bertrand.

Mlle Clary, je le répète, avait été magnétisée plusieurs fois ; on la consulta inutilement pour elle.

même, parce qu'elle n'eut jamais *l'instinct des remèdes*; mais à part cela, elle fut pendant quelque temps admirablement lucide, et si malheureusement elle ne put pas se tracer un traitement, elle nous fit jour par jour, et cela long-temps à l'avance, tout le pronostic de sa maladie. Voici le résumé de la dernière séance où elle fut endormie (15 mai 1840) :

— Comment vous trouvez-vous, mademoiselle ?
— Très mal.
— Où souffrez-vous ?
— Partout.
— Mais où souffrez-vous le plus ?
— Dans le ventre.
— Dans quelle partie du ventre ?
— Plus bas que l'estomac.
— Vous voyez vos intestins ?
— Oui, monsieur.
— Et qu'y voyez-vous ?
— Des taches rouges de sang et d'autres noirâtres ; puis, dans une place longue comme la main, une multitude de petits boutons rouges.
— Est-ce tout ?
— Oui, monsieur.
— Comment voyez-vous vos poumons ?
— Comme desséchés (1).

(1) Les signes fournis par l'auscultation et la percussion ne me donnèrent jamais sur ce point qu'un diagnostic obscur, que

— Ne vous semblent-ils pas, dans leur partie supérieure, parsemés de *grains blancs?*

— Je ne *vois* pas assez bien pour le dire.

— Et vous ne savez pas ce qu'il faudrait vous faire prendre pour vous guérir?

— Non, monsieur.

— Comment irez-vous demain?

— Un peu mieux qu'aujourd'hui.

— Après demain?

— J'aurai beaucoup de fièvre.

— Comment irez-vous le 25 de ce mois?

— Très mal.

— Le 1er juin?

— Plus mal encore; j'aurai tout le corps enflé.

— Et ensuite?

— Le deux et trois!... oh! que je serai malade! Mon Dieu! mon Dieu!

— Et ensuite?

— Attendez...

Mlle Clary hésite, réfléchit long-temps; enfin elle nous dit : — Le quatre.... je ne vois plus rien.

On l'éveilla; elle ne garda aucun souvenir de tout ce qu'elle avait dit, et je recommandai expres-

n'éclairaient ni la toux, ni la matière de l'expectoration; et souvent je me suis demandé si l'accumulation de crachats naturels, mais épaissis, dans les ramifications bronchiques ne pourrait pas donner lieu à l'imperméabilité et à la matité circonscrites que j'avais constatées.

sément qu'on ne lui en parlât pas. Cependant tout se passa à peu près comme elle l'avait prédit, jusqu'au quatre juin, jour où Mlle Clary D*** mourut!

Cette observation est curieuse sous plus d'un rapport. D'abord elle est une preuve irrécusable de la prévision des somnambules; mais, en outre, cette prévision entraîne après elle une sorte de fatalité désespérante, puisque, quoi qu'on fasse, quelque méthode qu'on suive, l'événement doit s'accomplir et la mort arriver à l'heure dite, sans qu'il y ait au monde un moyen de la retarder d'une heure.

Or, maintenant, je demande à M. Bertrand si c'est parce que Mlle Clary a fixé l'époque de son agonie (que d'ailleurs elle n'a pas caractérisée), que cette agonie survient juste à l'époque indiquée? Est-ce enfin parce qu'elle a dit qu'au 4 juin elle cessait d'y voir, que Mlle Clary meurt justement le 4 juin? Il n'y a pas de milieu : ou il faut nier le fait que je viens de rapporter, et dix personnes l'attesteront avec moi ; ou il faut croire comme nous l'entendons à la prévision des somnambules.

4° *De la prévision extérieure.*

Sans parler ici de la prévision qui constitue le pronostic des somnambules lucides relativement aux crises ou aux divers phénomènes qui sont destinés à survenir chez les malades que l'on met en rapport avec eux, quelques sujets, fort rares à la vérité, possèdent l'incompréhensible faculté de prédire pendant leur somnambulisme des événements auxquels leur existence se trouvera mêlée, mais dont la cause, évidemment étrangère à leur économie, ne saurait avoir avec elle aucune espèce de relation explicable. Nous allons en donner quelques exemples :

Le 8 mai dernier (c'était un vendredi), je magnétisai Mme Hortense ***, dont nous avons déjà rapporté plusieurs observations au sujet de la vision sans le secours des yeux. Le jour dont je parle, cette jeune dame était d'une admirable lucidité; mais, pour des raisons que l'on conçoit sans que nous ayons besoin de les dire, nous avions renoncé depuis longtemps avec elle aux expériences de pure curiosité, et il ne s'agissait plus dans nos séances que de sa santé ou de la nôtre. Cette fois, je me trouvais donc seul avec elle et son mari, et, après l'avoir interrogée quelques minutes sur des objets plus ou moins indifférents, nous voulûmes savoir jusqu'où pouvait aller sa pénétration de l'avenir ; mais nonobstant la forme de nos questions, la destinée de Mme *** revenait toujours se mêler à nos réponses. Elle découvrait l'avenir, mais dans une seule direction, celle qu'elle devait parcourir. Cependant, entre autres choses frappantes, elle nous dit ceci : « Je suis enceinte de quinze jours, mais je n'accoucherai pas à terme, et j'en ressens déjà un chagrin cuisant.

Mardi prochain (12 courant), *j'aurai peur de quelque chose*, je ferai une chute, et il en résultera une fausse-couche. » Je confesse, malgré tout ce que j'avais vu déjà, qu'un des points de cette prophétie révoltait ma raison. En effet, je concevais fort bien la chute et tout ce qui pouvait s'ensuivre ; j'allais même jusqu'à concevoir la peur ; mais le motif de cette peur, voilà ce qui me confondait.

— De quoi donc aurez-vous peur, madame, lui demandai-je avec une expression d'intérêt qui était loin d'être simulée ?

— Je n'en sais rien, monsieur.

— Mais où cela vous arrivera-t-il ? où ferez-vous votre chute ?

— Je ne puis le dire ; je n'en sais rien.

— Et il n'y a aucun moyen d'éviter tout cela ?

— Aucun.

— Si pourtant nous ne vous quittions pas ?

— Cela n'y ferait rien.

— Dieu seul pourrait donc prévenir l'accident que vous redoutez ?

— Dieu seul ; mais il ne le fera pas, et j'en suis profondément affligée.

— Et vous serez bien malade ?

— Oui, pendant trois jours.

— Savez-vous au juste ce que vous éprouverez ?

— Sans doute, et je vais vous le dire : Mardi, à trois heures et demie, aussitôt après avoir été effrayée, j'aurai une faiblesse qui durera huit minutes; après cette faiblesse, je serai prise de maux de reins très violents qui dureront le reste du jour et se prolongeront toute la nuit. Le mercredi matin, je commencerai à perdre du sang; cette perte augmentera avec rapidité et deviendra très abondante. Cependant il n'y aura pas à s'en inquiéter, car elle ne me fera pas mourir. Le jeudi matin, je serai beaucoup mieux, je pourrai même quitter mon lit presque toute la journée; mais le soir, à cinq heures et demie, j'aurai une nouvelle perte qui sera suivie de délire. La nuit du jeudi au vendredi sera bonne; mais le vendredi soir j'aurai perdu la raison. »

Mme Hortense ne parlait plus; et sans croire explicitement à ce qu'elle nous disait, nous en étions tellement frappés, que nous ne songions plus à l'interroger. Cependant M. ***, vivement ému du récit de sa femme, et surtout de ses dernières paroles, lui demanda avec une indescriptible anxiété si elle serait long-temps en démence.

— Trois jours, répondit-elle avec un calme parfait. Puis elle ajouta avec une douceur pleine de grâce : « Va ne t'inquiète pas, Alfred, je ne resterai pas folle et je ne mourrai pas; je souffrirai, voilà tout. »

Madame Hortense *** fut éveillée, et comme d'usage ne garda aucun souvenir de ce qui s'était passé dans son sommeil. Lorsque je fus seul avec

M***, je lui recommandai expressément de garder le secret, surtout avec sa femme, sur des événements qui, bien que chimériques peut-être, seraient pourtant capables de l'affecter péniblement si elle en était instruite, et que, d'un autre côté, il nous était dans l'intérêt de la science infiniment important de lui laisser ignorer. M*** me promit tout, et je connais assez son caractère pour affirmer qu'il a tenu sa promesse. Quant à moi, j'avais scrupuleusement mis en note toutes les circonstances que s'était prédites Mme Hortense; et le lendemain, j'eus l'occasion d'en faire part au docteur Amédée Latour, qui se divertit beaucoup de ma confidence. Au surplus, je dois avouer que j'aurais éprouvé moi-même une sorte de honte à confier pareilles choses à gens que j'eusse moins intimement connus; car j'aurais eu peur qu'on ne me prît pour un fou. Voilà pourquoi je ne puis dire aujourd'hui si c'est avant ou après la réalisation de l'événement que j'en référai au docteur Frapart; mais ce qu'il y a de certain, c'est que je rougis aujourd'hui de ma honte d'alors, et que je regrette vivement de n'avoir pas appelé un plus grand nombre de témoins à l'appui d'un fait aussi prodigieux que celui qu'on va lire :

Le mardi fatal arrivé, *la peur* de Mme Hortense*** était l'unique chose qui m'occupait. Lorsque j'arrivai chez cette dame, elle déjeunait en société de son mari, et me parut dans les meilleures dispositions du monde. « Mes bons amis, leur dis-je en entrant, je suis des vôtres aujourd'hui jusqu'au soir, si cela ne vous contrarie pas. — Mes affaires sont ici, ajoutai-je à l'oreille de M.***, qui me comprit.

— Soyez le bien-venu, me répliqua Mme Hortense, mais à une condition ; c'est que vous ne parlerez pas trop magnétisme.

— Madame, je n'en parlerai pas du tout, si vous consentez à dormir pour moi dix minutes seulement.

— Oh! monsieur, ce que vous me promettez vous coûtera beaucoup trop pour que vous ne me trouviez pas accommodante; aussi, comme j'apprécie la grandeur du sacrifice, je vous accorde un quart d'heure sans marchander.

Après une petite demi-heure de conversation sur le même ton, le déjeuner étant fini, Mme Hortense*** fut magnétisée et s'endormit en moins d'une minute.

— Comment allez-vous, madame ?

— Très bien, monsieur; mais ce n'est pas pour longtemps.

— Comment cela ?

Mme *** répéta alors sa phrase sacramentelle du vendredi, à savoir : *Entre trois et quatre heures, j'aurai peur de quelque chose, je ferai une chute; il en résultera une perte abondante*, etc.

DU SOMNAMBULISME LUCIDE. 145

— Mais enfin quel est donc l'objet qui vous fera peur?
— Je n'en sais rien.
— Mais où est-il?
— Je n'en sais rien.
— Alors, madame, si ce que vous dites se réalise, il faut admettre une fatalité dans les événements qui vous arrivent?
— Oui, monsieur; comme dans la plupart de ceux qui arrivent à tous les hommes.
— Et il n'est aucun moyen de se soustraire à cette fatalité?
— Aucun.
— Ce soir, madame, je serai en mesure de vous contredire.
— Ce soir, monsieur, vous serez fort inquiet sur ma santé, car je serai bien malade.

A cela je n'avais pour le moment rien à répondre; il fallait attendre et j'attendis. Éveillée en quelques minutes, Mme Hortense ne se rappelle rien, et son visage assombri par les visions de son sommeil reprend toute sa sérénité habituelle. Comme avant de s'endormir, elle cause et plaisante avec nous sans arrière-pensée, et reprend le cours de ces spirituelles saillies qui lui sont si naturelles, et qu'elle sait dire si bien. Pour moi, j'étais dans une situation d'esprit que je ne parviendrais pas à décrire; je me perdais en conjectures, en hypothèses, en suppositions qui faisaient par instant chanceler ma foi : je doutais de

9

tout, je doutais de moi-même. Cependant, comme il n'était encore que midi, je sortis un instant avec M. *** ; mais nous rentrâmes bien avant trois heures. La santé de Mme Hortense était toujours la même, et il eût été impossible à l'observateur le plus habile d'y découvrir les indices de la moindre altération prochaine. Cette dame, à notre arrivée, chantait gaîment une romance de Mlle Puget, en brodant un petit bonnet pour l'enfant dont elle s'était dite enceinte (1). Nous nous asseyons auprès d'elle, son mari et moi ; et, bien décidés à ne plus la quitter d'une seconde, nous observons jusqu'à ses moindres mouvements. Nous fermons hermétiquement les croisées dans la crainte que quelque accident survenu dans la rue ou les maisons voisines ne vienne à réaliser la prophétie; enfin si l'on sonne, c'est un de nous qui va recevoir à l'antichambre, de peur sans doute que le visiteur ne soit un Cosaque, un Hottentot ou quelque fantôme effrayant. « Nous avons l'air de jouer avec le diable, me disait M. *** ; mais s'il gagne cette fois, il sera bien rusé... En effet, cela me paraissait difficile; eh bien! pourtant, je conseille à nos lecteurs de ne jouer jamais gros jeu à pareille partie, car le diable gagna. — Il était un peu plus de trois heures et demie; Mme Hortense, qui s'émerveillait des petits soins

---

(1) M. *** le lui avait appris d'après elle.

dont elle se voyait entourée, et qui ne pénétrait point le mystère de nos précautions, nous dit en se levant du fauteuil où nous l'avions fait asseoir :

— Me permettrez-vous, messieurs, de me dérober une minute à votre inconcevable sollicitude?

— Où prétendez-vous aller, madame? m'écriai-je avec un air d'inquiétude que je n'aurais pu dissimuler.

— Eh! mon Dieu! monsieur, qu'avez-vous donc? Pensez-vous que j'aie des projets de suicide?

— Non, madame, mais...

— Mais quoi?

— Je sens que je suis indiscret, mais c'est que votre santé m'intéresse.

— Alors, monsieur, reprend-elle en riant, raison de plus pour me laisser sortir.

Le motif, comme l'on voit, était plausible, et il n'y avait guère moyen d'insister. Cependant M. ***, qui voulut pousser la chose jusqu'à son comble, dit à sa femme :

— Eh bien! ma bonne amie, me permettras-tu de t'accompagner jusque là?

— Comment! mais c'est donc une gageure?

— Précisément, madame, une gageure entre vous et moi, et que bien certainement je gagnerai quoique vous ayez juré de me la faire perdre...

Madame Hortense nous regarde tour à tour, et reste bien loin de deviner.

— Une gageure entre nous deux! répète-t-elle... Allons, je n'y suis pas du tout; mais n'importe... Nous verrons.

Elle accepte le bras que lui présente son mari, et sort en éclatant de rire.

— Moi aussi je riais, et pourtant j'éprouvais je ne sais quel pressentiment que le moment décisif était venu. Il est tellement vrai que cette idée me préoccupait, que je ne songeai pas à rentrer dans l'appartement de monsieur et de madame *** pendant leur absence, et que je restai comme un suisse à la porte de leur antichambre où je n'avais que faire.—Tout à coup, un cri perçant se fait entendre, et le bruit d'un corps qui tombe retentit sur le perron. Je monte en courant; à la porte des lieux d'aisance, M. *** a sa femme éperdue, mourante, entre ses bras. C'est bien elle qui a crié; le bruit qui a frappé mon oreille est bien celui de sa chute. A l'instant où elle venait de quitter le bras de son mari pour entrer au cabinet, un rat (madame *** a de ces animaux une horreur incroyable), un rat, là où depuis vingt ans on assure n'en avoir pas vu un seul, s'était présenté à sa vue et lui avait causé une terreur si vive et si soudaine qu'elle en était tombée à la renverse, sans qu'il y eût eu possibilité de la retenir.
— Voilà le fait tel qu'il s'est passé, je le jure sur mon honneur.

Le premier point de la prédiction s'était réalisé;

le reste s'accomplit avec la même exactitude. Madame *** eut sa faiblesse, ses douleurs, sa perte, son délire, sa journée de calme et ses trois jours d'aliénation. Rien n'y manqua ; ni la nature des phénomènes annoncés, ni l'ordre dans lequel ils se succédèrent. Le docteur Amédée Latour et plusieurs amis de M. *** suivirent avec intérêt les différentes phases de cette miraculeuse maladie, dont, grâces à Dieu, il ne reste plus de trace aujourd'hui.

Qui oserait, après de semblables faits, poser encore les limites du possible, et définir la vie humaine ?

Observation de madame B.

Le récit que nous allons faire est loin d'offrir l'intérêt de celui que nous venons d'achever. Cependant l'observation de madame B., sans être précisément une observation de prévision externe, présente une singularité qui m'a frappé, surtout en cela qu'il s'agit d'une erreur de temps commise par une somnambule, sorte de bévue qu'on a rarement à constater.

Madame B., quoique d'un tempérament nerveux et irritable, jouit pourtant d'une santé assez passable, sauf des accès d'hystérie épileptiforme qui la prennent de loin en loin, et dont le magnétisme a déjà de beaucoup diminué la fréquence. Elle se dit âgée de trente-trois ans et quelques mois ; mais comme des gens dignes de foi m'assurent que depuis au moins sept ans elle a cet âge, j'en conclus pour ma gouverne que madame B. touche à la quarantaine, si même elle ne la dépasse un peu. Quoi qu'il en soit, ce fut dans le courant du mois d'avril dernier que je commençai à la magnétiser. Au bout d'une dizaine de jours environ, elle devint lucide, mais sa lucidité n'a jamais rien présenté de très remarquable. Ce n'est d'ailleurs point ici l'occasion de rapporter avec détails tous les phénomènes auxquels elle donna lieu ; et je n'en veux mentionner qu'une seule circonstance :

Le 3 mai, j'étais allé faire ma visite accoutumée à madame B. Je trouvai cette dame occupée à essuyer et à mettre en ordre de fort belles assiettes de porcelaine ouvragée, sur lesquelles je ne pus m'empêcher de la complimenter. Cette attention de ma part la flatta beaucoup, et la mit dans d'excellentes dispositions magnétiques dont je n'aurais eu garde de ne pas profiter. Aussi dix minutes après madame B. était-elle en somnambulisme.

Lorsqu'on magnétisait cette dame, elle ne manquait jamais de s'exhaler en doléances et en jérémiades dont il n'était pas aisé de s'empêcher de rire. Il ne m'est pas arrivé une seule fois d'obtenir d'elle qu'elle s'endormît sans parler et surtout sans se plaindre ; puis, le sommeil la prenait si subitement que souvent elle n'avait pas le temps de finir la phrase qu'elle avait commencée, et quelquefois même le mot qui était sur ses lèvres. Venaient alors quelques minutes de silence. La tête, d'abord penchée sur la poitrine, se jetait ensuite sur l'une et l'autre épaule alternativement, puis tout d'un coup, tous ces mouvements s'arrêtaient; madame B. se redressait, se renversait même un peu en arrière, en poussant coup sur coup deux ou trois grands soupirs, puis enfin se mettait à parler avec volubilité, et sur un ton aigre, nazillard, qui n'était pas à beaucoup près son timbre de voix naturel. Sa conversation alors était aussi toute singulière. C'étaient des phrases décousues, sans suite, et qui souvent n'avaient aucun rapport avec les questions qu'on lui avait adressées, questions néanmoins auxquelles elle commençait toujours par répondre. Le dialogue suivant pourra servir d'exemple:

— Dormez-vous, madame?

Pas de réponse. Je réitère ma question au bout de quelques secondes :

— Dormez-vous, madame?

— Oui, mais je n'ai pas sommeil.

— Enfin, vous dormez?

— Je suis bien malheureuse! toujours malade!

— Madame, vous ne me répondez pas.

— Que voulez-vous que je vous dise?

— Dites-moi si vous souffrez?

— Oui, je dors, je vous l'ai déjà dit, et je voudrais bien dormir toujours.

— Pourquoi?

— C'est affreux d'être comme je suis.

— Comment êtes-vous donc?

— Malheur sur malheur, voilà tout ce qui m'arrive.

— Eh! madame, c'est votre faute aussi.

— Vraiment!

— Employez toute votre énergie à vous persuader que vous êtes la plus heureuse femme de la terre, et vous finirez par l'être en effet.

— Vous croyez?

— Sans doute.

— Il faut peut-être me persuader aussi que je suis *aux anges* lorsque j'ai mes accès! Ah! mon Dieu! mon Dieu! que les gens d'esprit sont bêtes!

— Vous me flattez, madame.

— Mais aussi, j'avais bien besoin d'y toucher!

— A quoi donc?

— A ces *chiennes* d'assiettes.

— Qu'est-ce qu'elles vous ont fait?

— Elle m'ont fait que j'en ai cassé une.

— C'est dommage; mais encore cette perte ne vaut-elle pas la peine que vous vous en chagriniez.

— Pardi! c'est cela; avec vous la maison brûlerait qu'il faudrait en rire.

— Je ne dis pas cela, madame, mais..

— Que devient donc mon mari?

— Je vous avoue que je l'ignore.

— Ah! le pauvre homme!

— Vous lui en voulez aussi?

— Ah! l'ivrogne! monsieur; cet homme-là nous mangera en buvant.

— Dites alors qu'il vous boira.

— Je dis ce que je dis.

Madame B. continua quelques minutes encore sur le même ton, me parla un peu de sa maladie, et s'éveilla par la simple influence de ma volonté, ce qui lui arrivait depuis quelques jours déjà.

— Eh bien! madame, lui dis-je alors, lorsque tout à l'heure je vous félicitais sur le bon goût de votre porcelaine, j'ai dû bien involontairement vous navrer le cœur, car j'ignorais que vous eussiez brisé une de vos assiettes.

— Brisé une de mes assiettes! répliqua-t-elle avec une inimitable expression de terreur, que le bon Dieu m'en préserve! J'y tiens plus qu'à mes yeux à mes pauvres assiettes.

— En effet, madame, j'ai pu m'en apercevoir; mais la chose n'en est pas moins faite.

— Qu'est-ce que vous dites donc là?

— Je parle d'après vous.

— J'ai dit, moi... Allons donc!

— Un autre que vous peut-être a commis la maladresse, mais...

— Personne n'y a touché que moi, monsieur, et vous en allez avoir la preuve... Une, deux, trois, quatre, etc. Mme B. compte et recompte ses assiettes jusqu'à la douzième ; il n'en manque pas une.

Cela me parut étrange ; enfin, je présumai qu'une préoccupation toute particulière avait pu donner lieu à cette anomalie magnétique ; je laissai Mme B. à sa besogne, et je pris congé d'elle.

Or, je n'avais pas descendu la moitié des marches qui conduisent de son appartement à la rue, que le bruit d'une pièce de vaisselle qui se brise en tombant sur un parquet retentit au-dessus de ma tête. Je remonte en toute hâte, et je trouve Mme B. pleurant à chaudes larmes.

Une de ses précieuses assiettes venait à l'instant même de lui échapper des mains.

Mme B. avait pris dans son sommeil l'avenir pour le passé.

5° *De la pénétration de la pensée.*

La singulière faculté dont sont doués certains extatiques et un petit nombre de somnambules de pénétrer la pensée des personnes qui les entourent, avant que cette pensée n'ait revêtu une forme sensible, est une de celles qui ont le plus excité l'incrédulité. Cependant, avant même qu'une observation directe ne m'eût convaincu de l'existence de cette faculté, les témoignages qui l'établissent sont si nombreux et me semblaient tellement irrécusables, que je ne me sentais point éloigné d'y croire. En effet, dès le moyen âge, lors de ces grandes épidémies d'extases que M. le professeur Andral (1) a le premier considérées d'un point de vue vraiment philosophique, en les rangeant au nombre des faits pathologiques; du temps enfin des convulsionnaires et des possédés, la *communication de la pensée* était un fait patent, à tel point qu'elle constituait le caractère pathognomonique de la *possession*, et qu'il n'était point permis de procéder aux exorcismes avant de l'avoir constatée. Chargé de récapituler les preuves de la possession des religieuses ursulines de Loudun, le père Surin présente comme l'une des plus incontestables, *qu'elles disaient les pensées les plus secrètes*. « Le lendemain de mon arrivée, écrivait ce candide ecclésiastique, il se trouva à l'exorcisme un homme qui me témoigna désirer voir si le démon connaissait nos pensées. Je lui dis de faire un commandement dans son cœur; et après qu'il l'eut fait, je pressai le démon de faire ce que cet homme lui avait commandé; après en avoir fait quelque refus, il alla prendre sur l'autel le carton où est l'évangile de saint Jean; et cet homme assura qu'il

---

(1) *Cours de pathologie interne*; Paris, 1850.

avait commandé en son cœur au démon de montrer le dernier évangile qui avait été dit à la messe.

» Un de nos pères, voulant éprouver s'il était vrai que le démon connaisse nos pensées, fit un autre commandement intérieur au démon qui était en faction, et puis il lui en fit un autre; enfin, dans l'espace d'un instant, il fit cinq ou six commandements; et les révoquant les uns après les autres, il tourmentait ce démon en disant : *Obediat ad mentem*. Le démon *répéta tout haut tous les commandements que ce père lui avait faits*. Il commença par le premier, puis dit : Mais monsieur ne veut pas. Étant au septième, il dit : Nous verrons si nous ferons celui-ci où il s'est enfin fixé. »

Dans une observation communiquée par M. Barrier, médecin de Privas, à M. le docteur Foissac, il est question d'une jeune extatique nommée Euphrosine qui possédait si bien le don de deviner la pensée de la personne en rapport avec elle, qu'elle liait avec facilité une conversation très suivie, dans laquelle un des interlocuteurs ne parlait que *mentalement*. « Lors de ma seconde visite, dit M. Barrier, je trouvai Euphrosine pliée en arc de cercle au milieu de son appartement; elle reposait sur le sol par les talons et le sommet de la tête; plus de vingt personnes l'entouraient : toutes gardaient le plus religieux silence. Je m'approchai, je me mis en rapport, et je souhaitai le bonjour à la

DU SOMNAMBULISME LUCIDE. 157

malade, en m'étudiant à retenir ma *langue et mes lèvres.*

— *Bonjour, monsieur Barrier*, me répondit-elle.
— Quand voulez-vous venir à La Voutte ?
— *Le plus tôt possible.*

Je me tournai vers la mère, et lui dis :

— Votre fille devine la pensée ; mettez-vous en rapport et essayez. Bientôt nous entendîmes Euphrosine prononcer ces mots : « A Alissas. » Un instant après, elle répéta avec une vivacité : *Non, vous dis-je, à Alissas !..* » Mme Bonneau avait proposé à sa fille d'aller le lendemain se promener à Cous avec elle ; la seconde fois, elle avait encore insisté sur le même lieu de promenade. Une cousine se mit en rapport, et presque aussitôt nous recueillîmes ces paroles : *Eh ! nigaude, crois-tu que je ne sais pas que tu dois aller à Vernoux ?* La cousine pâlit, mais elle recommença ses questions. *Non, il est bien loin de là*, continua Euphrosine. Cette dame nous rapporta avoir dit mentalement à la malade qu'elle devait faire le lendemain le voyage de Vasence, et qu'elle s'acquitterait de ses commissions, il elle avait à lui en donner ; à sa seconde question, elle lui avait demandé si elle trouverait son mari à Vernoux. Trois ou quatre jours après, je rencontrai cette personne à Vernoux : elle vient à moi, et, d'un air encore tout effrayé, m'annonça l'absence de son mari. Un voiturier vient ensuite, et immédiatement nous entendîmes ces mots : *Non, à La Voutte.* Cet homme lui avait proposé de la conduire à Aubenas. La majeure partie des assistants lui adressèrent des questions mentales ; elle répondit constamment et de suite avec la plus grande précision. Des enfants voulurent à leur tour faire des épreuves, mais elle les renvoya avec humeur en les nommant chacun par son nom. »

Les observations analogues à celle qu'on vient de lire sont sans contredit fort nombreuses dans les annales des sciences médicales, et nous pourrions aisément en fournir la preuve, si nous ne craignions de multiplier par trop nos citations ; mais une chose qu'il nous est important de faire remarquer, c'est qu'à l'existence seule de cette faculté de pénétration mentale doit être rapportée la supposition émise autrefois par les exorcistes et depuis par les magnétiseurs, à savoir : que les possédés des uns et les somnambules des autres entendaient toutes les langues (1). Nous aurons d'ailleurs l'occasion de revenir sur ce sujet.

---

(1) On lit, dans la *Démonomanie de Loudun* : « M. Launay de Barillé, qui avait demeuré en Amérique, attesta que, dans un voyage qu'il fit à Loudun, il avait parlé aux religieuses le langage de certains sauvages de ce pays, et qu'elles lui répondirent fort pertinemment.

» L'évêque de Nîmes, ayant interrogé en grec et en allemand, eut satisfaction à l'une et l'autre langue.

La communication des pensées s'observe moins fréquemment chez les somnambules magnétiques que chez les extatiques ; et pourtant, chose remarquable, c'est une des premières facultés que signalent les magnétiseurs du temps de Mesmer, qui l'indiquent même comme trait caractéristique du sommeil magnétique. Ainsi lisons-nous dans la lettre du marquis de Puységur, que nous avons transcrite en partie dans notre introduction, qu'il faisait danser le paysan Victor sur sa chaise en lui chantant un air *mentalement*.

Je n'ai vu pour mon compte qu'un très petit nombre de somnambules qui fussent doués de cette faculté ; mais enfin j'en ai vu, et, parmi les magnétiseurs modernes, plusieurs écrivains dignes de foi en citent aussi des exemples.

M. Alexandre Bertrand, entre autres, raconte (1)

» M. l'évêque de Nîmes commanda en grec à la sœur Claire de lever son voile, et de baiser la grille en un endroit qu'il désigna ; elle lui obéit, et fit beaucoup d'autres choses qu'il désira d'elle ; ce qui fit dire publiquement au prélat qu'il fallait être athée ou fou pour ne pas croire à la possession.....

» Des médecins les interrogèrent aussi en grec sur des termes de leur science qui étoient très difficiles et connus seulement des savants entre eux ; elles les expliquèrent nettement.....

» Des gentilshommes de Normandie certifièrent par écrit avoir interrogé la sœur Claire de Sarelly, en turc, en espagnol et en italien, et qu'elle leur répondit fort à propos. »

(1) *Traité du somnambulisme*, Paris, 1823, p. 247.

qu'en exécutant sur la première somnambule qu'il lui fut donné d'observer les procédés au moyen desquels il avait coutume de l'éveiller, il eut un jour, au contraire, la ferme volonté qu'elle ne s'éveillât pas. Des mouvements convulsifs en résultèrent aussitôt chez la somnambule.

— Qu'avez-vous? lui dit le magnétiseur.

— *Comment*, répondit-elle, *vous me dites de m'éveiller, et vous ne voulez pas que je m'éveille !*

M. Bertrand cite encore dans le même ouvrage (1) l'exemple d'une pauvre femme, sans éducation, ne sachant pas même lire, et qui néanmoins était capable, en somnambulisme, de comprendre le sens des mots dont la signification lui était inconnue dans l'état de veille. Cette femme, en effet, lui expliqua de la manière la plus juste et la plus ingénieuse ce qu'on devait entendre par le mot *encéphale* qu'il lui proposa; « phénomène, ajoute M. Bertrand, qui, si on ne veut pas y voir un hasard aussi difficile peut-être à admettre que la faculté même qu'il suppose, ne peut s'expliquer qu'en reconnaissant que cette femme lisait dans ma pensée même la signification du mot sur lequel je l'avais interrogée. »

Nous allons terminer ce qui se rapporte à la pénétration de la pensée par l'observation du nommé

(1) Page 729.

Calliste, que tout Paris peut voir, puisque M. le docteur Ricard le magnétise publiquement à son cours.

Observation de Calliste.

Le 7 juin dernier, je me suis rendu, à deux heures de l'après-midi, chez mon confrère et ami le docteur Frapart, pour assister à une séance de magnétisme que M. le docteur Ricard voulut bien nous y donner. Le nombre des invités était fort considérable, car je trouvai en arrivant le salon de M. Frapart encombré de plus de soixante personnes, la plupart étrangères à la médecine, mais parmi lesquelles je remarquai pourtant quelques médecins connus et *incrédules*, que toutefois je m'abstiendrai de nommer, attendu qu'ils ne m'ont point autorisé à le faire.

La séance commença à deux heures un quart par diverses expériences tentées sur un jeune somnambule que M. Ricard magnétisait alors depuis quelques jours seulement. Ces expériences ne réussirent pas ; ce qui ne m'étonna nullement, car je n'aurais jamais présumé que la lucidité d'aucun somnambule pût résister à l'atmosphère tiède et viciée d'une salle de moyenne grandeur, dans laquelle respirent et *pensent* soixante individus.

Vint donc le tour de Calliste, qui fut magnétisé à

deux heures trois quarts. C'est un jeune homme d'une vingtaine d'années, très passablement constitué, et pourvu d'un système musculaire qui fait honneur au magnétisme. Cependant, sa figure est mobile, inquiète, comme effarée, et ses allures habituelles révèlent dans toute sa personne une irritabilité peu commune. Magnétisé pour la première fois, il y a cinq ans, il s'endormit et fut lucide dès la première séance, et devint en très peu de temps un des sujets les plus remarquables qu'on ait vus. Enfin jusqu'à présent, au rapport de M. Ricard, il n'est point encore survenu un seul jour d'interruption dans sa lucidité.—Calliste est donc un de ces rares et précieux sujets que la science peut exploiter avec assurance au profit de sa propagation. — Endormi en quelques minutes par M. Ricard, et les yeux recouverts d'un bandeau appliqué par un incrédule et par moi, c'est-à-dire d'un de ces bandeaux qui ne laisseraient point d'espoir à la supercherie, Calliste commence par faire plusieurs parties de cartes avec tous ceux des assistants qui jugent à propos de se présenter. Observons que les cartes sont neuves, qu'elles viennent d'être achetées, et que, pour plus de régularité, on nous avait prié de les fournir nous-même.

Tout cela n'empêche pas Calliste de gagner constamment son adversaire. La rapidité avec laquelle il joue est incroyable; à tel point qu'elle étonnerait encore de la part d'un homme éveillé et dont les yeux seraient largement ouverts.

— *Monsieur, je propose... Vous y consentez?*

— *Trois cartes; et vous n'en prendrez que deux, vous; car voilà ce que vous allez jeter.* Et il nomme les cartes.

D'autres fois, avant que l'adversaire ait eu le temps de regarder son jeu et pendant qu'il le tient encore serré dans sa main, Calliste jette le sien sur la table, en disant:

— *Monsieur, je joue sans proposer, et vous avez perdu, car vous avez telles cartes en main.*

Et il ne lui arrive pas une seule fois de se tromper.

Il joue quatre parties de suite avec la même adresse et le même bonheur, à la grande admiration de l'assemblée, qui se lève, s'agite et applaudit, croyant sans doute assister à une représentation de Conus ou de M. Comte; — mais, seulement, rappelons à nos lecteurs que notre *prestidigitateur* a les paupières recouvertes de coton cardé, et, par-dessus ce coton d'un fort mouchoir de toile. Il s'agit ici, comme on le devine aisément, d'un phénomène de vision à travers les corps opaques, et qui, bien que remarquablement développé, ne va pourtant pas jusqu'au point de permettre la lecture (1); mais arrivons aux expériences

(1) M. Ricard nous assure que Calliste a lu une fois, mais

qui nous ont déterminé à placer ici cette observation :

Sur un grand nombre de petites cartes ont été écrits à l'avance les divers mouvements que les personnes présentes pourront faire exécuter au somnambule en remettant au magnétiseur celles des cartes qui exprimeront leur désir. M. Ricard, après cette simple admonestation répétée à chaque fois : *Calliste, mon ami, fais attention, je vais te parler*, lit *mentalement* la phrase ou les phrases qu'on vient de lui remettre, n'ajoute pas un mot, ne fait pas un geste, et Calliste, qui d'ailleurs a toujours son bandeau, obéit à *sa pensée*.

a. La première carte présentée à M. Ricard porte ceci : *Que le somnambule lève à la fois les deux jambes*. Le magnétiseur entre en action après son avertissement habituel, mais Calliste ne comprend pas ; ses membres abdominaux sont bien agités de divers mouvements, mais ses pieds ne quittent point le sol.

b. La deuxième carte portait : *Que le somnambule lève le bras gauche*. L'ordre mental est donné ; Calliste l'exécute et lève machinalement le bras gauche, tout en disant avec un ton d'impatience qu'il ne comprend pas.

que cette expérience l'avait tellement fatigué, qu'il ne crut pas devoir la lui faire recommencer.

c. La troisième carte: *Que le somnambule se lève, fasse quatre pas et touche de la main droite la poitrine de son magnétiseur.* Même jeu de M. Ricard ; Calliste réfléchit un instant, se lève, marche en comptant ses pas, hésite quelques secondes, puis finit par compléter l'exécution de l'ordre mystérieux qu'il a reçu.

d. Calliste est assis à l'extrémité du salon de manière à nous tourner le dos ; un orgue de Barbarie va jouer un air à l'antichambre, et M. Ricard me dit : « Lorsque vous m'en ferez le signe, le somnambule battra la mesure de l'air qui va être exécuté, et il cessera de la battre lorsque vous m'en exprimerez le désir par un autre signe. « Cela convenu, l'orgue commence ; je fais signe à M. Ricard, et Calliste bat la mesure ; quelques minutes après, je fais mon second, signe et Calliste cesse de battre la mesure. Je recommence, il recommence ; je veux qu'il cesse de nouveau, et il cesse ; plus prompte que l'éclair, ma pensée vole de moi au magnétiseur et du magnétiseur au somnambule.

e. Je tire moi-même au hasard trois des cartes d'un chapeau où on les a mêlées ; leur sens réunis forment cette phrase : *Que le somnambule se lève, monte sur une chaise, et se laisse tomber* EN ARRIÈRE *dans les bras de son magnétiseur.* Les cartes remises au magnétiseur, Calliste se lève, monte sur la chaise, hésite, puis se laisse tomber tout d'une pièce dans les bras de M. Ricard, qui pense être renversé de la violence du choc.

Voilà les faits tels qu'ils se sont passés, sans que j'y aie rien changé, rien exagéré, rien ajouté; cinquante-neuf personnes seraient là pour me démentir si j'en avais agi autrement. Je sais d'avance quelles conséquences en tireront des lecteurs désintéressés. Quant aux médecins, la plupart d'entre eux n'y croiront pas, parce que dès qu'on sort de leurs idées courantes on se trompe ou on les trompe. Expliquer (comme ils expliquent tout) les faits vulgaires et nier les faits extraordinaires, voilà leur éternel système, le cercle vicieux qui parcourt depuis soixante ans leur incrédulité. Mais, grâces à Dieu, ce n'est pas la vérité seule qu'on adore au temple d'Esculape, et les alchimistes qui cherchaient de bonne foi la pierre philosophale auraient peut-être regardé Lavoisier comme un fou (1).

(1) Voici la seule observation qui me soit personnelle relativement à la communication des pensées : J'avais un jour essayé d'entr'ouvrir avec mes doigts les paupières d'une somnambule, afin de m'assurer de la position que le globe oculaire occupait dans l'orbite. Mais comme, malgré mes efforts, je ne parvenais point à mon but, j'en pris de l'impatience ; et, cessant toute manœuvre physique, je me mis à *vouloir énergiquement* que ma somnambule ouvrît les yeux sans s'éveiller, ce qu'elle fit aussitôt. Quelques moments après, les paupières se rapprochèrent comme elles s'étaient séparées, par ma simple volonté

6° *Transposition des sens.*

Lorsqu'on trouva dans les ouvrages posthumes de Petetin (1) les observations de ses fameuses cataleptiques, qui *voyaient, sentaient, goûtaient* et *entendaient* par l'estomac ou par le bout des doigts, ce médecin, qui durant toute sa vie avait joui d'une réputation méritée, ne fut plus considéré que comme un visionnaire. Cependant des témoignages ultérieurs ne tardèrent pas à réhabiliter dans l'esprit des savants le souvenir injustement flétri de ce praticien intègre et distingué; car les sujets atteints d'extase ou de catalepsie, et présentant comme ceux dont il nous a laissé l'histoire, la transposition de certaines fonctions organiques externes, devinrent bientôt si nombreux, qu'il fallut accepter au moins la possibilité de ces prodigieuses anomalies, ou taxer d'imposture des hommes d'une irrécusable bonne foi. — Aujourd'hui, il ne se passe guère d'année sans que l'Académie royale de médecine ait à s'occuper soit directement, soit d'après des rapports, de questions analogues à celles qui nous occupent.

(1) Jacques-Henri-Désiré Petetin, né à Lons-le-Saulnier en 1784, et mort à Dijon en 1808. — Les ouvrages dont il s'agit sont : *Nouveau Mécanisme de l'électricité fondé sur les lois de l'équilibre et du mouvement*, etc. Lyon, 1802, in-8. — *L'électricité animale prouvée par la découverte des phénomènes physiques et moraux de la catalepsie hystérique et de ses variétés*, Lyon, 1808, in-8.

168   DU SOMNAMBULISME LUCIDE.

Nous allons mettre sous les yeux de nos lecteurs une des dernières communications de M. Despine père, inspecteur des eaux minérales d'Aix, en Savoie (1)

« J'ai en ce moment chez moi une jeune fille de la campagne, âgée de seize ans; c'est Sophie Laroche, de Virieu (Isère), la fameuse taumaturge des environs de Grenoble, dont les journaux ont retenti en 1834. — Cette fille est devenue somnambule à l'âge de huit ans, à la suite d'une frayeur; elle est paralysée depuis le haut du rachis jusqu'aux orteils, et cela dès quatre ans; elle n'a pas quitté le lit dès le 1ᵉʳ janvier 1834. Les crises pendant ce laps de temps ont beaucoup varié, et c'est pour en étudier le génie et comparer les phénomènes qu'elles présentent avec ceux que j'ai observés chez d'autres malades, que j'ai pris Sophie pour la soigner. Cela, je l'ai fait gratis, parce qu'elle appartient à une famille très pauvre, qu'elle ne pouvait faire les frais d'un déplacement; et encore ai-je été obligé d'amener à Aix avec elle sa mère et une petite sœur, sans quoi elle ne serait pas venue.

» Celle-ci, quand elle est en crise, *entend, voit et lit, sent, goûte et touche* par les pieds et les mains. Je l'ai vue faire cela à Virieu, et je le vois ici tous les jours encore. — Mon fils a vu lui-même à

(1) *Bulletin de l'Académie royale de médecine*, séance du 10 avril 1838, t. II, pag. 631.

Virieu une partie de ces phénomènes ; ce qu'il a vu peut lui faire juger du reste, en ayant déjà une certaine habitude. M. le docteur Mercier de Coppet, médecin de l'école de Paris et médecin des familles Girod de l'Ain, de Staël, de Broglie (qui peuvent rendre témoignage de la capacité, de la moralité et de la saine critique dont il use dans les études physiques et médicales); M. le docteur Mercier, dis-je, les a vus, ces phénomènes, comme moi et avec moi; il les a constatés lui-même sans moi. Il en est de même encore des docteurs Rome, Eymard (Sylvain), Raymond (Asphée); de M. Pagès, ancien sous-préfet de la Tour-du-Pin, et de mille autres » (1). — En raison de la position qu'il occupe et des expériences délicates auxquelles il a la patience de se livrer, M. Despine possède un grand nombre d'observations semblables à celles qu'on vient de lire; mais peut-être n'en est-il aucune qui présente l'intérêt de celles que nous a laissées Petetin. Rien de plus bizarre et de plus plaisant que la manière dont celui-ci découvrit l'existence de la faculté dont nous entretenons nos lecteurs. Mme***, pendant un de ses accès de catalepsie, s'étant mise à chanter d'abord

(1) M. Despine père a aussi publié dans le *Bulletin des eaux d'Aix* (année 1838), l'observation d'une jeune personne nommée Estelle L**, qui, parmi les nombreux phénomènes que présenta son somnambulisme, jouissait de la faculté d'entendre par *le poignet*.

d'une voix faible et ensuite plus forte une ariette d'une exécution difficile, avec tout le goût imaginable. Ses parents faisaient alors d'inutiles efforts pour s'en faire entendre; elle était insensible au bruit et même aux piqûres. Le chant dura une heure et demie; sur la fin, la malade était très oppressée, et vomit une grande quantité d'un sang rouge et écumeux. Des convulsions et le délire étant survenus, Petetin la fit plonger dans un bain de glace; quelques minutes après, le calme se rétablit, la raison revint, et Mme *** dit qu'elle se trouvait soulagée, et que la douleur atroce qu'elle avait ressentie à l'estomac était dissipée. Après vingt-deux minutes, elle éprouva un frisson; on la retira du bain et on la coucha; mais, contre l'ordre de Petetin, on avait chauffé le lit; dès qu'elle y fut entrée, son visage se colora, elle éprouva deux secousses convulsives dans les bras, et retomba dans un accès de catalepsie. Elle se mit à chanter comme le matin, quoique, pour l'en empêcher, on la plaçât dans les positions les plus pénibles, les bras élevés et tendus, le corps fléchi en avant, la tête sur les genoux. Tout cela étant inutile et la malade paraissant souffrir beaucoup, Petetin prit le parti de la renverser sur son oreiller; mais en faisant ce mouvement, le bras du fauteuil sur lequel il était assis se déroba sous lui, et il tomba à moitié penché sur le lit en s'écriant : « Il est bien malheureux que je

ne puisse empêcher cette femme de chanter. — *Eh!
M. le docteur, ne vous fâchez pas; je ne chanterai
plus*, » répondit-elle. Cependant, quelques instants
après, elle reprit son ariette au point où elle l'avait
laissée, sans que les cris poussés à son oreille pussent
l'interrompre. Il paraissait certain que la malade
avait entendu; mais comme elle n'entendait plus,
Petetin s'avisa de se replacer dans la position où il
s'était trouvé précédemment; il souleva les couver-
tures, s'approcha de son estomac, en s'écriant d'une
voix assez forte :

— Madame, chanterez-vous toujours?

— *Ah! quel mal vous m'avez fait!* dit-elle; *je
vous en conjure, parlez plus bas.*

En même temps, elle porta lentement ses mains
sur son estomac. Il abaissa la voix et lui demanda
comment elle avait entendu :

— *Comme tout le monde.*

— Cependant je vous parle sur l'estomac.

— *Est-il possible?*

Elle le pria de lui faire des questions aux oreilles;
mais elle ne lui répondit pas, alors même qu'il se
servait d'un entonnoir pour donner plus d'éclat à
sa voix. Il revint à l'estomac, et lui demanda à voix
très basse si elle avait entendu : « *Non*, dit-elle. *Je
suis bien malheureuse!* » — Quelques jours après,
Petetin se convainquit que le sens de l'audition
n'était pas le seul qui se fût transporté à l'estomac,

puisqu'il fit *déguster* du pain au lait à sa malade en le lui plaçant à l'épigastre, et lui fit nommer plusieurs cartes en les posant sur la même région.

Il n'y avait donc plus à douter que la transposition des sens ne fût une chose réelle chez bon nombre d'extatiques; et les rapports évidents qui existent entre le somnambulisme et l'extase, devaient faire présumer qu'on ne tarderait pas à voir quelques somnambules jouir aussi de cette faculté. C'est en effet ce qui arriva; et, bien que les faits de cette nature soient encore rares dans les archives de la science, les expériences que M. Filassier a consignées dans sa thèse inaugurale, et surtout celles de M. le professeur Rostan, ne nous laissent à ce sujet aucune incertitude. « Voici une expérience, dit M. Rostan (1), que j'ai fréquemment répétée, mais qu'enfin j'ai dû interrompre, parce qu'elle fatiguait prodigieusement ma somnambule, qui me dit que si je continuais elle deviendrait folle. Cette expérience a été faite en présence de mon collègue et ami M. Ferrus, que je crois devoir nommer ici, parce son témoignage ne peut qu'être du plus grand poids. Il prit ma montre, que je plaçai à trois ou quatre pouces derrière l'occiput; je demandai à la somnambule si elle voyait quelque chose.

(1) Article Magnétisme, du *Dictionnaire de médecine* en 18 volumes. Paris, 1825.

— « Certainement : je vois quelque chose qui brille; ça me fait mal.

» Sa physionomie exprimait la douleur; la nôtre devait exprimer l'étonnement. Nous nous regardâmes, et M. Ferrus, rompant le silence, me dit que puisqu'elle voyait quelque chose briller, elle dirait sans doute ce que c'était.

» — Qu'est-ce que vous voyez briller?

» — Ah! je ne sais pas, je ne puis vous le dire.

» — Regardez bien.

» — Attendez... ça me fatigue... Attendez... (et, après un moment de grande attention). C'est une montre.

» Nouveau sujet de surprise.

» — Mais si elle voit que c'est une montre, me dit encore M. Ferrus, elle verra sans doute l'heure qu'il est.

» — Pourriez-vous me dire quelle heure il est?

» — Oh! non; c'est trop difficile.

» — Faites attention, cherchez bien.

» — Attendez... je vais tâcher... Je dirai peut-être bien l'heure, mais je ne pourrai jamais voir les minutes. Et après avoir cherché avec une grande attention : — Il est huit heures moins dix minutes; ce qui était exact.

» M. Ferrus voulut répéter l'expérience lui-même, et la répéta avec le même succès. Il me fit tourner plusieurs fois l'aiguille de sa montre, nous la lui présentâmes sans l'avoir regardée; elle ne se trompa point. Une autre fois, je plaçai la montre sur le front; elle accusa bien l'heure, mais nous dit les minutes au rebours : en plus ce qui était en moins, et réciproquement; ce qu'on ne peut attribuer qu'à une moindre lucidité dans cette partie ou à l'habitude où nous étions de placer le cadran derrière l'occiput. Quoi qu'il en soit, cette somnambule se défiait tellement de sa clairvoyance, qui était telle cependant que je n'en ai jamais vue de semblable, qu'il ne lui paraissait jamais possible de voir ce qu'on lui demandait. Il serait beaucoup trop long de rapporter tout ce qu'elle me dit de singulier; le fait que je viens de raconter suffit. Ainsi, voilà bien la faculté de voir transportée dans d'autres organes que ceux qui en sont chargés dans l'état normal. Ce fait, je l'ai vu et je l'ai fait voir. »

Ces expériences de M. Rostan sont en vérité de nature si simple, qu'il est impossible de supposer que cet habile observateur ait été lui-même dupe d'illusion ou de jonglerie. Lors donc qu'il en fit imprimer la relation en invoquant à l'appui de leur authenticité le témoignage de M. le docteur Ferrus, on n'avait absolument que ceci à lui dire : « M. le docteur Rostan, vous nous mentez. » Mais les gens sensés n'auraient pas manqué de se demander : « Pourquoi donc nous ment-il? quel intérêt peut-il avoir à nous débiter des absurdités qui ne lui vaudront que du ridicule? Si ce qu'il dit n'est pas vrai, il faut que cet homme soit fou. » — Or, chacun sait ce qu'il en est là-dessus. Mais bath! de la logique !... Les enfants d'Esculape ont bien le loisir d'en faire usage ! Où ça les mènerait-il....

Au surplus, il n'en reste pas moins certain pour nous que la translation des sens chez les somnambules magnétiques est un phénomène très rare: pour mon compte, je n'ai jamais eu l'occasion de la constater, et le docteur Frapart, mon aîné, m'a déclaré n'avoir observé dans toute sa vie qu'une jeune somnambule qui, la tête tournée dans un autre sens, nommait, en y portant les doigts, les numéros de tubes homœopatiques placés derrière elle. Cette somnambule voyait-elle avec ses doigts? M. Frapart l'assure ; moi j'en doute.

De quelques autres particularités qu'on a remarquées ou cru remarquer pendant le somnambulisme.

Quelques enthousiastes, ainsi que nous l'avons dit déjà, ont prétendu que les somnambules, en même temps qu'ils étaient initiés à toutes les sciences, avaient aussi le don de comprendre et de parler toutes les langues; double superstition que nous croyons également absurde. On se rappelle, en effet, comment, par l'intervention bien démontrée d'une autre faculté, celle de pénétrer la pensée d'autrui, nous avons prouvé que les malheureuses extatiques de Loudun pouvaient, sans connaître ni le grec, ni le latin, ni l'arabe, etc., répondre aux exorcistes qui les interrogeaient dans ces langues. Cependant la supérieure de la communauté répondit en latin, mais en estropiant les mots qu'elle prononçait, et en faisant, dit-on, de nombreux solécismes qui mirent *le diable* en butte à une nuée de quolibets. C'est qu'en effet *le diable*, sans compter les psaumes et les antiennes qu'il avait appris dans sa vie, avait eu de fréquentes relations avec le directeur du couvent, lequel, indépendamment les autres leçons qu'il leur donnait sans doute, apprenait un peu de latin à ses chères ursulines; en un mot, la pauvre supérieure se rappelait et n'inventait pas; mais on conçoit sans peine comment de telles particularités pouvaient donner le change à des observateurs crédules et superstitieux, que l'esprit d'imitation, joint à la peur de Satan auquel ils étaient convaincus d'avoir affaire, rendit plus d'une fois *possédés* à leur tour. Au surplus, certains somnambules croient réellement exprimer leurs pensées en articulant une suite de sons étranges et plus ou moins euphoniques, mais sans aucun rapport avec leur langage naturel. D'abord ces cas sont infiniment rares; et, en second lieu, qu'on ne s'y trompe pas, les syllabes articulées par ces somnambules ne forment nullement les mots d'un idiôme parlé. Il ne s'agit que d'une fantaisie bizarre ou d'une désassociation incomplète entre la pensée et les organes destinés à la rendre. — Que de choses dans le magnétisme cesseraient de nous paraître merveilleuses si nous parvenions à les comprendre !

Quant aux méprises auxquelles peut donner lieu l'exaltation de la mémoire, le hasard m'en a fourni aujourd'hui même un exemple frappant. J'avais magnétisé une jeune dame de la rue d'Enfer, qui, quelques instants avant de s'endormir, s'occupait à chiffonner et à disposer de la dentelle pour l'usage qu'elle en voulait faire. Parmi les questions que je lui fis dans son sommeil, je m'avisai de lui demander d'où elle tenait cette dentelle. — C'est un cadeau de ma belle sœur, me répondit-elle : cadeau qui m'a fait double plaisir ; car (ajouta-t-elle en italien) *dolce in ogni tempo è il benefizio ; ma viè piu dolce quando è accompagnato dalla sorpresa.*

— Ah ! vous entendez l'italien, madame !

— Oui, monsieur, répondit-elle en riant.

— Pas un mot, monsieur ! elle n'en enttend pas un mot, s'écria tout hors de lui M. *** qui me parut presque *effrayé* de voir sa femme si savante.

— Mais, cependant, madame a étudié cette langue ?

— Jamais ! au grand jamais !

Or, pendant que M. *** continuait à s'émerveiller du nouveau savoir de sa femme, qui lui souriait d'un air malin, je trouvais dans mes réminiscences l'explication de l'énigme. En effet, la phrase exotique dont notre spirituelle somnambule avait jugé à propos d'assaisonner sa réponse n'était une inspiration ni du ciel, ni de l'enfer, mais tout simplement une citation empruntée à un petit ouvrage qui se trouve entre les mains de toutes les personnes qui commencent à étudier la langue du Tasse (1). Ce qu'il y eut de remarquable, c'est que Mme ***, lorsqu'elle fut éveillée, ne se sentit plus capable de traduire cette phrase qu'elle comprenait assurément dans son sommeil, puisqu'elle l'avait citée à propos. — Cependant lorsque, le lendemain, cette dame fut de nouveau mise en somnambulisme, j'essayai de lui parler italien ; mais elle ne me comprit nullement, bien qu'elle nous eût avoué la veille avoir étudié cette langue pendant plusieurs mois.

On a beaucoup parlé, et l'on parle encore beaucoup aujourd'hui des énormes distances auxquelles peut s'étendre la vue des somnambules lucides. J'avoue que je crois posséder plusieurs faits qui me semblent fortement corroborer cette hypothèse généralement admise par les magnétiseurs ; mais je préfère néanmoins pour hasarder mes opinions sur ce point, attendre que de nouvelles observations aient changé mes doutes en certitude.

Il n'est point rare de voir le somnambulisme re-

(1) *Novelle morali di Francesco Soave*; 2 vol. in-18. Lione 1826.

vêtir les formes d'états morbides connus, mais étrangers aux habitudes ordinaires des sujets qui les présentent. Rien de plus commun, par exemple, que le sommeil magnétique se transformant en accès de catalepsie. Le nom seul de cette affection, prononcé devant l'infortunée demoiselle Clary D. dont nous avons rapporté l'observation, suffisait pour lui en donner tous les symptômes. Ses membres cédaient alors à toutes les impulsions qu'on leur donnait, et restaient jusqu'à la fin de l'accès dans les positions les plus fatigantes qu'on eût pu leur faire prendre.

Enfin, le somnambulisme artificiel dégénère quelquefois en extase mystique (1). Transportée alors dans des régions imaginaires, l'âme du somnambule a rompu ses liens terrestres et ne vit plus des émotions d'ici-bas. Admise à contempler l'Éternel, elle se réjouit de sa gloire, converse avec les anges et se délecte aux ineffables concerts des séraphins. Mais, hélas! l'inflexible vouloir du magnétiseur ne tarde point à la ramener vers les tristes réalités de notre chétive planète, et, dans quelques minutes, rien ne lui restera de son céleste pèlerinage, rien... pas même un souvenir.

(1) Je n'en ai observé qu'un seul cas.

§ IV. *Du réveil.*

Si le sommeil des somnambules leur survenait instantanément et sans prodromes, si de plus leur réveil ne s'accompagnait d'aucune sensation spéciale et caractéristique, le temps de leur somnambulisme ne serait point pour eux une interruption dans leur vie réelle, mais bien une véritable soustraction de quelques heures qu'on leur ferait à leur insu et dont il leur serait impossible d'avoir la conscience; c'est ainsi que les choses se passent dans la catalepsie. — J'étais bien jeune encore lorsque je fis cette réflexion pour la première fois; voici quelle circonstance me l'avait suggérée. Alors que je commençais mes études au collége de Poligny, un de nos condisciples nommé Achille *** était sujet à des accès de catalepsie assez fréquents, mais dont la durée ne dépassait jamais quelques minutes. Cependant c'en était assez pour mettre souvent ce pauvre jeune homme en butte aux risées de ses camarades (« Cet âge est sans pitié, » dit La Fontaine), et personne d'entre nous ne pouvait s'habituer à le voir sans rire, soit à la récréation, soit au réfectoire, soit ailleurs, s'arrêter subitement dans le geste qu'il avait commencé, et demeurer comme une statue dans l'attitude où le hasard l'avait mis. Or, un beau jour (et c'est peut-être cette circonstance qui me fit si bien méditer sur la catalepsie), mal nous prit de notre hilarité; car notre camarade nous affligea de tout une matinée d'*étude* par le scandale qu'il fit innocemment à la messe. Je m'en souviens encore : c'était un jeudi; Achille remplissait à son tour les fonctions de sacristain à la chapelle, tandis que notre aumônier, qui devait ce jour-là, disait-on, déjeuner en ville, nous expédiait l'office divin de toute la vitesse dont il fut capable. Je croirais même volontiers aujourd'hui que notre bon abbé, qui était gourmand, mêlait involontairement à la lecture des canons la gracieuse image d'un banquet, car c'était une bénédiction comme il nous avait escamoté le *Gloria*, l'*Évangile* et le *Credo*, quand pour notre malheur à tous arriva l'offertoire. Oh! sur ma parole, je vois encore avec quelle prestesse notre honnête aumônier tend son calice aux burettes du sacristain; je vois encore celui-ci, pour approcher plus vite, se trébucher dans les marches de l'autel. Enfin il va verser le saint mélange... Mais non, rien ne coule, car son accès l'a pris; le vin dans la main droite et l'eau dans la main gauche, le voilà qui ne bouge non plus que le saint Nicolas et le saint Christophe qui remplissent les niches du chœur. L'abbé s'impatiente: « Versez donc, dit-il à haute voix. » Rien, pas un mouvement. — « Versez donc! versez donc! » répète-t-il en trépignant. — Bah! le pauvre homme parle au mur, car notre camarade est pétrifié

Qu'on juge s'il y avait de quoi rire; aussi... — Une minute après, le malencontreux sacristain avait repris ses fonctions, et tout s'apaisa; mais comme le mal était fait, nous n'en fûmes pas moins punis. — Cependant un seul d'entre nous ignora ce qui s'était passé et ne voulut jamais y croire : on le devine; ce fut justement l'auteur du délit.

Une des observations de Petetin est, relativement à *l'oubli* des cataleptiques, plus frappante encore; nous n'en donnerons qu'un fragment : .... Mme *** demanda *si on ne lui mettrait pas une boule d'étain remplie d'eau chaude sous les pieds; qu'elle éprouvait...* Le mouvement convulsif du bras, précurseur de l'accès de catalepsie, se manifesta comme l'éclair; elle ne put achever sa phrase et devint immobile comme une statue. Petetin lui demanda comment elle se trouvait.

— « *Assez bien*, » répondit-elle.

— Et la tête?

— *Toujours embarrassée.*

— Voyez-vous encore votre intérieur?

— *Si parfaitement, que je vous avertis qu'il ne faudra pas me baigner ni demain ni de quelques jours.*

— Je vous entends; mais qu'est-ce qui vous assure que l'obstacle arrivera demain?

— *Mes yeux et une prévoyance qui ne saurait me tromper*, etc. etc.

Ce dialogue dure plus d'une heure, pendant laquelle Petetin fait plusieurs des expériences que nous avons racontées; après quoi l'accès de catalepsie étant fini, Mme *** ouvre les yeux sans le moindre étonnement et dit à haute voix : «..... *Un grand froid par tout le corps; cette boule ne saurait avoir les inconvénients du charbon allumé,*» terminaison de la phrase qu'elle avait commencée à l'invasion de l'accès. Rien ne s'était donc passé pour elle entre ces deux temps.

Mais de même que l'invasion du sommeil magnétique n'a point la soudainéité de l'accès de catalepsie, le réveil des somnambules ne survient jamais d'une manière brusque et inopinée. A l'instant où il s'approche, les belles facultés du somnambulisme pâlissent, se troublent et se dissipent, en même temps qu'il se développe progressivement un certain état d'angoisse qui rappelle traits pour traits, mais dans un ordre inverse, les signes précurseurs du sommeil. Ainsi c'est de l'oppression, c'est de la chaleur à la peau; ce sont des baillements, des soupirs, des soubresauts dans les membres, etc. Puis tout d'un coup, les paupières s'entr'ouvrent, et le sujet est éveillé. Rien de plus remarquable que son étonnement, surtout lors des premières expériences. Où suis-je? D'où viens-je? Que s'est-il passé? Que me faites-vous? voilà ses questions. S'il aperçoit quelqu'étranger survenu pendant la séance et avec lequel il vient à l'instant même de s'entretenir : — Ah! dit-il, comment cela se fait-il donc? Voilà M. un tel! Comment donc se trouve-t-il ici? etc. etc.

Cependant la réflexion lui revient avec son état normal. Il se rappelle qu'on l'a magnétisé; il se rappelle même ce qu'il a éprouvé pendant les passes; mais a-t-il dormi? c'est ce qu'il ignore. — On lui assure que non-seulement il a dormi, mais encore qu'il a parlé, qu'il a dit telle chose, qu'il en a fait telle autre : c'est ce qu'il ne croira jamais. — J'ai connu un somnambule qui refusait d'ajouter foi au magnétisme! Scepticisme au surplus dont il eût été facile de triompher, puisqu'il aurait suffi pour cela de *vouloir* que ce somnambule gardât à son réveil le souvenir des événements de *son autre vie*. Ceci mérite explication.

L'oubli au réveil est le trait caractéristique du sommeil magnétique; mais il dépend du magnétiseur que cette circonstance capitale n'existe pas, et que le somnambule se rappelle exactement en s'éveillant tout ce qu'il a fait, tout ce qu'il a dit, et tout ce qu'il a entendu pendant son sommeil. Que le magnétiseur *veuille* énergiquement qu'il en soit ainsi, et qu'il exprime tout haut cette volonté afin qu'elle passe dans l'esprit du magnétisé; voilà tout le secret. J'avoue que j'ignorais cette particularité, qui se trouve pourtant mentionnée dans la plupart des ouvrages de magnétisme, lorsqu'une circonstance assez singulière me la découvrit : ce fut un somnambule qui m'en donna l'idée. Une dame pendant son sommeil m'avait demandé certaine explication délicate sur des affaires qui concernaient sa famille. La confidence qu'elle exigeait de moi était si embarrassante de sa nature, que j'aurais bien encore osé la lui faire tandis qu'elle dormait, mais que pour rien au monde je n'aurais voulu la risquer pendant son état de veille. Le jour dont je parle, je cédai d'autant plus à ses instances qu'il n'y avait pas moyen de m'y soustraire; je dis donc avec réserve et du mieux que je pus tout ce qu'on désirait savoir, et quand j'eus fini, j'étais si content de moi que je m'écriai :

— Ma foi, madame, je voudrais bien que vous pussiez vous rappeler tout cela.

— Qu'à cela ne tienne, monsieur, répliqua-t-elle ; vous le désirez trop vivement pour que le souvenir ne m'en reste pas.

Je n'eus pas plus tôt éveillé ma somnambule, que je lui dis : Eh bien! madame, vous rappelez-vous quelque chose aujourd'hui?

— Je me rappelle tout, monsieur, me répondit-elle ; — et c'était vrai, car elle rougit.

Depuis cette circonstance, qui fit époque dans mes études magnétiques, j'ai bien des fois répété la même expérience, et toujours avec le même succès. Seulement, je dois faire ici une remarque importante ; c'est que si par hasard un somnambule a commis quelque indiscrétion, ou bien a prédit quelque événement fâcheux pour lui ou les siens, la charité, dans l'un et l'autre cas, défend au magnétiseur de lui *ordonner* de s'en souvenir. Il m'a semblé aussi que ces sortes de réminiscences, qui nécessairement confondent les événements de la veille avec ceux du sommeil, portaient préjudice à la lucidité. Il faut donc de la réserve sur ce point, et ne prescrire aux somnambules de se rappeler ce qu'ils ont dit, que dans le cas où ils se sont ordonné à eux-mêmes l'usage de quelques agents thérapeutiques qu'on risquerait d'oublier, ou auxquels ils refuseraient de se soumettre sans la conviction qu'ils trouvent en leur propre conscience du bien qui doit en résulter pour eux (1).

La nature et l'intensité du malaise qui accompagne le réveil se trouvent naturellement subordonnées aux conditions dans lesquelles l'expérience

(1) Il n'est pas de somnambule qui, en procédant comme je l'indique, ne soit susceptible de garder le souvenir de ses rêves magnétiques. Peut-être même serait-il possible d'utiliser ce phénomène comme moyen d'enseignement. Ne pourrait-on pas, par exemple, profiter de l'exaltation intellectuelle du somnambulisme pour développer et faire comprendre à un esprit médiocre certaines choses qui pendant la veille seraient inaccessibles à son entendement.

est faite ; la manière d'agir du magnétiseur est donc presque tout en pareille occurrence, et nous verrons plus loin ce qu'elle doit être ; mais en général, dès qu'il y a conflit entre les volontés du magnétiseur et du magnétisé, il en résulte un trouble pénible pour le dernier. Aussi, faut-il bien se garder de contrarier les somnambules, si on tient à ne point leur causer un mal réel. S'ils parlent, qu'on les écoute et qu'on les laisse parler ; si au contraire ils ne veulent point répondre aux questions qu'on leur adresse, qu'on ne les importune point d'une trop longue insistance. Si enfin il s'agit de quelque expérience délicate, c'est alors surtout qu'il faut apporter un soin extrême à ménager leur susceptibilité, et surtout une patience sans bornes à attendre leur fantaisie. Je crois avoir déjà dit en effet, que ces prétendus caprices auxquels tous les somnambules sont sujets, n'étaient pas autre chose que de petites défaites au moyen desquelles ils dissimulent leur impuissance du moment relativement aux choses qu'on exige d'eux ; une sorte de refuge, en un mot, qu'ils ménagent à leur vanité. On doit donc, si l'on ne veut pas froisser inutilement leur amour-propre, ne point avoir l'air de s'apercevoir de ces innocentes supercheries, et se contenter de désirer mentalement les choses qu'ils peuvent désirer eux-mêmes. Savoir attendre, recommencer cent fois s'il le faut, voilà tout le secret des belles expériences.

Les accidents apparents auxquels le réveil peut donner lieu et dont s'inquiètent assez volontiers les personnes qui commencent à magnétiser, n'ont jamais de gravité réelle. Dans aucuns cas je ne les ai vus persister plus de quelques jours, et encore cela n'arrive-t-il point chez des sujets habitués au magnétisme. Des nausées, une céphalalgie légère, un certain picotement des paupières, voilà surtout ce qui fatigue les somnambules éveillés méthodiquement ; mais il n'en est plus de même lorsqu'on met en œuvre des moyens violents pour les tirer de leur sommeil ; l'agitation nerveuse peut alors aller jusqu'aux spasmes, et l'hébétude jusqu'à l'idiotisme. Nous indiquerons en temps et lieu toutes les précautions à prendre en pareil cas (1).

CHAPITRE VI.

DES DIFFÉRENTES MANIÈRES DE MAGNÉTISER.

1º « L'homme a la faculté d'exercer sur ses semblables une influence salutaire en dirigeant sur eux,

(1) Voyez *Procédés à suivre pour éveiller les somnambules.*

par sa volonté, le principe qui nous anime et nous fait vivre.

2° On donne à cette faculté le nom de magnétisme : elle est une extension du pouvoir qu'ont tous les êtres vivants d'agir sur ceux de leurs propres organes qui sont soumis à la volonté.

3° Nous ne nous apercevons de cette faculté que par les résultats, et nous n'en faisons usage qu'autant que nous le voulons.

4° Donc la première condition pour magnétiser, c'est de vouloir (1). »

Comme le magnétisme n'implique aucune profession de foi philosophique, les *vitalistes* aussi bien que les *matérialistes* peuvent, ainsi qu'ils l'entendront, faire émaner ces principes de leur doctrine respective ; il n'en reste pas moins constant que ces principes sont en fait la rigoureuse expression de la vérité. La *volonté* n'est point un être chimérique ; c'est une force réelle, une faculté phrénologique qui a son siége dans le cerveau ; et cette force, à laquelle sont subordonnées toutes les autres aptitudes intellectuelles ou morales, non-seulement domine l'organisme de l'individu qui la possède, mais peut encore réagir sur les êtres qui environnent ce dernier. La volonté est donc presque tout pour moi en magné-

---

(1) Deleuze. *Instruction pratique sur le magnétisme animal.* In-8°. Paris, 1825.

tisme, et l'art du magnétiseur se réduit pour ainsi dire à savoir imprimer la sienne à propos. — Vous dormirez, parce que je *veux* que vous dormiez? — Ce n'est point ainsi que je l'entends; car agir de la sorte serait provoquer une résistance et partant se créer un obstacle. — Mais: *Je désire que vous dormiez, et je vais employer tous mes moyens à vous insinuer le même désir.* — Voilà le précepte que je livre aux méditations de nos lecteurs, et pour l'application duquel j'invoque toute leur sagacité. Lorsqu'ils seront parvenus au but que je leur indique, c'est-à-dire lorsqu'ils seront sûrs d'avoir fait naître entre eux et les sujets qui consentent à recevoir leur influence cette unité de vouloir à peu près indispensable au succès des expériences qu'ils se proposent de faire, alors seulement ils commenceront à recourir aux procédés physiques destinés à transmettre l'action magnétique. Ce que je viens d'écrire est tellement exact, 1° que la volonté seule, ainsi que nous en fournirons la preuve, a suffi pour magnétiser; 2° qu'il n'est point impossible d'endormir certains sujets en employant justement les procédés dont on se sert pour provoquer le réveil; 3° enfin qu'une volonté négative neutralise complétement les moyens physiques dont l'effet ordinaire est d'endormir. Observons toutefois que, dans ces deux derniers cas, une sensation douloureuse résulte pour le magnétisé de cette espèce de démenti que la pensée donne aux gestes chez le magnétiseur. L'expérience prouve d'ailleurs que les procédés manuels, sans avoir peut-être l'importance que certaines gens y attachent, et surtout celle qu'on leur attachait autrefois, ont pourtant véritablement une valeur intrinsèque, et méritent d'être étudiés. Ces procédés peuvent varier à l'infini, puisque chaque magnétiseur a pour ainsi dire le sien. Nous allons néanmoins passer en revue la plupart de ceux qui sont usités, nous réservant, à l'examen de chacun d'eux, d'en signaler les avantages et les inconvénients.

Méthode ordinaire d'après Deleuze (1).

« Une fois que vous serez d'accord, et bien convenus de traiter gravement la chose, éloignez du malade toutes les personnes qui pourraient vous gêner ; ne gardez auprès de vous que les témoins nécessaires (un seul s'il se peut), et demandez-leur de ne s'occuper nullement des procédés que vous employez et des effets qui en sont la suite, mais de s'unir d'intention avec vous pour faire du bien au malade. Arrangez-vous de manière à n'avoir ni trop chaud ni trop froid, à ce que rien ne gêne la liberté de vos mouvements, et prenez des précautions pour n'être pas interrompu pendant la séance.

(1) Même ouvrage, pag. 22.

« Faites ensuite asseoir votre malade (1) le plus commodément possible, et placez-vous vis-à-vis de lui, sur un siége un peu plus élevé, et de manière que ses genoux soient entre les vôtres et que vos pieds soient à côté des siens. Demandez-lui d'abord de s'abandonner, de ne penser à rien, de ne pas se distraire pour examiner les effets qu'il éprouvera, d'écarter toute crainte, de se livrer à l'espérance, et de ne pas s'inquiéter ou se décourager si l'action du magnétisme produit chez lui des douleurs momentanées.

« Après vous être recueilli, prenez ses pouces entre vos deux doigts, de manière que l'intérieur de vos pouces touche l'intérieur des siens, et fixez vos yeux sur lui. Vous resterez de deux à cinq minutes dans cette situation, ou jusqu'à ce que vous sentiez qu'il s'est établi une chaleur égale entre ses pouces et les vôtres : cela fait, vous retirerez vos mains en les écartant à droite et à gauche et les tournant de manière que la surface intérieure soit en dehors, et vous les élèverez jusqu'à la hauteur de la tête ; alors vous les poserez sur les deux épaules, vous les y laisserez environ une minute, et vous les ramènerez le long des bras jusqu'à l'extrémité des doigts, en touchant légèrement. Vous recommencerez cette passe cinq ou six fois, en détournant vos mains et les éloignant un peu du corps pour remonter. Vous placerez ensuite vos mains au-dessus de la tête,

(1) Deleuze ne magnétisait que des malades, et il avait raison.

vous les y tiendrez un moment, et vous les descendrez en passant devant le visage à la distance d'un ou deux pouces jusqu'au creux de l'estomac : là, vous vous arrêterez environ deux minutes en posant les pouces sur le creux de l'estomac, et les autres doigts au-dessous des côtes. Puis vous descendrez lentement le long du corps jusqu'aux genoux, ou mieux, et si vous le pouvez sans vous déranger, jusqu'au bout des pieds. Vous répéterez les mêmes procédés pendant la plus grande partie de la séance. Vous vous rapprocherez aussi quelquefois du malade de manière à poser vos mains derrière ses épaules pour descendre lentement le long de l'épine du dos, et de là sur les hanches, et le long des cuisses jusqu'aux genoux ou jusqu'aux pieds. Après les premières passes, vous pouvez vous dispenser de poser les mains sur la tête, et faire les passes suivantes sur les bras en commençant aux épaules, et sur le corps en commençant à l'estomac. »

La méthode dont on vient de lire la description est en général celle qu'il faut suivre lorsqu'on commence à magnétiser. Cependant je crois pouvoir observer que le contact absolu des mains sur la tête et l'épigastre n'est point indispensable ; ce contact au contraire est un sujet de distraction et n'ajoute rien à l'efficacité du procédé. J'ai cru remarquer également que les passes que l'on pratiquait le long du rachis n'avaient point une action bien marquée, et pour mon compte, j'ai depuis longtemps cessé d'en faire usage. — Enfin, règle générale, toute espèce de toucher direct me paraît superflu; et dans l'intérêt même de leur pratique, comme dans l'intérêt des convenances, j'engage tous les magnétiseurs à s'en abstenir.

Le plus ordinairement je me tiens debout devant la personne que je veux magnétiser, et même à une certaine distance d'elle ; après les quelques minutes de recueillement qui doivent précéder toute expérience, je lève ma main droite à la hauteur de son front, et je dirige lentement mes passes de haut en bas, au devant du visage, de la poitrine et du ventre; seulement, à chaque fois que je relève ma main, j'ai le soin de laisser tomber mes doigts, de telle façon que leur face dorsale regarde le magnétisé pendant mon mouvement d'ascension, et leur face palmaire pendant les passes. — Ce procédé est simple, trop simple peut-être ; aussi ne conseillerai-je de l'employer que sur des sujets accoutumés déjà au magnétisme, et susceptibles de s'endormir facilement. La méthode de Deleuze avec les légères modifications que j'ai indiquées est de beaucoup à préférer pour les premiers essais. Mais en définitive tous les procédés réussissent lorsqu'ils inspirent de la confiance à ceux qui les emploient, et lorsque ceux-ci sont bien pénétrés de leur pouvoir.

Magnétisation par la tête.

C'est un des procédés les plus prompts et les plus énergiques que je connaisse ; voici en quoi il consiste : Vous vous asseyez en face de la personne que vous voulez magnétiser ; vous faites d'abord quelques longues passes, de haut en bas, dans la direction des bras, au devant du visage et suivant l'axe du corps ; après quoi vous étendez vos deux mains à quelques pouces du front et des régions pariétales, et demeurez ainsi pendant quelques minutes. Tout le temps que dure l'opération vous variez peu la position de vos mains, vous contentant de les porter lentement à droite et à gauche, puis à l'occiput pour revenir ensuite au front où vous les laissez indéfiniment, c'est-à-dire jusqu'à ce que le sujet soit endormi. Alors vous faites des passes sur les genoux et les jambes, pour *attirer le fluide* en bas, suivant l'expression des magnétiseurs. Le fait est que l'intervention du fluide est au moins très commode pour expliquer clairement ce que l'on veut faire comprendre, et dans le cas dont je parle, je voudrais bien être sûr que cet impondérable existe, afin de pouvoir dire qu'en recommandant des passes sur les extrémités inférieures, c'est une révulsion ou plutôt une dérivation magnétique que je conseille. Au surplus, malgré cette précaution, la magnétisation par la tête est loin d'être sans inconvénients ; elle expose pour le moins à la céphalalgie, quelquefois à la migraine, et d'autres fois même (ce qui est à la vérité fort rare), à des accidents plus sérieux. En voici un exemple : Henriette L*** est âgée de quinze ans et quelques mois. D'un physique assez agréable, elle jouit généralement parlant d'une bonne santé ; mais les innombrables romans qu'elle a lus ont développé chez elle des idées excentriques, et sinon des mœurs mauvaises, du moins certaines habitudes érotiques, qui finiront sans doute par compromettre l'intégrité de ses facultés mentales ; du reste, je la crois incorrigible sur ce point (non pas que j'aie entrepris sa conversion), mais parce que pour son malheur, la nature n'a mis dans sa tête qu'une raison infime, dominée par un incroyable entêtement. Quoi qu'il en soit, Henriette éprouvait depuis quelques semaines dans le genou droit une douleur obscure dont l'origine et la nature m'embarrassaient également, et sur laquelle j'aurais été enchanté de connaître le diagnostic qu'elle-même en porterait en somnambulisme. Voilà donc pourquoi je la magnétisai. Quant au procédé que je suivis, l'impatience et la mobilité du caractère de la malade me le prescrivaient ; j'avais hâte de profiter de ses bonnes dispositions, et je voulais être expéditif. Je le fus en effet ; car en moins de trois minutes Henriette, qui avait eu l'invincible fantaisie de rester debout, se trouva endormie et tomba sur sa chaise. Je la débarrassai alors (momentanément) de sa douleur de genou en faisant des passes sur cette partie; mais les réponses qu'elle me fit ne m'apprirent absolument rien sur l'étiologie et la pathogénésie de cette douleur. Je songeai alors à l'éveiller, et ce fut ici que l'inquiétude me prit, car après une demi-heure entière de gestes et d'efforts Henriette dormait encore. De plus elle était évidemment agitée, et par moments tous ses membres se raidissaient spasmodiquement, tandis qu'elle jetait des cris à effrayer les personnes accourues au vacarme qu'elle faisait. A la fin, elle ouvrit les yeux, se les frotta longtemps avec le revers de ses mains, puis se leva brusquement en poussant des grands éclats de rire : la pauvre fille était en démence, et ce délire dura trois jours (1). Voici au reste la contre-partie de l'accident que dans cette circonstance on fut en droit de reprocher au magnétisme. Deux jours plus tard, Henriette magnétisée de nouveau, mais par le procédé de Deleuze, recouvre toute sa raison dans son somnambulisme, et nous indique si bien ce qu'il faut lui faire pour la guérir, qu'elle guérit en effet par son ordonnance, non-seu-

(1) J'ai appris depuis qu'Henriette avait déjà éprouvé à plusieurs reprises des accidents de même genre; d'où il suit que le magnétisme n'était que la cause occasionnelle et peut-être la cause apparente d'une maladie qu'à ma première impression je n'hésitai point à lui attribuer.

lement de son aliénation, mais encore de son mal de genou. — Néanmoins, cet événement nous a dégoûté du procédé magnétique qui y avait donné lieu (1).

(1) Il est souvent fort dangereux de concentrer sur un organe, principalement sur le cerveau et sur le cœur lorsque ces organes sont devenus un centre de fluxion. J'ai vu des accidents très graves provoqués par cette imprudente concentration, même chez des somnambules qui ensuite n'ont pas manqué de réveiller mon attention sur ce point. Je conviens que cela n'acquiert une grande importance que lorsqu'il n'y a pas de somnambulisme, ou lorsque le somnambulisme est encore incomplet. Dans les affections locales de poitrine, je n'ai jamais cessé d'intéresser toute l'organisation en magnétisant à grands courants, ce qui reste toujours le mode le plus sûr, jusqu'à ce que le somnambulisme vienne nous éclairer sur les modifications des procédés, pour lesquelles notre propre sagacité ne saurait nous diriger. J'ai observé une seule fois une exception remarquable à la méthode ordinaire. Une personne dont l'esprit était dérangé, devenait furieuse lorsqu'on la magnétisait en commençant par la tête pour aller jusqu'aux pieds ; on eut l'heureuse idée de la magnétiser d'une manière inverse, en remontant des pieds vers la tête, et son exaspération fut calmée à l'instant. A la vue de ces faits, on ne peut se défendre d'admettre dans le système nerveux des courants semblables peut-être à ceux qui se manifestent dans le système sanguin, et qu'on croit apercevoir dans les phénomènes qui précèdent la congestion sanguine et nerveuse.

Je ne conseillerais pourtant pas d'employer légèrement cette méthode inverse ; j'en ai vu naître des paralysies permanentes et des catalepsies passagères. J'ai vu une affection spasmodique,

Magnétisation au moyen du regard.

Ce procédé ne peut pas être employé par tout le monde. Il exige dans celui qui s'en sert un regard vif, pénétrant et susceptible d'une longue fixité ; encore ne réussirait-il que fort rarement sur des sujets qu'on magnétiserait pour la première fois ; quoiqu'il me soit dernièrement arrivé d'endormir par la simple puissance du regard, et dès la première séance, un homme de trente ans, sans contredit plus robuste que moi. Au surplus, je ne magnétise presque jamais autrement mes somnambules habitués, lorsqu'il s'agit de quelque expérience de vision ; car j'ai cru remarquer que ce genre de magnétisation augmentait la clairvoyance. Voici la manière de procéder : Vous vous asseyez vis-à-vis de votre sujet ; vous l'engagez à vous regarder le plus fixement qu'il pourra, tandis que de votre côté vous fixez sans interruption vos yeux sur les siens. Quelques profonds

---

très grave et permanente, être la suite d'un essai de ce genre que le magnétiseur avait fait pour faciliter les mouvements de l'estomac, dans une attaque de vomissements. Il m'a fallu employer tous mes soins et toute ma force pour vaincre cette affection spasmodique, qui, pendant plusieurs années, se renouvelait chaque fois que la malade faisait des efforts pour vomir. (Lettre d'un médecin étranger à M. Deleuze, page 17.—Broch. in-8°.— Paris, 1825.)

soupirs soulèveront d'abord sa poitrine; puis ses paupières clignoteront, s'humecteront de larmes, se contracteront fortement à plusieurs reprises, puis enfin se fermeront. De même que dans le procédé précédemment décrit, c'est encore ici le cas de terminer par quelques passes dérivatrices sur les membres inférieurs; mais encore, si votre sujet vous a offert de la résistance, aurez-vous de la peine à lui éviter les atteintes de migraine que la magnétisation par les yeux occasionne volontiers et dont vous-mêmes ne serez pas toujours exempts (1). L'expérience m'a d'ailleurs démontré que plus le magnétiseur était rapproché du magnétisé, plus l'action du regard était puissante; mais cela n'empêche pas qu'on ne puisse magnétiser ainsi à des distances considérables.

Magnétisation par la simple volonté.

Il peut se présenter deux cas : ou votre sujet sait que vous allez le magnétiser, ou il ignore complétement ce que vous allez faire, et même jusqu'à votre présence.—Prouver que cette dernière expérience est possible, c'est à coup sûr éliminer toute

(1) On a prétendu que certains animaux en magnétisaient ainsi d'autres plus faibles qu'eux, et dont ils font leur proie. Or, il est excessivement probable que cette hypothèse est fondée, et pour mon compte, je la considère comme une vérité de fait.

espèce de discussion relativement à la première. Or, indépendamment de nos observations personnelles, des faits authentiques et connus vont nous servir de démonstration. Il n'est personne qui n'ait lu la relation des expériences faites à l'Hôtel-Dieu de Paris, par M. Dupotet (1), sous les yeux et dans le service de M. Husson. Le caractère et la position scientifique des médecins qui assistèrent à ces expériences, ne permettant point de suspecter la véracité du narrateur, nous allons mettre sous les yeux de nos lecteurs le procès-verbal de quelques-unes d'entre elles.

Séance du 7 novembre. — « Lors de mon arrivée à neuf heures et un quart, M. Husson vint me prévenir que M. Récamier désirait être présent et me voir endormir la malade (Catherine Samson) à travers la cloison ; je m'empressai à consentir à ce qu'un témoin aussi recommandable fût admis sur-le-champ. M. Récamier entra et m'entretint en particulier de ma conviction touchant les phénomènes magnétiques. Nous convînmes d'un signal ; je passai dans le cabinet où l'on m'enferma. On fait venir la demoiselle Samson ; M. Récamier la place à plus de six pieds de distance du cabinet, ce que je ne savais pas, et y tournant le dos. Il cause avec elle, la trouve mieux ; on dit que je ne viendrai pas ; elle veut absolument se retirer.

(1) Paris, in-8°, 1826.

« Au moment où M. Récamier lui demande *si elle digère la viande* (c'était le mot du signal convenu entre M. Récamier et moi), je me mets en action : il est neuf heures trente-deux minutes ; elle s'endort à trente-cinq minutes. Trois minutes après, M. Récamier la touche, lui lève les paupières, la secoue par les mains, la questionne, la pince, frappe sur les meubles pour faire le plus de bruit possible ; il la pince de nouveau et de toute sa force cinq fois ; il recommence à la tourmenter ; il la soulève à trois différentes reprises, et la laisse tomber sur son siége ; la malade demeure absolument insensible à tant d'atteintes que je ne voyais qu'avec la plus grande peine, sachant que les sensations douloureuses qui n'étaient pas manifestées en ce moment se reproduiraient au réveil et causeraient des convulsions toujours très difficiles à calmer.

« Enfin, M. Husson et les assistants invitèrent M. Récamier à cesser des expériences devenues inutiles, la conviction commune sur l'état d'insensibilité de la malade au contact de tout ce qui m'était étranger étant complète.

« J'avais fait à celle-ci, pendant ses épreuves, diverses questions auxquelles elle avait répondu. M. Récamier y avait intercalé les siennes, sur lesquelles il l'avait vue constamment muette. Elle me dit n'avoir aucun mal à la tête, mais elle se plaignit de frémissements dans le côté, qui cependant ne lui faisait pas autant de mal aujourd'hui qu'hier.

« Je rentre dans le cabinet, et le signal pour la réveiller ayant été donné à dix heures vingt-huit minutes, le réveil a lieu à trente minutes, etc. »

Séance du 9 novembre. — « M. Bertrand, docteur de la Faculté de Paris, avait assisté à la séance précédente. Il y avait dit qu'il ne trouvait pas extraordinaire que la magnétisée s'endormît, le magnétiseur étant placé dans le cabinet; qu'il croyait que le concours particulier des mêmes circonstances environnantes opérait, hors de ma présence, un semblable effet; que, du reste, la malade pouvait y être prédisposée naturellement. Il proposa donc de faire l'expérience que je vais décrire.

« Il s'agissait de faire venir la malade, à l'heure ordinaire, dans le même lieu, de la faire asseoir sur le même siége et à l'endroit habituel; de tenir les mêmes discours à son égard, avec elle; il lui semblait presque certain que le sommeil devait s'ensuivre. Je convins en conséquence de n'arriver qu'une demi-heure plus tard qu'à l'ordinaire.

« A neuf heures trois quarts, on commença à exécuter, vis-à-vis de la demoiselle Samson, ce que l'on s'était promis; on l'avait fait asseoir sur le fauteuil où elle était placée ordinairement, et dans la même position; on lui fit diverses questions, puis on la laissa tranquille; on simula les signaux employés précédemment, comme de jeter des ciseaux sur la table, et on fit enfin une répétition exacte de ce qui se passait ordinairement ; mais on attendit vainement l'état magnétique qu'on espérait produire chez la malade. Celle-ci se plaignit de son côté gauche, s'agita, se frotta le côté, changea de place, se trouvant incommodée par la chaleur du poêle, et ne donna aucun signe du besoin de sommeil, ni naturel, ni magnétique. »

Séance du 10 novembre au soir. — « J'arrivai à près de sept heures au lieu de réunion : nous montâmes tous ensemble à la salle Sainte-Agnès ; notre malade occupait le lit n° 34 ; on me fit placer dans le plus grand silence, accompagné de deux de ces messieurs, entre les lits 35 et 36.

« M. Husson, passant devant le lit de la demoiselle Samson, va visiter un autre malade plus loin, à qui il dit tout haut : « C'est pour vous que je viens ce soir ; vous m'avez inquiété à ma première visite, mais je vous trouve mieux : tranquillisez-vous, ça ira bien. » Il revient près du lit n° 34 et demande à mademoiselle Samson si elle dormait ; celle-ci répond qu'elle n'a point envie de dormir et qu'elle ne dort jamais de si bonne heure. Elle tousse. Il se retire et vient se placer à quelques lits de distance, de manière à être hors de vue de la malade, mais à portée d'observer ce qui allait se passer.

« A sept heures précises je magnétise la malade ; à

sept heures huit minutes, elle dit, en se parlant haut à elle-même: « C'est étonnant comme j'ai mal aux yeux, je tombe de sommeil. »

« Deux minutes après, M. Husson passe auprès d'elle, lui adresse la parole : elle ne répond pas ; il la touche et n'en obtient rien.

« A sept heures onze minutes, nous nous approchons tous, et je lui fais les questions suivantes :

— Mlle Samson, dormez-vous?

— Oh! mon Dieu, que vous êtes impatientant!

— Comment vous trouvez-vous?

— J'ai mal dans l'estomac depuis tantôt.

— Comment se fait-il que vous dormiez du sommeil magnétique?

— Je ne sais pas.

— Saviez-vous que j'étais là?

— Non, monsieur.

— Si on vous laissait dormir toute la nuit?

— Oh! non, ça me ferait mal.

— A quelle heure vous réveilleriez-vous?

— Demain matin.

« Je lui souhaite le bon soir, et nous nous retirons tous ensemble.

« M. Bertrand n'avait pas manqué d'assister à cette expérience qu'il avait lui-même proposée. Le succès avait été complet, tout le monde était convaincu, et lui-même ne fit aucune difficulté de signer le procès-verbal qui en fut dressé. »

Voilà donc incontestablement la volonté d'un individu se transmettant silencieusement et sans gestes à un autre individu qui ne se doute pas même du rôle qu'on lui fait jouer. Mais quel est le véhicule de cette volonté? — *Le fluide magnétique*, répondent les magnétiseurs. — C'est possible; mais nous nous sommes fermement promis de ne point aborder cette question, dont la discussion nous entraînerait inutilement dans le ténébreux labyrinthe de la métaphysique.

Quelques magnétiseurs ont assuré que la volonté ne se bornait pas à produire des phénomènes semblables à ceux dont la description précède, et ils prétendent qu'une fois que les rapports magnétiques se sont bien établis entre deux personnes, l'un de ces deux individus (le magnétiseur) peut agir sur l'autre à des distances très considérables, d'une maison à une autre par exemple, ou même de l'extrémité d'une ville à l'autre extrémité. Je ne nie point cette possibilité; mais je ne suis point assez sûr de son existence pour l'affirmer. Voici, quant à cela, ce que j'ai vu : En montant un jour chez M.** (le mari de Mme Hortense), je rencontrai dans la loge du concierge, Adèle Défossey dont il a été parlé précédemment, et que j'avais déjà magnétisée à plusieurs reprises avec une promptitude extrême. Je m'informai de sa santé, elle me répondit qu'elle se portait bien, et je passai outre. Arrivé chez mon ami, l'idée me vint de la magnétiser sans la prévenir, depuis là (le premier étage) à sa loge. Je me mis donc en action, et dix minutes après, comme j'envoyai quelqu'un pour s'informer d'elle, on me répondit : *Qu'Adèle ne faisait que bâiller; qu'elle avait mal au cœur, enfin qu'elle ressentait une démangeaison insupportable aux yeux.* — Cinq minutes plus tard je renvoyai de nouveau demander de ses nouvelles. Son état était à peu près le même; elle mourait d'envie de dormir, mais elle ne dormait pas. — Me sentant fatigué et en dispositions médiocres, je n'allai pas plus loin ce jour-là; mais il me paraît très probable qu'en insistant, j'aurais fini par la magnétiser complétement. — Je n'ai d'ailleurs point eu depuis l'occasion de reprendre cette expérience.

Méthode de Faria.

L'abbé Faria, magnétiseur célèbre, qui montrait ses somnambulismes en spectacle, et mourut avec la plus belle réputation de charlatan qu'homme du monde ait jamais eue, et surtout mieux méritée, l'abbé Faria, dis-je, pour augmenter le merveilleux de ses expériences et partant donner plus d'éclat à ses représentations, avait imaginé une méthode qui n'eut point d'imitateur et ne réussit guère qu'entre ses mains. Il faisait commodément asseoir dans un fauteuil la personne qui voulait se soumettre à son action, lui recommandait de fermer les yeux, et après quelques minutes de recueillement, lui disait d'une voix forte et impérative : *Dormez !* Cette simple parole, jetée au milieu d'un silence prestigieux et solennel par un homme dont on racontait des prodiges, faisait ordinairement sur le patient une impression assez vive pour produire en lui une légère secousse de tout le corps, de la chaleur, de la transpiration et quelquefois le somnambulisme. Si cette première tentative ne réussissait pas, il soumettait le patient à une seconde, puis à une troisième, et même à une quatrième épreuve ; après quoi il le déclarait incapable d'entrer dans le sommeil lucide.

Cette méthode ne diffère point essentiellement des précédentes ; seulement, l'appareil cabalistique dont l'abbé Faria intimidait les esprits faibles et crédules qui s'abandonnaient à lui, en neutralisant chez ces derniers toute espèce de résistance morale, les préparait à recevoir plus promptement les influences d'une volonté d'ailleurs puissante.

De l'insufflation.

C'est un moyen mixte qui, suivant le caprice du magnétiseur et la direction de sa pensée, peut également servir à endormir et à éveiller. La plupart des magnétiseurs y ont recours pour soutenir l'état de leurs somnambules pendant des expériences longues et délicates. L'insufflation ne se pratique guère que sur la tête ou sur une partie malade ; l'haleine est alors le véhicule de l'agent magnétique.

Magnétisation d'un somnambule par un autre somnambule.

Voici une expérience que je n'ai jamais faite, mais que je me propose depuis longtemps d'essayer. Il ne serait point impossible, en effet, qu'elle fût d'une heureuse application à la thérapeutique. J'en ai puisé l'idée dans un petit ouvrage de beaucoup de mérite et dont j'ai déjà eu l'occasion de citer un fragment un peu plus haut (1). On lit à la page 16 de cette brochure : « Le spectacle le plus singulier qui puisse s'offrir aux regards d'un observateur, c'est de voir, lorsque deux somnambules de clairvoyance différente se magnétisent, comme le somnambule supérieur soumet à sa volonté et à son impulsion le somnambule inférieur ; quelle puissance physique il exerce sur lui pour provoquer des crises inattendues ; quel empire il a sur ses sensations ; comment il imprime à ses membres des mouvements extraordinaires, semblables à ceux des bateleurs les plus souples ; quelles contorsions effrayantes il lui fait

---

(1) Lettre d'un médecin étranger à Deleuze.

faire ; avec quelle promptitude il le délivre des douleurs qu'il avait en entrant dans ces crises violentes. Je n'ai pu me refuser à tracer ici une esquisse de ce traitement que j'ai vu trois fois, et dont il n'est fait mention dans aucun des ouvrages que j'ai lus. C'est au magnétisme exercé en somnambulisme, et longtemps prolongé, que nous avons dû le rétablissement de plusieurs enfants hydrocéphaliques, et d'un autre presque imbécile ; enfants auxquels le somnambule s'intéressait avec une tendresse surnaturelle ou plutôt naturelle, et dont nous n'osions entreprendre le traitement, parce que nous n'espérions pas le moindre succès. » Cette puissance d'action qu'un somnambule peut exercer sur un autre somnambule est une singularité que je crois m'expliquer assez bien. En effet, indépendamment de ce que le magnétiseur se trouve ici sursaturé pour ainsi dire de l'agent magnétique, il transmet d'autant mieux cet agent qu'il est doué, comme il en a fait preuve, de plus d'aptitude à le recevoir. Ajoutons à cela, que tous ses mouvements, toutes ses intentions, en un mot tous les actes de sa volonté sont dirigés par un admirable instinct qui lui permet d'apprécier avec justesse l'intensité et la nature de l'effort qu'il doit faire pour obtenir tel ou tel résultat. — Deux somnambules lucides sont deux êtres surnaturels qui s'entendent sans se parler et se comprennent sans s'admirer, alors que nous en sommes réduits à les admirer sans les comprendre.

En résumé de tout ce qui précède, nous croyons pouvoir conclure que la méthode décrite par Deleuze est, dans la majeure partie des cas, celle qui doit obtenir la préférence. Mais quelque procédé qu'on suive, il est important de ne point suspendre les passes aussitôt que le sommeil a lieu; car en continuant à magnétiser, on détermine une série de phénomènes dont les derniers seulement sont la manifestation du somnambulisme complet. La jeune malade, par exemple, dont M. Despine a consigné l'observation dans le bulletin des eaux d'Aix (1838), voyait d'abord des *grains de feu* scintiller devant son visage. Au bout de huit minutes, elle éprouvait un *mâchillement* dans la bouche; à dix minutes, de légers soubresauts dans les bras et dans les jambes; à quinze minutes elle distinguait, les yeux fermés, les mains de son magnétiseur; à trente-cinq minutes elle devinait la pensée des personnes présentes à la séance et la disait à haute voix. Un peu plus tard, c'était une vision fantastique qui la remplissait d'effroi. Quelques minutes encore, et des aigrettes lumineuses brillaient pour elle au bout de tous les doigts de son magnétiseur. Enfin il survenait une autre vision qui la comblait de joie et d'espérance... C'était une figure céleste, qui devint par la suite sa divinité tutélaire, son génie conservateur, et qui, comme le démon de Socrate, devait lui servir de guide, l'éclairer sur la nature de son mal, diriger son régime de chaque jour et mener sa cure à bien. — Cet exemple est de nature à faire comprendre notre pensée ; mais on aurait tort de croire qu'il renferme les éléments précis d'une règle pratique, car à chaque nouveau sujet qu'on magnétise on reconnaît que les diverses phases du sommeil sont marquées par des signes différents. En général il faut cesser de magnétiser lorsque le patient, bien évidemment endormi depuis plusieurs minutes, paraît éprouver de rechef les pandiculations dont il s'est plaint en commençant l'expérience. Tel est du moins pour moi le caractère symptomatique d'une saturation suffisante. Les magnétiseurs ont même l'habitude d'enlever alors au somnambule, par quelques passes transversales ou par une légère insufflation pratiquée de bas en haut, l'excédant *du fluide* qui pourrait le fatiguer. On revient au contraire aux passes verticales si, dans le courant de la séance, les traits du sommeil ordinaire semblent se substituer à ceux du somnambulisme.

Lorsque vous avez lieu de penser que votre sujet est suffisamment magnétisé, vous attendez quelques minutes avant de lui adresser la parole. Enfin vous lui parlez, mais en modérant votre voix, avec douceur et bienveillance ; et s'il ne répond pas à la question que vous lui faites, vous laissez passer quelques instants avant de la réitérer. Vous vous informez alors de sa santé, de ce qui pourrait le gêner, ou de ce qu'il désirerait pour être mieux. S'il souffre quelque part, vous portez la main à cette partie, vous y faites des passes, de légères frictions, avec le sincère désir de dissiper la douleur, et presque toujours vous y parvenez. Dans le cas où il se plaint de la chaleur, vous lui donnez de l'air en lui faisant éventail de vos deux mains. Vous lui demandez combien de temps il lui convient qu'on le laisse dormir, et, dans le cas de quelqu'expérience de démonstration, s'il consent à se soumettre à cette expérience, si elle ne le fatiguera pas, et lorsqu'il vous aura donné son assentiment, quel sera l'instant précis où il faudra l'essayer. Enfin, une obligation que la charité vous impose encore envers lui, est de l'interroger sur sa santé du lendemain ou des jours suivants, et de prendre note, s'il doit être malade, des prescriptions qu'il se sera faites d'après vos questions.

Quelle que soit la nature des expériences magnétiques, le somnambule, pour ne point être inutilement fatigué, ne doit jamais avoir qu'un seul interlocuteur, et ce rôle revient de droit au magnétiseur. Celui-ci ne saurait être trop attentionné dans ses manières, trop prudent et trop discret dans ses paroles. Sa mission est grave, et il doit la remplir gravement. Qu'il se garde bien par exemple de céder aux caprices quelquefois fort ridicules des assistants, pour faire faire des *tours de force* ou des jongleries à son somnambule; c'est dans mes souvenirs que je puise les motifs de cette réflexion, car j'ai vu de ces faiblesses, et cela m'a fait pitié. Un magnétiseur qui, pour satisfaire à la fantaisie d'un badaud ou d'une petite maîtresse, fait un *escamoteur* de son somnambule, dégrade et prostitue une magnifique découverte. Quant à moi, lorsque je magnétise, j'entends n'avoir d'autre volonté que la mienne; mais je m'efforce en même temps que cette volonté ne se traduise jamais autrement que sous la forme d'un désir. Ainsi, au lieu de parler au présent, qui souvent semble heurter les exigences de notre politesse, je dis, *je voudrais*, locution qu'il est impossible de compléter autrement que par les mots *si vous vouliez* que je sous-entends. On ne saurait imaginer jusqu'à quel point va quelquefois la susceptibilité des somnambules. Lorsqu'après avoir adressé une question à Mme Hortense***, j'ajoute par mégarde : *Réfléchissez, madame*, cela manque rarement de me valoir une réprimande de la part de cette dame, attendu, suivant elle, que lui recommander la réflexion est supposer que son habitude n'est point d'en faire usage. Qu'on se figure après cela la position d'un ou d'une somnambule en butte aux plaisanteries d'une commission académique (car messieurs les académiciens qui souvent prennent fort au sérieux les choses les plus plaisantes du monde, plaisantent en revanche quelquefois sur des choses sérieuses)!

Sauf le cas assez rare de contr'indications thérapeutiques, les somnambules ne doivent dormir qu'un temps limité, une ou deux heures par exemple; votre devoir est donc, comme nous l'avons dit déjà, de les consulter là-dessus et de vous en rapporter à leur réponse. Il faut aussi, avant de terminer chaque séance, leur demander le jour et l'heure où il leur conviendra d'être de nouveau magnétisés. Enfin, n'oubliez jamais que l'intérêt de votre somnambule est le seul qu'il vous soit permis d'avoir en vue, et que d'un autre côté, vous trouverez pour votre gouverne dans les avis qu'il vous donnera, de plus sûrs préceptes qu'il ne soit possible à aucun homme d'en formuler dans un livre.

De la foi.

Comme ce manuel est beaucoup moins écrit pour les magnétiseurs que pour les personnes qui voudront le devenir, je me fais un devoir de m'expliquer avec mes lecteurs sur les questions les plus simples et les plus faciles à résoudre.

Est-il indispensable de croire au magnétisme pour produire des effets magnétiques? — Oui et non; nous allons de suite nous entendre. Si vous magnétisez, c'est-à-dire si vous faites les passes avec l'intime conviction que vous n'en obtiendrez rien parce qu'il n'y a bien positivement pour vous rien à en obtenir, pour peu que votre sujet se trouve dans les mêmes dispositions il est assez présumable que vos conjectures se réaliseront ; mais dans ce cas-là, je ne vois pas pourquoi vous essairiez d'une chose qui vous semble impossible et absurde. Si au contraire, doutant seulement du magnétisme et cherchant à vous éclairer sur la nature de ses phénomènes, vous inspirez à votre sujet une confiance qu'à la vérité vous n'avez point encore vous-même, mais que pourtant vous vous efforcez d'avoir pour vous conformer à nos principes, courage! continuez, ayez de la patience, car il ne vous manque plus rien pour arriver au but. Je l'ai dit à mon second chapitre, c'est-là l'histoire de tous les magnétiseurs ; tous commencent par être incrédules, parce qu'il n'est aucun homme raisonnable qui trouve tout d'abord en lui-même la foi à des choses prodigieuses, et selon toutes les apparences, physiquement impossibles. Mais à mesure qu'il les voit, il se rend à l'évidence ; et quand il les a vues suffisamment, il y croit sans retour, et ressent même un mouvement d'orgueil d'une croyance dont naguère encore il eût sans doute rougi. Au reste, il est certaines têtes malheureusement organisées dans lesquelles certaines vérités ne sauraient entrer. Tel homme qui passe pour un bel esprit n'a que de la mémoire, et n'a pas même de sens pour apprécier des faits palpables. Montrez-lui, il ne voit pas; faites lui toucher, il n'a point de mains; qu'il flaire, il n'a point d'odorat; qu'il goûte, il n'a pas de goût. — Mais qu'a-t-il donc enfin?... des oreilles.

Du nombre et de l'heure des séances.

Il est assez rare que dès la première séance on produise le sommeil, et surtout le somnambulisme. Il arrive même quelquefois que les premiers effets qu'on détermine sont si peu marqués, qu'ils passent inaperçus; mais ce n'est point une raison pour décider que le sujet est incapable d'entrer en somnambulisme. Recommencez le lendemain, puis le surlendemain, puis huit jours de suite, et c'est alors seulement que vous serez en mesure de porter un jugement définitif. Encore ce jugement ne se rapportera-t-il qu'à une seule circonstance; celle de votre impuissance magnétique relativement à telle personne.

Gardez-vous en toute occasion de vous laisser décontenancer par un ou deux insuccès, et surtout de donner des marques de découragement, car ce serait vous ravir pour la suite la confiance qu'on pouvait avoir en vous. Prévenez même à l'avance la personne que vous magnétiserez du peu d'espoir que vous avez de l'endormir dès la première fois; demandez-lui tout en commençant de vous accorder un certain nombre d'essais, pendant lesquels vous soutiendrez sa patience en lui montrant les résultats; enfin, si après l'écoulement du temps convenu vous n'avez point réussi, il vous sera facile encore de trouver pour vous-même et les autres une explication satisfaisante à votre succès.

Je ne saurais trop engager les personnes qui veulent se livrer à la pratique du magnétisme, à ne tenter leurs premières expériences que sur des sujets qui leur offrent de bonnes conditions de réussite; sinon, elles céderont au découragement et s'arrêteront en chemin (1).

Chacune des séances doit être de vingt minutes au moins. Lorsqu'on n'a point l'habitude de magnétiser, ces vingt minutes paraissent fort longues, par la fatigue que font éprouver les mouvements qu'on se donne. Il ne faut pas attendre pour se reposer que cette fatigue soit extrême; car elle deviendrait alors un irrésistible sujet de distraction, et partant un obstacle insurmontable. Il est bon au contraire de se reposer souvent, et si la volonté, qui d'ailleurs se fatigue beaucoup moins vite que les bras, conserve sa direction pendant ces moments d'arrêt, l'action

(1) Voir notre troisième chapitre.

magnétique se continue et rien ne s'oppose à la prolongation de la séance.

L'important est que les expériences soient tous les jours faites à la même heure. Les personnes étrangères à l'observation médicale et aux études physiologiques ont en effet de la peine à s'imaginer avec quelle promptitude et quelle facilité notre corps contracte certaines habitudes. La reproduction régulièrement périodique de leur appétit, de leur sommeil, et en un mot de tous leurs besoins physiques, peut leur en donner une idée. M. le docteur Leuret de Lyon, après s'être trois nuits de suite plongé à minuit sonnant dans un bain froid, éprouva un frisson la quatrième nuit à la même heure, bien qu'il fût alors chaudement couché dans son lit. Il n'est donc point étonnant que les effets magnétiques acquièrent promptement de la tendance à se reproduire à heures fixes, et voilà comment l'expérience de la veille peut préparer celle du lendemain, si les deux sont faites à la même heure.

Pendant l'instant de recueillement qui doit de rigueur précéder chaque séance, vous rassemblez, vous concentrez vos forces; vous éloignez de votre esprit toute pensée étrangère; vous vous pénétrez des souvenirs qui peuvent corroborer la confiance que vous avez en vous-même; enfin vous vous retracez nettement l'image des résultats auxquels vous vous proposez d'atteindre. Cela fait, vous donnez l'essor à votre volonté, et vous ne commencez qu'avec la certitude de réussir.

Le rôle de la personne qui se soumet à votre action est tout différent du vôtre. C'est un rôle passif; s'abandonner et ne *penser à rien*, voilà en quoi il consiste.

Si votre sujet est d'une constitution délicate, d'un tempérament nerveux et impressionnable, si enfin dès vos premières passes il confesse un malaise qu'il déclare ne pouvoir supporter longtemps, modérez un peu votre action, et dirigez-la sur les parties éloignées de celles où s'est manifestée la douleur.

Si cet état de malaise augmente malgré vos précautions, éloignez-vous un peu en mettant plus de lenteur dans vos mouvements et moins d'action dans votre volonté, et adressez surtout à votre sujet de ces paroles qui rassurent et qui encouragent.

Enfin s'il se déclare de véritables accidents, tels que des spasmes violents, des convulsions, une syncope, etc., faites appel à votre sang-froid; ne demandez aide à personne, alors même que vous seriez seul avec votre sujet, et gardez-vous de recourir à des moyens pharmaceutiques qui ne lui seraient alors d'aucun secours. Ce que vous avez à faire, c'est de continuer l'opération et de la pousser rapidement jusqu'au somnambulisme; car ce nouvel état ne se sera pas plus tôt manifesté, que tout l'appareil alarmant dont vous songez déjà à vous reprocher amèrement les conséquences, aura fait place au calme le plus parfait. Cependant si parmi les assistants il se trouve des parents ou des amis de la personne que vous magnétisez, et qui vous prient instamment de suspendre l'expérience, rendez-vous à leur désir, mais commencez par rendre le calme à votre patient en le démagnétisant.

CHAPITRE VII.

DES PROCÉDÉS A SUIVRE POUR ÉVEILLER LES SOMNAMBULES.

Les éléments de ce petit chapitre qui devrait à la rigueur faire partie du précédent, se réduisent à peu de chose. Cependant j'éprouvai un tel embarras à réveiller mes premiers somnambules, que dès ce temps-là je me promis bien, si je venais jamais à écrire un livre didactique sur le magnétisme, de rassembler dans un article à part ce que j'aurais appris sur ce sujet. Dès le principe, il est vrai, la moindre réflexion aurait pu me tracer les indications que j'avais à remplir; mais qui pourrait se flatter de réfléchir toujours à temps? Et puis, est-on bien porté à méditer sur une chose à laquelle on ne croit pas, ou à laquelle on ne croit qu'à demi? L'espérance d'endormir le premier somnambule que je fis était si éloignée de mon esprit pendant que je le magnétisais, que je ne songeais guère aux moyens que j'emploierais pour le tirer de son somnambulisme; mais il n'y a tel que les fautes pour donner de l'expérience.

Rien de plus simple au monde que d'éveiller un somnambule; mais encore est-il pour cela certaines précautions à prendre, et dont il est bon de se pénétrer. La première chose à faire est de le prévenir de vos intentions, et de l'inviter à les partager; la moitié de la besogne est faite dès qu'il a le désir de s'éveiller. Une circonstance peu commune, mais fort embarrassante, peut se présenter ici, c'est que votre somnambule n'ait pas la conscience de son état. Comment alors lui inculquer le désir de s'éveiller s'il a la persuasion qu'il ne dort pas? On est alors réduit à agir sans son concours, et à l'éveiller malgré lui, ce qui manque rarement de l'agiter un peu. Dans les premiers temps que je magnétisais madame Hortense, je m'effrayais dès qu'il s'agissait de la tirer de son somnambulisme; c'était toujours une querelle, et quelquefois un *combat*. On sait qu'il en est de même à l'égard des somnambules naturels; mais heureusement, je le répète, ce n'est que rarement qu'on a éprouvé l'ennui de cette singularité.

Lors donc que votre sujet est prévenu, vous le ramenez à son fauteuil s'il l'a quitté pendant l'expérience ; vous vous recueillez une minute comme en commençant l'opération, puis vous vous mettez à procéder en ordre inverse ; c'est-à-dire que la volonté d'éveiller remplace dans votre esprit la volonté d'endormir, et que vous faites des passes horizontales au lieu de passes verticales. — Les deux opérations en général doivent durer le même temps ; et si vous désirez ne pas voir se prolonger l'état de somnolence et d'alourdissement qui suivra le réveil, il ne faut point tenir votre sujet pour éveillé dès l'instant où il aura ouvert les yeux, mais bien continuer à le *démagnétiser* jusqu'à ce qu'il se sente parfaitement rétabli dans son état normal.

Quant aux passes horizontales, voici comment vous les pratiquez : vous rapprochez vos deux mains par leur face dorsale, puis vous les écartez brusquement l'une de l'autre. Vous réitérez le même mouvement un certain nombre de fois au-devant du visage, après quoi vous le répétez en descendant sur toute la ligne médiane jusqu'aux membres inférieurs inclusivement. Enfin vous terminez par quelques grandes passes, après chacune desquelles les magnétiseurs ont la coutume de secouer leurs doigts, persuadés qu'ils sont, sans doute, d'avoir à chacun de ces gestes, la main pleine de *fluide magnétique* ;

nais je crois quant à moi que cette petite précaution qui matérialise assez malheureusement une hypothèse infiniment subtile, est loin d'être indispensable.

Quoi qu'il en soit, et quelques moyens qu'on emploie pour soutirer le *fluide*, le réveil se fait d'autant plus attendre, qu'il a fallu plus de temps pour endormir, et que le somnambulisme a été plus prolongé. Quant aux accidents nerveux, on les évite en procédant avec réserve, avec lenteur s'il le faut, et toujours avec patience. Enfin il arrive parfois que, quoi qu'on fasse, ces accidents surviennent ; mais c'est l'affaire de quelques instants pour les dissiper. — De l'eau sucrée, le grand air, quelques excitants, tels qu'un peu d'éther ou de liqueur d'Hoffmann, voilà le *maximum* des ressources médicamenteuses que puisse nécessiter la circonstance. S'il reste de la tendance à dormir, Deleuze conseille quelques heures de repos au lit, mais je ne vois point la nécessité de cette précaution ; je préfère en général la promenade en plein air, et je ne conseille le lit que lorsque le magnétisme a causé de la migraine ou une céphalalgie intense. — Enfin le plus souvent il n'est absolument besoin d'aucune espèce de secours ni hygiénique ni thérapeutique, et les somnambules ont trouvé dans quelques heures de sommeil magnétique, le repos réparateur que nous donne une nuit entière de sommeil ordinaire.

CHAPITRE VIII.

DE LA FATIGUE ÉPROUVÉE PAR LES MAGNÉTISEURS. — DU SOMNAMBULISME DÉTERMINÉ PAR CERTAINS MÉDICAMENTS. — QUELQUES CONSIDÉRATIONS SUR LA NATURE DU MAGNÉTISME.

« Le traitement, surtout par contact, dit de Jussieu, peut fatiguer ceux qui l'administrent. Je ne l'ai point éprouvé sur moi, mais j'en ai vu plusieurs, exténués après de longues séances, recourir au baquet et à l'attouchement d'un autre homme, et retrouver des forces en combinant ces deux moyens. »(1) — Je ne sais pas si le contact du baquet mesmérien aurait produit ce dernier effet sur moi ; mais ce que je sais bien, c'est que je m'estimerais fort heureux de trouver un moyen aussi efficace de réparer mes forces après une longue séance magnétique. Indépendamment de la lassitude souvent extrême que me cause la manœuvre des passes, lassitude qu'accompagne une abondante transpiration et que suit un brisement dans tous les membres, je ressens après chaque expérience une autre espèce de fatigue qui, portant

---

(1) Rapport de De Jussieu, 1784.

principalement sur les centres nerveux, ressemble à cette sorte d'abattement que détermine un travail intellectuel forcé. Ma main tremble, ma vue est trouble, je serais incapable d'écrire, et si je me mets au lit, une indéfinissable agitation m'empêche de dormir. Ces effets sont du reste subordonnés au sujet qu'on magnétise, à la manière dont on procède, et surtout aux dispositions dans lesquelles on se trouve ; les magnétiseurs vigoureux ne se doutent pas même de leur existence. Quant à moi, il m'est plusieurs fois arrivé de m'entendre dire séance tenante : Monsieur, vous pâlissez ; je m'assurais du fait en me regardant à une glace, et toujours j'en constatais l'exactitude. Cependant cette subite pâleur n'était point le résultat de la fatigue physique ; car souvent alors je magnétisais sans gestes. Mais il en coûte de *vouloir* fortement et longtemps la même chose, et personne n'ignore que les efforts cérébraux n'aient une limite passée laquelle l'organe commence à souffrir. C'est en un mot un rude métier que celui de penseur ; et la santé s'y use plus vite qu'à porter les fardeaux à la halle. Or, vouloir comme veulent les magnétiseurs est bien pire que penser ; car je sens que je mourrais à la peine si je magnétisais sans désemparer seulement une journée entière. — Je ne me suis d'ailleurs jamais aperçu que le contact d'autres hommes fût pour moi, en pareille occurence, un moyen de réparation, et le plus mesquin dîner me paraît beaucoup plus apte à rendre les forces que toutes les poignées de mains du monde.

Au surplus il ne faudrait pas que cette circonstance alarmât nos prosélytes, puisqu'en définitive, après avoir magnétisé peut-être cinq cents personnes, je ne suis point encore mort d'épuisement. Mes intentions se bornaient donc à mentionner un fait physiologique, qu'en raison d'une excessive impressionabilité, j'ai dû peut-être apprécier mieux qu'un autre, et duquel me semblent découler d'importants corollaires. En effet, c'est en partie d'après ces données que nous pouvons établir les conditions physiques d'un bon magnétiseur. Il doit être fort, d'un moral énergique, et surtout bien portant, car comment un malade pourrait-il trouver en lui de la santé pour les autres? C'est peut-être en cédant à un somnambule la moitié de la puissance vitale dont on est doué qu'on crée chez lui cette vie extraordinaire, dont une exubérante activité fonctionnelle caractérise tous les actes. Il faut enfin avoir un excédant de force pour magnétiser avec succès, sinon l'on souffre des efforts qu'on est obligé de faire; car lorsqu'on a tout juste de la santé pour soi-même, on se rend nécessairement malade en en cédant à autrui. Que de sacrifices semblables j'ai pourtant déjà faits à la vérité ! mais quel sincère apôtre a jamais refusé le martyre ?

En outre du sommeil magnétique, de l'extase et

du somnambulisme naturel, il existe encore une espèce de somnambulisme qui ne diffère sans doute de ces derniers que par la cause qui le fait naître ; je veux parler du somnambulisme déterminé par certains médicaments, tels que l'opium, la belladone, etc. Il s'en faut beaucoup que cette espèce de somnambulisme soit un des symptômes constants de l'intoxication par les narcotiques ; mais il est certain que ces substances administrées à certaines doses et dans des conditions qu'on n'a point encore déterminées, donnent lieu à un état fort singulier, et qui ne saurait être comparé qu'au sommeil magnétique. M. le docteur Frapart m'a communiqué plusieurs observations qui ne me laissent aucun doute à ce sujet. Le somnambulisme est donc une manière d'être anormale, il est vrai, mais pourtant inhérente à notre nature, et telle que chaque individu en renferme en soi-même les éléments et souvent les causes. « La volonté de l'homme, dit l'auteur de la lettre à Deleuze (1), n'est qu'un des moyens pour exciter dans l'organisation cette force instinctive ou médicatrice (comme on voudra la nommer) qui acquiert son plus haut développement dans le somnambulisme. De l'eau simple, l'eau de mer, des métaux, des douleurs violentes, des maladies, des dispositions intérieures dont la nature nous est inconnue, peuvent

___
(1) Ouvrage cité, p. 4.

la mettre en jeu sans que la volonté d'un autre individu y joue un rôle actif. On a donc trop mis sur le compte de la volonté et de la bienveillance pour l'exciter ; je crois plutôt que, cette force une fois éveillée, la raison éclairée, et la volonté bienveillante sont nécessaires pour la diriger convenablement, parce qu'il est extrêmement rare qu'elle puisse se servir à elle-même de boussole. Il me paraît qu'un esprit supérieur et une volonté bienveillante, soutenues par des connaissances positives et une grande expérience, lui impriment une direction salutaire ; tandis qu'une mauvaise volonté, des passions égoïstes, et le manque d'expérience, peuvent la désordonner, la pousser jusqu'à l'aliénation mentale, et la faire flotter vaguement sur un océan obscur, où jusqu'à présent bien peu d'étoiles éclairent le voyageur. » Ces rêveries toutes germaniques sont sans contredit pourvues d'un grand fond de vérité ; mais, sans décider encore s'il est ou non besoin de *diriger* la lucidité des somnambules, nous résumons ainsi l'idée fondamentale que renferme ce passage et que nous faisons profession de foi d'adopter : Toutes les espèces du somnambulisme consistent en un certain état du système nerveux que peuvent déterminer indifféremment une multitude de causes sans analogie entre elles. — C'est ainsi que la propre volonté du somnambule peut être substituée à la volonté du magnétiseur, puisqu'il est des sujets qui s'endorment et s'éveillent seuls et quand cela leur plaît ; c'est ainsi qu'une certaine disposition organique équivant à toute espèce de volonté, puisque le somnambulisme se produit assez souvent de lui-même ; c'est ainsi qu'une maladie (l'extase) donne lieu au même résultat. Enfin c'est encore ainsi que plusieurs agents médicamenteux peuvent remplacer la volonté, les passes, etc., etc., pour engendrer les mêmes effets. — Cette question délicate fut un jour pour moi un sujet d'entretien avec une jeune somnambule que j'ai déjà citée souvent :

— Quelle différence, lui disais-je, pensez-vous qu'il existe entre le somnambulisme naturel et le somnambulisme artificiel ?

— Aucune pour moi.

— Vous vous trouvez donc, lorsque vous vous magnétisez, la même que lorsqu'on vous magnétise ?

— Absolument.

— Vous ne croyez donc point à l'existence du fluide ?

— Je ne l'ai jamais vu.

— Mais comment vous expliquez-vous qu'un somnambule puisse penser par son magnétiseur ?

— Parce que le premier devine la pensée de celui-ci et a la déférence de s'y soumettre.

— D'où vient donc l'étroitesse des rapports qui les unissent ?

— De leur contact et *de l'habitude*.

— Mais enfin cette communauté de pensée ?..

— Eh ! monsieur, vous m'avez dit que des extatiques devinaient la pensée de toutes les personnes qui les approchaient ; il n'y avait pourtant pas entre eux et elles ces prétendus liens dont vous prétendez nous enchaîner en nous magnétisant. — Allez, vous êtes bien médecin, et vous mourrez dans votre athéisme... car vous avez appris le matérialisme avec l'anatomie.

— Je livre sans commentaires à nos lecteurs ces réflexions d'une somnambule; elles me paraissent dignes de leurs méditations.

Quoi qu'il en soit du reste, et malgré la large part que nous avons faite aux agents moraux dans la production des phénomènes magnétiques, il n'en demeure pas moins constant que les passes et les frictions pratiquées dans un sens déterminé ont aussi un pouvoir intrinsèque, puisque souvent elles ont suffi pour produire le somnambulisme. Il s'ensuit donc qu'on magnétiserait un homme de la même manière absolument qu'on charge d'électricité le plateau résineux d'un électrophore. Les deux faits seraient-ils identiques? Je ne le pense pas, mais je ne voudrais point me charger de démontrer le contraire. Bien plus, c'est que les corps réputés électriques sont aussi doués d'une vertu magnétique toute particulière. On sait par exemple qu'on électrise certaines surfaces polies en les frappant d'une peau de chat ; eh bien! les chats produisent un effet des plus marqués sur tous les somnambules, et il ne fallait pas plus que le simple contact d'un de ces animaux pour mettre en crise Mlle Estelle l'Hardy, l'une des cataleptiques de M. Despine. Les somnambules sont aussi fort sensibles au contact et même à l'approche des substances métalliques. Le cuivre surtout les affecte péniblement. Les personnes qui se trouvaient avec nous à celles des séances de M. Ricard dont nous avons donné le procès-verbal (1), ont pu se convaincre de cette circonstance. — Caliste, en passant devant des dames, s'arrête tout d'un coup en s'écriant avec une sorte d'effroi : Du cuivre! il y a du cuivre par là! » — On regarde et on ne trouve rien. Cependant Caliste répète : « Je vous dis qu'il y a du cuivre » et il hésite comme un homme qui craindrait de mettre le pied sur un serpent. Alors on se baisse, on regarde de nouveau, et le résultat de ces nouvelles enquêtes justifie les étranges appréhensions du somnambule; car on aperçoit sous la banquette l'ombrelle qu'une dame y a laissé tomber et dont la douille est en effet de cuivre.

Je me livre actuellement à des recherches expérimentales dont le but serait de déterminer la na-

---

(1) Chap. V. Pénétration des pensées.

ture des rapports qui peuvent être établis entre le magnétisme animal et l'électricité; mais les résultats auxquels je suis parvenu ne méritent point encore d'être publiés.

CHAPITRE IX.

DE LA MAGNÉTISATION DES ALIMENTS, DES BOISSONS, DES ANNEAUX ET DES SUBSTANCES INANIMÉES EN GÉNÉRAL.

Lorsque je lus pour la première fois la description des effets déterminés par l'eau, les baquets, les anneaux, les mouchoirs et surtout les arbres magnétisés, je jetai le livre en haussant les épaules et en me demandant comme il pouvait y avoir des hommes assez prodigues de leur temps pour le gaspiller à conter de pareilles niaiseries, et d'autre assez bénêts pour prendre ces histoires au sérieux. — Eh bien! l'orgueil n'est qu'un sot, a dit un homme d'esprit; mais tous les orgueilleux ne sont point incorrigibles. Que les incrédules aujourd'hui rient de moi tout à leur aise, je me livre à leur pitié; mais ils ne m'empêcheront pas de crier de toute la force de mes poumons : Les choses dont je me suis bêtement moqué, sont vraies, très vraies, infiniment vraies. — J'avais autrefois l'orgueil de l'incrédulité; j'ai actuellement l'orgueil de la foi. Or, que nos adversaires y songent, l'incrédulité n'est souvent que l'ignorance.

Le fameux arbre de Busancy, magnétisé par MM. de Puységur, fut la première merveille de ce genre qui révolta ma raison. Je confesse qu'il y avait de quoi douter. Que nos lecteurs pèsent les motifs de mon pyrrhonisme en parcourant la lettre suivante. Elle est d'un M. Clocquet, lequel s'était rendu à Busancy, comme une multitude d'autres curieux, à l'effet d'observer seulement les traitements des frères de Puységur.

Soissons, ce 13 juin 1784.

« Attiré comme les autres à ce spectacle, j'y ai tout simplement apporté les dispositions d'un observateur tranquille et impartial; très décidé à me tenir en garde contre les illusions de la nouveauté, de l'étonnement; très décidé à bien voir, à bien écouter.

« Représentez-vous la place d'un village. Au milieu est un orme, au pied duquel coule une fontaine de l'eau la plus limpide; arbre antique, immense, mais très vigoureux encore et verdoyant; arbre respecté par les anciens du lieu, qui, les jours de fête, s'y rassemblent le matin pour raisonner sur leurs moissons, et surtout sur la vendange prochaine; arbre chéri par les jeunes gens, qui s'y donnent des rendez-vous le soir pour y former des danses rustiques. Cet arbre, magnétisé de temps immémorial par l'amour du plaisir, l'est à présent par l'amour de l'humanité. MM. de Puységur lui ont imprimé une vertu salutaire, active, pénétrante. Ses émanations se distribuent au moyen des cordes dont le corps et les branches sont entourés, qui en appendent dans toute la circonférence, et se prolongent à volonté! On a établi autour de l'arbre mystérieux plusieurs bancs circulaires en pierre, sur lesquels sont assis tous les malades, qui tous enlacent de la corde les parties souffrantes de leur corps. Alors l'opération commence, tout le monde formant la chaîne et se tenant par le pouce. Le fluide magnétique circule dans ces instants avec plus de liberté; on en ressent plus ou moins l'impression. Si par hasard quelqu'un rompt la chaîne en quittant la main de son voisin, quelques malades en éprouvent une sensation gênante, et déclarent tout haut que la chaîne est rompue. Vient le moment où, pour se reposer, le maître permet qu'on quitte les mains, en recommandant de les frotter. Mais voici l'acte le plus intéressant. M. de Puységur, que je nommerai dorénavant le maître, choisit entre ses malades plusieurs sujets, que, par attouchement de ses mains et présentation de sa baguette (verge de fer de quinze pouces environ), il fait tomber en crise parfaite. Le complément de cet état est une apparence de sommeil pendant lequel les facultés physiques paraissent suspendues, mais au profit des facultés intellectuelles ; on a les yeux fermés, le sens de l'ouïe est nul ; il se réveille seulement à la voix du maître. Il faut bien se garder de toucher le malade en crise, même la chaise sur laquelle il est assis ; on lui causerait des angoisses, des convulsions que le maître seul peut calmer. Ces malades en crises, qu'on nomme *médecins*, ont un pouvoir surnaturel, par lequel, en touchant un malade qui leur est présenté, en portant la main même par-dessus les vêtements, ils sentent quel est le viscère affecté, la partie souffrante ; ils le déclarent, indiquent à peu près les remèdes convenables.

« Je me suis fait toucher par un de ces médecins. C'était une femme d'à peu près cinquante ans. Je n'avais certainement instruit personne de l'espèce de ma maladie. Après s'être arrêtée particulièrement à ma tête, elle me dit que j'en souffrais souvent, et que j'avais habituellement un grand bourdonnement dans les oreilles, ce qui est très vrai. Un jeune homme, spectateur incrédule de cette expérience, s'y est soumis ensuite ; et il lui a été dit qu'il souffrait de l'estomac, qu'il avait des engorgements dans le bas-ventre, et cela depuis une maladie qu'il a eue il

y a quelques années ; ce qu'il nous a confessé être
conforme à la vérité. Non content de cette divination, il a été sur-le-champ, à vingt pas de son premier médecin, se faire toucher par un autre, qui
lui a dit la même chose. Je n'ai jamais vu de stupéfaction pareille à celle de ce jeune homme, qui
certes était venu pour contredire, persiffler, et non
pour être convaincu. Une singularité non moins
remarquable que tout ce que je viens de vous exposer, c'est que ces médecins qui, pendant quatre
heures ont touché des malades, ont raisonné avec
eux, ne se souviennent de rien, de rien absolument,
lorsqu'il a plu au maître de les désenchanter, de les
rendre à leur état naturel : le temps qui s'est écoulé
depuis leur entrée dans la crise jusqu'à leur sortie
est pour ainsi dire nul, au point que l'on présentera
une table servie à ces médecins endormis, ils mangeront, boiront ; et si la table desservie, le maître
les rend à leur état naturel, ils ne se rappelleront
pas avoir mangé. Le maître a le pouvoir, non-seulement, comme je l'ai déjà dit, de se faire entendre
de ces médecins en crise ; mais, et je l'ai vu plusieurs fois de mes yeux bien ouverts, je l'ai vu présenter le doigt à un de ces médecins toujours en
crise et dans un état de sommeil spasmodique, se
faire suivre partout où il a voulu, ou les envoyer
loin de lui, soit dans leur maison, soit à différentes
places qu'il désignait sans le leur dire. Retenez bien

que le médecin a toujours les yeux fermés. J'oubliais de vous dire que l'intelligence de ces médecins-malades est d'une susceptibilité singulière. Si, à des distances assez éloignées, il se tient des propos qui blessent l'honnêteté, ils les entendent pour ainsi dire intérieurement; leur âme en souffre, ils s'en plaignent, et en avertissent le maître; ce qui plusieurs fois a donné lieu à des scènes de confusion pour les mauvais plaisants, qui se permettaient des sarcasmes inconsidérés et déplacés chez MM. de Puységur. Mais comment le maître désenchante-t-il ces médecins? Il lui suffit de les toucher sur les yeux, ou bien il leur dit : Allez embrasser l'arbre. Alors ils se lèvent, toujours endormis, vont droit à l'arbre; et bientôt après leurs yeux s'ouvrent, le sourire est sur leurs lèvres, et une douce joie se manifeste sur leur visage. J'ai interrogé plusieurs de ces médecins, qui m'ont assuré n'avoir aucun souvenir de ce qui s'était passé pendant les trois ou quatre heures de leur crise. J'ai interrogé un grand nombre de malades ordinaires, non tombés en crise, car tous n'ont pas cette faculté; et tous m'ont dit éprouver beaucoup de soulagement depuis qu'ils se sont soumis au simple traitement, soit de l'attouchement du maître, soit de la corde et de la chaîne; tous m'ont cité très grand nombre de guérisons faites sur des gens de leur connaissance.

« Je crois, monsieur, que tous ces détails sur les

médecins en crise sont nouveaux pour vous; je ne les vois consignés dans aucun des écrits publiés concernant le *magnétisme animal*.

« Vous me demanderez peut-être quel est le but essentiel de ce magnétisme? MM. de Puységur prétendent-ils guérir toutes les maladies? Non; ces messieurs n'ont point une idée aussi exagérée. Ils jouissent du plaisir si pur d'être utiles à leurs semblables, et ils en exercent le pouvoir avec tout le zèle, avec toute l'énergie que donne l'amour de l'humanité. Ils conviennent et croient que les émanations magnétiques, dont ils disposent à leur gré, sont en général un principe rénovateur de la vie, quelquefois suffisant pour rendre du ton à quelque viscère offensé, donner au sang, aux humeurs un mouvement salutaire. Ils croient et prouvent que le magnétisme est un indicateur sûr pour connaître les maladies dont le siége échappe au sentiment du malade et à l'observation des médecins. Mais ils déclarent authentiquement que la médecine pratique doit concourir avec le magnétisme et seconder ses effets.

« Pendant que j'observais le spectacle le plus intéressant que j'aie jamais vu, j'entendais souvent prononcer le mot de *charlatanisme*, et je me disais: Il est possible que deux jeunes gens, légers, inconséquents, arrangent pour une seule fois une scène convenue d'illusions, de tours d'adresse, et fassent des dupes dont ils riront; mais on ne me persuadera jamais que deux hommes de la cour, qui ont été élevés avec le plus grand soin par un père très instruit, honoré dans sa province par ses talents et ses qualités personnelles qu'il a transmises à ses enfants; que, dans l'âge de la bonne santé, des jouissances, dans leurs terres où ils viennent se délasser la plus belle saison de l'année; on ne me persuadera jamais, je le répète, et on ne le persuadera à aucun homme raisonnable, que MM. de Puységur, pendant un mois de suite, abandonnent leurs affaires, leurs plaisirs pour se livrer à l'ennui répété de dire et faire pendant toute la journée, des choses de la fausseté et de l'inutilité desquelles ils seraient intérieurement convaincus. Cette continuité de mensonge et de fatigue répugne non-seulement à la nature, mais au caractère connu de ces messieurs.

« Je concevrais plutôt que M. Mesmer (si je pouvais mal inaugurer de la véracité d'un homme capable de faire une grande découverte, et qui d'ailleurs, depuis plusieurs années, a été observé par des yeux très clairvoyants) s'asservit à la fastidieuse répétition d'expériences fausses et mensongères, parce qu'on pourrait supposer que M. Mesmer aurait quelque intérêt à le faire; mais MM. de Puységur, quel serait l'intérêt qui les ferait agir? Il n'est besoin que de les voir au milieu de leurs malades, pour demeurer persuadé de leur conviction intérieure, et de la satisfaction qu'ils éprouvent en faisant un usage utile de la doctrine aussi intéressante que sublime qui leur a été révélée.

« Demandez à tous les malheureux qui sont venus implorer le secours du seigneur de Busancy; ils vous diront tous : Il nous a consolé, il nous a guéri ; plusieurs d'entre nous manquaient de pain ; nous n'osions pas réclamer sa bienfaisance : il nous a devinés, il nous a assistés. C'est notre père, notre libérateur, notre ami.

« J'ai l'honneur d'être, etc. »

Il est certain que si quelque lecteur, n'ayant jamais assisté à aucune expérience magnétique, venait à ouvrir mon livre au hasard et à tomber juste sur cette lettre, il ne manquerait pas de s'imaginer que je l'ai extraite de quelque conte arabe, ou que je l'ai composée à plaisir sous la délirante influence d'un *globule mercuriel* qui, d'après S. Hahnemann, *fait dire des absurdités*. Eh bien ! il n'y a rien de tout cela ; cette lettre est celle d'un observateur sérieux qui ne raconte que ce qu'il a vu.—Je sais bien que tous les magnétiseurs n'ont pas eu avec les arbres le même bonheur que les frères Puységur ; mais leurs expériences n'en ont pas moins été répétées avec succès, d'abord par le marquis de Tissard leur contemporain, et depuis, par Deleuze, par M. Segretin de Nantes, etc. Si la même expérience n'a point réussi en présence des commissaires de 1784, cela a tenu à des raisons que nous ferons connaître après avoir cité le passage du rapport Bailly qui a trait à cette question :

« ... Lorsqu'un arbre a été touché suivant les principes et la méthode du magnétisme, toute personne qui s'y arrête doit éprouver plus ou moins les effets de cet agent; il en est même qui y perdent connaissance ou qui y éprouvent des convulsions. On en parla à M. Deslon, qui répondit que l'expérience devait réussir, pourvu que le sujet fût fort sensible, et on convint avec lui de la faire à Passy, en présence de M. Franklin. La nécessité que le sujet fût sensible fit penser au commissaire que, pour rendre l'expérience décisive et sans réplique, il fallait qu'elle fût faite par une personne choisie par M. Deslon, et dont il aurait éprouvé d'avance la sensibilité au magnétisme. M. Deslon a donc amené avec lui un jeune homme d'environ douze ans. On a marqué dans le verger du jardin un abricotier bien isolé et propre à conserver le fluide magnétique qu'on lui aurait imprimé. On y a mené M. Deslon seul, pour qu'il le magnétisât; le jeune homme étant resté dans la maison avec une personne qui ne l'a pas quitté. On aurait désiré que M. Deslon ne fût pas présent à l'expérience; mais il a déclaré qu'elle pourrait manquer s'il ne dirigeait pas sa canne et ses regards sur cet arbre pour en augmenter l'action. On a pris le parti

DES SUBSTANCES INANIMÉES. 243

d'éloigner M. Deslon le plus possible, et de placer des commissaires entre lui et le jeune homme, afin de s'assurer qu'il ne ferait point de signal, et de pouvoir répondre qu'il n'y avait point eu d'intelligence. Ces précautions, dans une expérience qui doit être authentique, sont indispensables sans être offensantes.

« On a ensuite amené le jeune homme, les yeux bandés, et on l'a présenté successivement à quatre arbres qui n'étaient point magnétisés, en les lui faisant embrasser chacun pendant deux minutes, suivant ce qui avait été réglé par M. Deslon lui-même.

« M. Deslon, présent, et à une assez grande distance, dirigeait sa canne sur l'arbre réellement magnétisé.

« Au premier arbre, le jeune homme interrogé au bout d'une minute, a déclaré qu'il suait à grosses gouttes; il a toussé, craché, et il a dit sentir une petite douleur sur la tête : la distance à l'arbre magnétisé était environ de vingt-sept pieds.

« Au second arbre il se sent étourdi ; même douleur sur la tête : la distance était de trente-six pieds.

« Au troisième arbre, l'étourdissement redouble ainsi que le mal de tête : il dit qu'il croit approcher de l'arbre magnétisé; il en était alors environ à trente-huit pieds.

« Enfin au quatrième arbre non magnétisé, et à vingt-quatre pieds environ de distance de l'arbre qui l'avait été, le jeune homme est tombé en crise; il a perdu connaissance, ses membres se sont raidis, et on l'a porté sur un gazon voisin, où M. Deslon lui a donné des secours et l'a fait revenir. »

Que prouve cette expérience ? Rien, absolument rien, sauf que l'imagination suffit, comme personne n'en doute, pour produire des effets magnétiques.— Pourquoi le jeune homme de Deslon tombe-t-il en crise sous des arbres non magnétisés ? Est-ce pour faire une espièglerie à MM. les commissaires ? Pas le moins du monde ; le pauvre enfant joue franc jeu ; mais il sait, on lui a dit qu'il doit être magnétisé ; et l'image des phénomènes qui vont se passer en lui exaltent son imagination et dominent sa jeune intelligence. Enfin, à force d'être persuadé qu'il doit éprouver telles ou telles choses, il les éprouve en effet ; et comme le phénomène ne se développe pas tout d'un coup, son état de malaise suit une marche ascendante, mais dont les phases ne sont nullement en rapport avec les distances qui le séparent de l'arbre magnétisé. Au surplus (le grand Broussais le répétait souvent), les faits négatifs n'infirment point les faits positifs ; et quand encore le jeune homme de Deslon n'eût rien éprouvé sous l'abricotier de Passy, l'orme de Busancy n'en resterait pas moins un arbre historique. Nous allons d'ailleurs faire connaître à nos lecteurs les diverses expériences que nous avons faites nous-même relativement à la magnétisation de différents corps inertes ; malheureusement la plupart de ces expériences n'ont point eu de ces témoins dont le nom fait autorité; mais les témoignages, quels qu'ils soient, n'ajoutent rien à une vérité, lorsque cette vérité est un fait que tout le monde peut reproduire quand il le veut.

1re *Expérience.* — *Sur l'eau magnétisée.* Cette expérience se fit à table et en s'accompagnant de circonstances burlesques, qui d'ailleurs ne lui ôtent rien de sa valeur scientifique. — Le 4 mai 1840, étant invité à dîner chez un de mes clients, M. G**, rue Saint-Honoré, l'idée me vint de magnétiser une carafe d'eau, afin de m'assurer si cette eau dont Mlle Julie G. boirait pendant le repas, produirait un effet quelconque sur cette jeune personne, qui venait de suivre un traitement magnétique. Mes préparatifs se firent en cachette, et aucun des convives n'en eut connaissance. Il n'y avait donc pas moyen, si mon expérience venait à réussir, d'en attribuer le succès à l'imagination. — Un quart d'heure environ après mes dispositions prises, on se met à table, et pour éviter de rendre complexes les causes du résultat que je me promets, je m'efforce de ne point songer au magnétisme, d'oublier même mon expérience, et d'éloigner de mon esprit jusqu'à la pensée de Mlle Julie. Tout cela était beaucoup plus difficile qu'on ne s'imagine ; mais je me dis indisposé, pour mieux cacher mon jeu, et les mille lieux communs dont on m'accabla m'empêchèrent de penser à autre chose. Cependant ma situation s'embarrasse de plus en plus. Mon eau magnétisée circule à la ronde ; chacun en boit ; et comme personne n'en paraît rien éprouver, je commence à me trouver ridicule. Quelle niaiserie ! me dis-je ; avoir la prétention d'endormir les gens avec de l'eau sur laquelle j'ai passé deux ou trois fois la main ! Ça n'a pas le sens commun, et je ne voudrais pas pour un empire que l'on connût mon fait. Ces magnétiseurs sont absurdes, et ils finiront, si je n'y prends garde, par me rendre aussi fou qu'eux ; etc. etc... En un mot, j'en perdais l'appétit, et pourtant je dois l'avouer, malgré tout mon désappointement, quelque chose qui ressemblait à de l'espérance restait au fond de ma pensée. Enfin, je ne croyais plus à l'eau magnétisée, mais j'aurais donné vingt francs de bon cœur pour voir bailler Mlle Julie. Mais bah ! c'est comme un fait exprès, mon eau diminue sans qu'elle y touche.—Tout conspire donc contre moi ! Cette jeune fille va donc dîner sans boire ?

— Vous avez toujours le vin en horreur, mademoiselle Julie ?

— Plus que jamais, monsieur.

—Et l'eau ?

— Il faut bien boire quelque chose.

—C'est pourquoi vous ne buvez rien ? Prenez y garde, mademoiselle, votre gastrite...

—Oh ! ne m'en parlez pas, monsieur.

—Elle vous fait peur ?

— Elle me terrifie : le mal, le remède et les médecins.... tout cela me fait trembler.

— Alors buvez en mangeant, mademoiselle, ou sinon...

Mlle Julie vide enfin son verre, mais elle continue sur le même ton, et je suis désespéré.

La carafe est presque à sec ; à peine s'il y reste encore assez du soporifique liquide pour en couvrir le fond. N'importe, ceci est encore pour Mlle Julie? Déception ! Voilà son aïeule qui me tend son verre ! Ah ! mon Dieu ! mon Dieu ! Cette vieille femme a donc le feu dans le corps ! — C'est à sécher de dépit ; et de ma vie je ne magnétise une goutte d'eau. — Que vois-je !

— Vous soupirez, Mlle Julie?

— Vous êtes trop poli, monsieur, mais ce n'est pas ma faute...

— Comment ! vous...

— Oui.. Je ne sais ce que j'éprouve. Ah ! vous êtes le magnétisme en personne...

— En vérité !

— Je ne plaisante pas ; je ne sais pas si c'est une idée, mais j'ai envie de dormir... Oh ! mais... » En achevant ces mots, elle baille de nouveau, et sa paupière est bien évidemment appesantie. — (Je l'aurais volontiers embrassée.)

— Je vous en supplie, continue-t-elle, cessez donc de me magnétiser. » — Pour le coup je n'y tiens plus ; et d'un air triomphant, je mets tous nos convives dans la confidence de ce que j'ai fait. Mais que j'étais loin de prévoir les conséquences de cet indiscret aveu !

Monsieur et madame G., tout en s'émerveillant de mon récit, prirent la chose comme il convenait ; mais la grand'maman, qui, elle aussi, a bu de l'eau magnétisée ! ! De ma vie je n'ai vu scène plus amusante. L'Académie des sciences elle-même en eût ri ! La bonne douairière se croit infailliblement *possédée*, et recommande son âme à tous les saints. Jugez donc ! le diable a trempé sa patte dans ce qu'elle a bu, et justement elle a oublié de dire son *benedicite* ! Mon eau lui brûle l'estomac comme de l'huile bouillante, et lui donne des régurgitations sulfureuses. Enfin, après s'être assurée que mes pieds ne sont pas fourchus, et qu'il n'y a pas de cornes sous mes cheveux, elle finit par se calmer un peu ; mais je suis bien persuadé d'un fait, c'est que sans ce grotesque épisode, Mlle Julie n'eût pas été loin de s'endormir.

2e *Expérience*. — Trois jours après ce cabalistique festin, étant allé faire une nouvelle visite à la famille G., je demandai à Mlle Julie si elle voulait goûter de rechef à l'eau magnétisée; elle y consentit, et l'expérience eut lieu en présence de ses parents ? — Je magnétise donc mon verre d'eau, mais cette fois avec une confiance que rien ne serait capable d'ébranler.

— Vous n'avez pas peur du diable, Mlle Julie ?

— Vous savez bien que non, monsieur.

— Eh bien, alors buvez.

— Boire sans soif!...

— ... Et faire l'amour en tout temps, mademoiselle, vous vous rappelez que suivant Antonio, il n'y a que ça qui distingue l'homme des autres animaux. Quelle saveur ça a-t-il?

— La saveur de l'eau.

— Mais encore...?

— De l'eau de la Seine; c'est à s'y tromper. — On me regarde, et l'on rit.

— Vous n'éprouvez rien?

— Non.

— Comment! vous ne sentez pas...?

— Je sens que j'ai l'estomac distendu par un grand verre d'eau, mais voilà tout.

— Attendons.

On attend en effet, et Mlle Julie poursuit ses plaisanteries. Mais nous ne tardons pas à changer de rôle, car trois minutes ne se sont pas écoulées qu'elle me dit :

— C'est surprenant! je n'ai plus envie de rire.

— Pourquoi?

— Parce que j'ai envie de bailler.

— Ne vous gênez pas, mademoiselle; mais vous convenez donc que pour n'avoir pas de saveur, mon eau n'en a pas moins de vertu?

— Ah! c'est étonnant! » — En disant ces mots,

elle se lève avec vivacité, fait deux ou trois fois le tour de la chambre, puis vient se rejeter sur son siége en s'écriant : — J'aurais beau faire, je ne parviendrais pas à m'empêcher de dormir.

En effet, une demi-minute après, Mlle Julie me dit, en *plein somnambulisme* :

— Je vous en supplie, monsieur, magnétisez-moi un peu sur la tête et sur les membres, car je suis agitée.

— D'où vient votre agitation ?

— De ce que j'ai dormi malgré moi !

3ᵉ *Expérience*. — Il n'y a aucun doute que si la première expérience eût complétement réussi, elle aurait été infiniment plus concluante que la dernière qui précède, car l'imagination dans celle-ci pouvait avoir eu sa part ; mais en voici une où l'imagination ne fut pour rien, et qui décida sans retour de mon jugement sur la magnétisation des corps inanimés, ou si l'on veut, sur la transmission de l'action magnétique au moyen des substances inertes.

Le 15 mai, M. et Mme G. se rendirent chez moi, accompagnés de Mlle leur fille. Après quelques instants d'une conversation générale qui porta principalement sur le magnétisme et les événements de notre dernière entrevue, l'idée me vint d'essayer si une chaise magnétisée sur laquelle s'assiérait Mlle Julie, serait capable de l'endormir. Ayant donc trouvé un prétexte pour m'absenter un instant, j'allai magnétiser un fauteuil dans la pièce voisine où je ne tardai pas à faire entrer la famille G. Je suis certain de m'y être pris de manière à ne permettre aucun soupçon sur la nature de l'intention que j'avais. Mlle Julie, assise entre sa mère et moi, s'occupe à feuilleter un album que je mets entre ses mains; mais elle ne va pas jusqu'au troisième dessin avant de s'endormir. — Je suis donc désormais fixé sur ce point, et cette troisième expérience est la dernière que je fis et que je ferai probablement jamais par simple curiosité. Le magnétisme ne comporte point d'applications frivoles et surtout inutiles. Au surplus, il n'est pas de magnétiseur qui, relativement aux diverses questions que nous venons d'examiner, ne soit parvenu aux mêmes résultats que moi. Ainsi, nous lisons dans Deleuze (1): «Le magnétiseur peut communiquer son fluide à plusieurs objets, et ces objets deviennent ou les conducteurs de son action, ou propres à la transmettre et à produire des effets magnétiques sur les personnes avec lesquelles il est en rapport. Il peut aussi, par le moyen de quelques-uns de ces auxiliaires, conduire à la fois et sans se fatiguer le traitement de plusieurs malades, lorsqu'ils ne sont pas somnambules.

«Ces auxiliaires sont: l'eau magnétisée, de la laine, du coton, des plaques de verre, etc., qu'on a magnétisés; des arbres magnétisés, des baquets ou ré-

(1) Instruction pratique.

servoirs magnétiques. . . . .
. . . .

« L'eau magnétisée est un des agents les plus puissants et les plus salutaires que l'on puisse employer. On en fait boire aux malades avec lesquels le rapport est établi, soit pendant les repas, soit dans l'intervalle des repas (1). Elle porte directement le fluide magnétique dans l'estomac, et de là dans tous les organes ; elle facilite les crises auxquelles la nature est disposée, et par cette raison, elle excite tantôt la transpiration, tantôt les évacuations, tantôt la circulation du sang ; elle fortifie l'estomac, elle apaise les douleurs, et souvent elle peut tenir lieu de plusieurs médicaments. »

Le médecin étranger dont la lettre à Deleuze sert pour ainsi dire de complément aux ouvrages de ce dernier, s'exprime en ces termes sur le même sujet (2) : « J'ai fait les expériences les plus variées et les plus décisives sur la puissance et le mode d'action de l'eau magnétisée. Elles m'ont conduit à constater deux points qui maintenant sont pour moi hors de doute. Le premier, c'est que les somnambules, et même plusieurs des personnes qui sont dans l'état magnétique, reconnaissent, par une impression dont nous

(1) L'eau magnétisée ne produit pas toujours le sommeil ; je l'ai souvent employée comme calmant, et, suivant Deleuze, elle peut avoir une foule d'autres usages.

(2) Pag. 28.

ne pouvons nous rendre compte parce que cette modification du goût sommeille en nous, si l'eau a été magnétisée, si elle l'a été par leur magnétiseur ou par un autre, si elle a été simplement touchée par quelqu'un après avoir été magnétisée, et qu'ils vomissent quelquefois jusqu'à la dernière goutte l'eau qui a été touchée par un étranger. J'ai vu une femme somnambule qui croyait avoir un squirrhe de l'estomac, et qui pendant deux mois et demi n'a pu supporter que de l'eau magnétisée par son médecin : si par mégarde on lui en donnait d'autre, elle la vomissait à l'instant. Le second résultat de mes observations, c'est que les somnambules très exaltés ont besoin d'une grande quantité d'eau magnétisée pour en boire et pour s'en humecter, et qu'ils assimilent cette eau d'une manière différente de celle qui a lieu pendant l'état de veille : c'est-à-dire que cette eau ne passe pas avec la promptitude ordinaire dans les organes de sécrétion, etc.

Nous lisons dans l'ouvrage de Georget (1): « Voulant m'assurer si les corps qui ont reçu l'influence magnétique acquièrent réellement de nouvelles propriétés sapides, je fis plusieurs fois goûter de l'eau dans différents verres dont l'un avait reçu cette influence ; le seul fait intéressant que j'aie recueilli est celui-ci : L'eau magnétisée fut reconnue pour avoir

(1) *Physiologie du système nerveux.* Paris, 1821, t. I, p. 279.

un goût ferrugineux, et distinguée d'autre eau contenue et successivement goûtée dans cinq verres. »

M. Foissac (1) croit pouvoir employer le même fait à prouver l'existence d'un *fluide magnétique*. « Voici, dit-il, une expérience qui peut servir à démontrer la réalité d'un fluide ou d'un agent magnétique. Je présentai à Paul (2) deux verres d'eau sur une assiette ; l'un d'eux était magnétisé ; il les goûta légèrement et reconnut sans hésitation celui qui était magnétisé. Il trouvait à cette eau un goût particulier, et dès qu'il en avait bu, il s'élevait, disait-il, de son estomac une chaleur semblable à celle qui sortait du bout de mes doigts. J'ai répété souvent cette expérience avec le même succès, en prenant toutes les précautions possibles, et en portant le nombre des verres jusqu'à huit. » Enfin, à ce passage est annexée une note importante, dans laquelle il est dit qu'une personne affectée de vomissements spasmodiques, fut, sous les yeux de M. le professeur Fouquier, guérie de cette affection par l'eau magnétisée que lui préparait M. Bertrand. Ces messieurs ayant voulu s'assurer si l'imagination de la malade n'était pas la cause des effets salutaires

---

(1) *Rapports et discussions de l'Académie royale de médecine sur le magnétisme animal*, pag. 409.

(2) Paul Villagrand, somnambule dont nous avons parlé.

qu'elle éprouvait, substituèrent, à son insu, de l'eau ordinaire à celle qui était magnétisée, et les vomissements reparurent aussitôt. Enfin ils lui firent prendre de l'eau qu'elle ne savait pas avoir été magnétisée, et les digestions se firent parfaitement (1).

Il nous serait facile de multiplier à l'infini le nombre de nos autorités; mais nous n'en sentons nullement le besoin, car le mérite et la réputation des hommes que nous citons, valent au moins la peine qu'on répète leurs expériences. Or, c'est là tout ce que nous pouvons demander à nos lecteurs. Ils ne nous croiraient pas assez bien, s'ils se contentaient

---

(1) Ces diverses considérations nous expliquent l'origine et la nature des *talismans*, des *amulettes*, des *philtres soporifiques*, etc., qui jouent un si grand rôle dans les légendes du moyen âge. — M. Mialle nous raconte (*Exposé par ordre alphabétique des cures opérées par le magnétisme animal*. 2 vol in-8°. Paris, 1826), qu'ayant dit à M. Puységur que son sommeil était agité et pénible, celui-ci lui donna un morceau de verre magnétisé, qu'il lui recommanda de mettre sur sa poitrine quand il voudrait dormir. M. Mialle avait de la peine à comprendre comment cela se pouvait faire; mais le soir même il vit qu'il ne fallait jamais se moquer de ce que l'on ne connaissait pas. « Dès que je fus couché, dit-il, je voulus essayer l'effet de mon verre. Je l'eus à peine posé sur ma poitrine, que j'éprouvai une chaleur semblable à celle que M. Puységur me communiquait; bientôt mes paupières s'appesantirent et je passai une nuit excellente (*Introduction*, pag. VIII.)

de nous croire sur parole. En matière de magnétisme, je le repète, il faut voir de ses yeux, entendre de ses oreilles et toucher de ses mains, car que signifient tous les témoignages lorsqu'il s'agit de faits que l'on suppose impossibles? Voici tout simplement ce qui arrive en pareil cas : Le nom du témoin, quelqu'illustre qu'il soit, ne donne point de crédit à la chose; mais c'est la chose au contraire qui discrédite le témoin. Passons donc de suite à quelques détails pratiques sur la magnétisation de l'eau, des arbres, etc.

a. Rien de plus simple au monde que de magnétiser un verre d'eau : vous prenez le verre dans l'une de vos mains, tandis que vous passez à plusieurs reprises votre autre main à la surface du liquide.

b. La magnétisation d'une bouteille d'eau n'est pas plus embarrassante. Deux ou trois minutes de passes dirigées dans le même sens, constituent toute l'opération. «Il est un procédé, dit Deleuze (1), que j'emploie de préférence pour magnétiser une carafe d'eau, lorsque j'ai la certitude qu'il n'est pas désagréable à la personne que je magnétise : il consiste à poser la bouteille sur mon genou, et à placer ma bouche sur l'ouverture. Je fais ainsi entrer mon haleine dans la bouteille, et en même temps je fais des passes avec mes deux mains sur toute la surface. Je

---

(1) *Instruct. prat.*, pag. 73.

crois que ce procédé charge fortement, mais il n'est pas nécessaire. Il suffit des mains pour magnétiser. » Le même auteur ajoute d'ailleurs que quelques procédés qu'on suive, ceux-ci seraient absolument inutiles s'ils n'étaient employés avec attention et avec une volonté déterminée. Cette réflexion, que nous croyons juste et que nous ne répéterons plus, nous paraît applicable à toute espèce d'opération magnétique.

c. « Pour magnétiser un arbre, on commence par l'embrasser pendant quelques minutes ; on s'éloigne ensuite, et l'on dirige le fluide vers le sommet et du sommet vers le tronc en suivant la direction des grosses branches. Quand on est arrivé à la réunion des branches, on descend jusqu'à la base du tronc, et l'on finit par magnétiser à l'entour, pour répandre le fluide sur les racines et pour le ramener de l'extrémité des racines jusqu'au pied de l'arbre. Quand on a fini d'un côté, on fait la même chose en se plaçant du côté opposé. Cette opération, qui est l'affaire d'une demi-heure, doit être répétée quatre ou cinq jours de suite. On attache à l'arbre des cordes pour servir de conducteurs. Les malades qui se rendent autour de l'arbre commencent par le toucher en s'appuyant sur le tronc. Ils s'asseyent ensuite à terre ou sur des siéges; ils prennent une des cordes suspendues aux branches et s'en entourent. La réunion des malades autour de l'arbre, entretient la circulation du fluide. Cependant il est à propos que le magnétiseur vienne de temps en temps renouveler et régulariser l'action. Il lui suffit pour cela de toucher l'arbre pendant quelques moments. Il donne aussi des soins particuliers à ceux qui en ont besoin ; et si parmi les malades il se trouve quelqu'un qui éprouve des crises, il l'éloigne de l'arbre pour le magnétiser à part (1). »

Le même auteur ajoute un peu plus loin que le choix des arbres n'est point indifférent ; qu'il faut exclure tous ceux dont le suc est caustique et vénéneux, tels que le figuier, le laurier-rose, le laurier-cerise, le sumac et même le noyer. Les arbres dont on a surtout fait usage jusqu'à présent sont l'orme, le chêne, le tilleul, le frêne et l'oranger ; celui-ci, lorsqu'il est en caisse, présente l'avantage de pouvoir être transporté dans les appartements.

d. Les baquets, auxquels on n'avait recours que pour les traitements nombreux, ne sont plus guère employés aujourd'hui ; nous allons pourtant donner la manière de les construire. Pour établir un réservoir magnétique, vous prenez une caisse de bois, haute de deux pieds à deux pieds et demi, et dont le rebord inférieur isole le fond en le séparant du sol de quelques pouces. La forme de cette caisse est indifférente, et ses dimensions sont relatives à l'u-

---

(1) Deleuze. *Ouv. cité* pag. 81.

sage qu'on en veut faire, c'est-à-dire au nombre des malades qu'on veut réunir à l'entour. Une tige de fer solidement fixée par sa base sur un pied de verre ou dans un bocal, descend jusqu'à deux pouces du fond, et s'élève verticalement jusqu'à deux ou trois pieds au-dessus du couvercle. Des bouteilles d'eau magnétisée et communiquant au moyen de fils de fer qui traversent le bouchon avec le conducteur principal sont couchées circulairement autour de la base de celui-ci. Ces bouteilles, si le baquet est grand, peuvent former plusieurs plans superposés. Du sable, de la limaille de fer, du verre pilé ou de l'eau, magnétisés avec soin remplissent les interstices. Le couvercle, que forment deux pièces de bois symétriques et réunies exactement par leurs bords, est percé d'un certain nombre de trous donnant passage à des tiges de fer coudés et mobiles qui servent aussi de conducteurs. Enfin, du sommet du conducteur central partent des cordes de fil ou de laine dont les malades pourront s'entourer pendant le traitement. Indépendamment des préparatifs généraux que nous venons de décrire, le réservoir doit encore être régulièrement magnétisé à l'instant où l'on en va faire usage. Cette opération sera même répétée plusieurs jours de suite en commençant, et le même magnétiseur devra toujours s'en acquitter. Une fois au reste que le réservoir aura été bien chargé, il suffira pour le charger de nouveau, que le magnétiseur tienne pendant quelques moments dans sa main le conducteur central.

e. Les bains se magnétisent au moyen de passes longitudinales pratiquées à la surface de l'eau et sur les parois de la baignoire. Les bains magnétisés offrent une ressource thérapeutique dont j'ai plusieurs fois tiré un parti avantageux. Les somnambules se les prescrivent assez souvent.

e. On magnétise également au moyen de passes, de frictions dirigées dans le même sens, des anneaux, des mouchoirs, d'autres objets de toilette, etc.; mais pour toutes substances métalliques, il est bon, suivant Deleuze, de ne les choisir que parmi les métaux inoxydables, tels que l'or et le platine, ou parmi les métaux dont les oxydes ne sont pas vénéneux. Le cuivre, l'antimoine, le zinc, etc., doivent donc être rejetés.

Beaucoup de sujets habitués de longue date au magnétisme s'endorment en se posant un anneau magnétisé sur le cœur; mais le sommeil en pareil cas est toujours pénible, circonstance qui tient sans doute à l'insuffisance du moyen. En effet, ainsi que nous avons eu déjà l'occasion d'en faire la remarque rien ne fatigue plus les somnambules qu'une magnétisation incomplète. La prolongation suffisante de cet état le fait même dégénérer souvent en spasmes et en convulsions, et voilà précisément l'origine des accidents nerveux que certains sujets éprouvaient au contact des baquets mesmériens. Ajoutons d'ailleurs que *l'intention* du magnétiseur imprime une modification profonde à l'influence qu'il exerce; ainsi, il calme par cela seul qu'il magnétise avec l'idée de calmer, de même qu'il pourrait produire de l'agitation, s'il se mêlait à son action un malveillant désir. Or, un mouchoir, une bague, etc., n'ont pas d'intention; il n'y a donc que les somnambules de profession qui, alors qu'ils sont privés de leur magnétiseur, aient le droit de recourir à ces agents intermédiaires, dans lesquels leur lucidité trouve souvent d'ailleurs, pour leur propre compte ou pour le compte des autres, de puissants auxiliaires thérapeutiques.

CHAPITRE X.

MAGNÉTISATION DES ANIMAUX.

Est-ce un pouvoir magnétique que les célèbres Martin, Van-Amburch, Carter, etc., exercent sur leurs lions et leurs tigres? Cela s'est dit dans le monde, mais cela n'est pas vrai, et je ne crois pas trop m'avancer en affirmant que le lion qui, il y a quelques mois a déchiré le mollet de Van-Amburch, n'était nullement somnambule. Les centres nerveux sont, il est vrai, proportionnellement plus développés chez l'homme que chez les animaux; mais ces derniers sont doués d'une puissance d'action vitale qui les soustrait à notre influence. Il est du reste infiniment probable que les animaux ne sont point complétement à l'abri des actions magnétiques que l'homme ou leurs semblables peuvent exercer sur eux; mais les résultats sont si vagues, si fugaces, si inappréciables, qu'il n'est pas possible d'en certifier l'existence.

Il m'est arrivé un jour de magnétiser un chat pendant une heure entière. J'en suais à grosses gouttes; mais enfin je croyais avoir réussi, lorsqu'un bruit de vaisselle dissipa subitement mon illusion en faisant fuir de dessus mes genoux la vilaine bête qui feignait d'y dormir.

Cependant une jeune personne répéta la même expérience devant moi sur un jeune chien, et je ne sais vraiment qu'en penser, car l'animal, au bout d'un quart d'heure de passes, haletait, se tenait mal sur ses jambes et véritablement paraissait endormi; mais était-ce le sommeil magnétique?....

CHAPITRE XI.

INFLUENCE DU MAGNÉTISME ANIMAL SUR L'ÉCONOMIE.

Voici une de ces questions qu'on ne pose pas pour soi-même, mais pour les autres; qu'on n'a pas la prétention de résoudre, mais qu'on espère voir un jour résolue par plus habile que soi. Cependant rassemblons nos données et réfléchissons :

Si l'on faisait contracter l'habitude du sommeil magnétique à un homme parfaitement bien portant (s'il en existe), ferait-on du mal à cet homme? Je n'ai pas de raison pour répondre oui, et je n'oserais pas répondre non. Ce serait oui, si le magnétisme a la propriété d'augmenter l'action, la force, la vie de certains systèmes, de certains principes, puisqu'alors l'équilibre constituant la santé parfaite serait rompu; mais ce serait non, si cette tonification spéciale exercée par magnétisme n'a lieu que sur les sujets qui en éprouvent le besoin. — Évoquons les faits? Mais il n'y a point de faits, car jamais individu parfaitement bien portant n'a contracté l'habitude du sommeil magnétique. Cependant il y a des somnambules qui jouissent réellement d'une santé plus que passable, et chez lesquels le magnétisme ne fut jamais, au moins en apparence, cause d'indisposition. Calliste entre autres, que M. Ricard magnétise depuis plusieurs années, est fort et bien musclé. Mais disons-le vite, la santé du somnambule dépend surtout de la méthode et des attentions du magnétiseur. — Si on parvient en effet à endormir et à éveiller son sujet sans lui causer le plus léger malaise, on conçoit aisément que le somnambulisme puisse devenir pour lui une sorte d'état normal incapable de porter le moindre préjudice à l'intégrité de ses fonctions organiques pendant la veille; à supposer toutefois encore que le somnambulisme lui-même ne soit point une source d'émotions pénibles (comme cela arrive chez les somnambules *médecins*) ou de fatigue des sens (comme chez les somnambules à expériences). Mais s'il n'est question ni d'expériences ni de consultations, à quoi bon magnétiser un homme bien portant? En définitive, voici le résumé de ma pensée sur ce point : *Il est inutile et il n'est peut-être pas sans danger de magnétiser fréquemment un individu en parfaite santé* (1).

(1) Je demandais il y a quelques jours au docteur Frappart ce qu'il pensait de l'influence du magnétisme sur un homme bien portant. — Vous m'embarrassez, me répondit-il. — Mais si vous faisiez un livre sur le magnétisme, qu'en diriez-vous ? — Rien.

CHAPITRE XII.

DU MAGNÉTISME CONSIDÉRÉ COMME AGENT THÉRAPEUTIQUE.

Si on demandait à un médecin raisonnable quelle est l'action thérapeutique du quinquina, il répondrait que le quinquina dans certaines circonstances, fortifie l'estomac, relève la circulation, ranime l'appétit, fait cesser les sueurs, tonifie en un mot, et guérit principalement les fièvres d'accès et les névralgies périodiques. Mais comment le quinquina guérit-il ces dernières affections? Est-ce en fortifiant les organes digestifs? Est-ce en rendant l'appétit? Est-ce en ranimant le système circulatoire? Allons donc, messieurs les médecins, dites que vous n'en savez rien si vous voulez qu'on vous croie. Comment le mercure guérit-il la syphilis? — Comment l'opium guérit-il le *delirium tremens?* — Comment les pilules de Méglin, le tic douloureux de la face? — Comment le sous-nitrate de bismuth les crampes d'estomac? — Comment le tartre stibié la pneumonie? — Comment le sel marin la phthisie? — Comment la saignée, une multitude de maladies fort différentes entre elles? — Comment...? Mais nous n'en finirions pas si nous cherchions à dessein les occasions de mettre en défaut la perspicacité médicale. La pénétration humaine a des bornes, et les conquêtes de l'empirisme sont les seuls progrès incontestables qu'ait faits la médecine depuis deux mille ans. Eh bien ! le magnétisme devrait-il être au moins, même par les médecins les plus médecins, mis au nombre de ces découvertes utiles qui élargissent leur domaine, puisque sans qu'il soit possible de dire pourquoi, le magnétisme, lui aussi, guérit intrinsèquement une foule de maladies. Comment se fait-il donc alors que messieurs nos confrères ne s'en servent pas plus que s'il n'existait pas? Ah ! c'est qu'il n'y a pas de milieu. S'ils s'en servaient une fois, leur raison les condamnerait à s'en servir toujours, et il leur en a tant coûté de labeur et d'argent pour apprendre ce qu'ils appellent leur science ! Et puis, il y a soixante ans que la Faculté de Paris a levé ses boucliers contre nous. Il y a soixante ans qu'elle a crié *harro!* sur les magnétiseurs ! Le mot d'ordre est donné ; on se le passe de bouche en bouche ; on se le rappelle mutuellement ; on se le transmet de père en fils ; il est buriné sur les tables de la loi et sculpté en relief sur le fronton du temple ; il subsistera donc jusqu'à ce que le temple lui-même s'écroule. Eh bien ! soit : nous attendrons, car elle touche à sa fin, cette grande lutte dont l'issue ne saurait être douteuse, puisque nous avons pour devise la vérité et l'univers pour juge.

Le magnétisme suffit-il seul à la guérison de toutes les maladies? non; et la meilleure preuve qu'on en puisse donner, c'est que les somnambules se prescrivent toujours quelque chose en plus du magnétisme. Il est donc hors de doute que Mesmer et Deslon se trompaient ou en imposaient, lorsque de leur verge magnétique ils effaçaient le mot incurable de la liste de nos infirmités. J'aime à croire qu'un naturel enthousiasme abusait ces deux hommes; mais qu'eussent-ils donc fait si, mieux servis du hasard, ils eussent découvert le secret de nos traitements magnétiques actuels, si en un mot ils eussent trouvé pour guide auprès de chacun de leurs malades l'infaillible instinct et la sublime raison d'un somnambule. Nous verrons au chapitre suivant ce que c'est que cette nouvelle médecine dont nous nous faisons l'apôtre; mais remplissons d'abord nos premières intentions en déduisant simplement de l'analyse des faits l'influence intrinsèque du magnétisme sur l'économie souffrante.

Ils sont aussi nombreux qu'authentiques, ces faits que les disciples d'Esculape n'ont jamais voulu ni compter ni étudier; on en a rempli des volumes et on en comblerait des bibliothèques qu'un nouvel Omar brûlerait en vain, puisqu'ils se reproduiraient ncontinent. Que ferait à la vision l'anéantissement de tous les traités d'optique? Un seul homme en deviendrait-il borgne ou aveugle? Non pas, s'il vous plaît; l'intégrité de mes yeux n'est point subordonnée à vos théories, messieurs les idéologues. Eh bien! les vérités magnétiques sont aussi inaltérables, aussi immuables, aussi inaccessibles à vos systèmes, aussi essentielles enfin que nos facultés de voir, de sentir et d'entendre. Le magnétisme n'est donc point une science dont la valeur et l'utilité peuvent dépendre du degré d'intelligence de ceux qui la pratiquent; c'est une ressource que le ciel dans sa bienveillance a dispensée indistinctement à tous les êtres humains. — Mais nous oublions qu'il s'agit ici d'un simple chapitre de *matière médicale*.

L'influence du magnétisme s'exerce principalement sur les systèmes nerveux et circulatoire; mais comme l'état fonctionnel de ces deux systèmes est presque constamment altéré dans toutes les maladies, il s'ensuit que dans tous les cas possibles le magnétisme doit imprimer à l'économie une modification quelconque. Cependant c'est surtout dans les affections que caractérisent des phénomènes anormaux d'innervation, ou certains vices dans la circulation du sang et de la lymphe que cette modification devient promptement appréciable. Ainsi, d'un côté, l'épilepsie, la chorée, les spasmes, les convulsions primitives et les différentes formes d'hystérie; d'un autre côté, les engorgements sanguins ou ganglionnaires, la scrophule avec toutes ses nuances, telles que la phthisie, le carreau, etc., la chlorose, les aménorrhées et même les dégénérescences cancéreuses ou mélaniques; telles sont les maladies que guérirent à l'envi les premiers magnétiseurs, dont les succès eurent un tel retentissement, que leurs élèves rejetèrent avec dédain toute espèce de division et de classification nosologiques, persuadés que, nonobstant la nature du mal, il n'y avait qu'à magnétiser pour le faire disparaître. C'était de l'enthousiasme, et partant de l'exagération; mais quelle innovation se fit jamais sans entraîner d'abus?

Les maladies consistant en un manque d'innervation (1), en un mot les diverses paralysies, telles que l'amaurose, la colique de plomb, etc., etc., furent aussi de celles qu'on traita avec le plus de succès.

Les observations de toutes espèces abondent dans les livres des magnétiseurs; mais en général, elles s'y trouvent si incomplètement et si bizarrement rapportées, qu'il n'est guère possible d'en tirer aucune déduction précise. Nous allons pourtant en emprunter quelques-unes aux magnétiseurs les plus connus à l'appui des principes que nous venons d'établir.

(1) *Anervées* de M. le professeur Piorry.

PREMIÈRE OBSERVATION.

Asphyxie sur un enfant naissant, à Épinal, 1818, par M. Thiriat, médecin et inspecteur des eaux de Plombières (1).

« L'asphyxie des nouveau-nés est souvent suivie de la mort réelle, malgré l'emploi de tous les moyens indiqués par les bons docteurs et continués avec une assiduité soutenue. L'insufflation dans la poitrine occupe le premier rang parmi ces moyens, et j'en ai souvent retiré de grands avantages. Je l'ai fait d'une manière empirique, sans m'expliquer autrement sa manière d'agir.

En réfléchissant davantage sur le phénomène de la respiration, je suis très porté à croire que l'air intérieur n'est point la cause de la première inspiration, par conséquent de la contraction du diaphragme, puisque cette contraction a lieu avant qu'il y ait une parcelle d'air dans la poitrine; que, bien plus, cette contraction cesse dès l'instant que l'air est introduit, d'où résulte l'expiration. Ainsi, ce mouvement automatique qui commence chez l'enfant dès qu'il voit la lumière, et qui ne finit qu'avec la vie, n'est point dû au sentiment de l'air; ainsi l'insufflation est non-seulement inutile, mais est nui-

---

(1) Extrait d'une lettre de M. Thiriat à M. le comte d'Aunay. — *Bibliothèque du magnétisme*, n° II, pag. 149.

sible, puisque l'air vicié qu'elle introduit dans le poumon de l'enfant est plus propre à augmenter l'asphyxie qu'à la détruire. Cependant l'expérience des accoucheurs les plus distingués a prouvé l'utilité de l'insufflation; son application méthodique accélère les mouvements du cœur; les voies intérieures de la poitrine s'agitent peu à peu, la respiration s'établit, la peau se colore, l'enfant s'agite et crie. Vingt fois j'ai rappelé à la vie, par ce moyen, des enfants asphyxiés. Quel est donc, dans cette opération, le stimulant qui rétablit la vie dans l'organisme?... Le fluide magnétique.

La mère de l'enfant sur lequel j'ai agi d'après ces données, était petite; son bassin étroit sans être difforme; l'accouchement fut long, la tête s'allongea beaucoup, et je terminai avec le forceps.

L'enfant était asphyxié, le cœur battait faiblement et lentement; j'employai d'abord les frictions, l'immersion dans l'eau tiède; je débarrassai l'arrière-bouche, j'irritai fortement ces parties, je soufflai méthodiquement dans la poitrine : cette dernière manœuvre augmenta les mouvements du cœur. J'opérais depuis une heure; l'espoir de réussir devenait de plus en plus incertain. Alors seulement, je me déterminai à agir plus particulièrement sur le cœur et le diaphragme. J'appliquai sur la région de ces deux organes un linge sec et propre, et je commençai à souffler chaud sur le premier; quelques minutes suffirent pour porter les battements à un degré de vivacité qui me ravit. Une action plus prolongée devenait inutile, dangereuse même, en produisant une irritation trop forte. Je commençai à souffler chaud sur les parties antérieures et inférieures du thorax; bientôt elle s'agita, d'abord lentement, peu à peu avec plus de force; il survint quelques inspirations éloignées, et qui se rapprochèrent de plus en plus; enfin la respiration s'établit parfaitement. Pour ranimer complétement cet enfant, petit et faible, et qui faisait peu de mouvements des extrémités, je commençai à magnétiser à grands courants et à peu de distance. Il était sur mes genoux, couché sur des linges chauds, découvert et la face en haut. Bientôt toute la surface du corps se colore plus vivement, les extrémités se mouvant à chaque passage de ma main sur la partie inférieure de la poitrine; l'inspiration était plus vive et plus profonde. Après l'avoir ainsi magnétisé l'espace d'un quart-d'heure, je pus livrer l'enfant à la sage-femme pour le nettoyer, le laver et le mettre dans ses langes.

Cette espèce de résurrection, que je désespérais d'opérer par les moyens ordinaires, fut assurée après une heure environ d'influx magnétique. Cette observation explique complétement la manière d'agir de l'insufflation. Elle introduit dans les poumons l'air décomposé, par conséquent nuisible à la respiration; mais elle y introduit en même temps le fluide vivifiant qui porte la vie au cœur et au diaphragme, et alors elle est utile, etc. »

Réflexions. — Quel est, dans l'observation qu'on vient de lire, l'action thérapeutique du magnétisme? Est-ce simplement de l'excitation? A mon avis c'est beaucoup plus que cela : J'y vois une véritable *vivification*; j'y vois en un mot un agent inconnu, qui ranime je ne sais comment un petit être mourant. La manière d'agir du magnétisme dans les observations suivantes est tout aussi inqualifiable.

DEUXIÈME OBSERVATION.

Paralysie et atrophie des deux avant-bras, obstruction considérable au foie, sur le sieur Thomas Tabary, à Nantes, 1784, par M. de Boissière (1).

« Thomas Tabary, cordonnier des environs du Mans, était depuis deux ans paralysé des deux avant-bras. Les parties paralysées étaient sans mouvement et sans chaleur, il y avait peu de sentiment : elles étaient dans un état de desséchement qui constitue une atrophie parfaite. Cette maladie était la suite des coliques violentes que Tabary avait éprouvées; il avait une obstruction considérable au foie, et un

(1) Précis des cures de Nantes, pag. 194. — In-8°, Paris, 1785.

commencement d'ictère accompagné de fièvre lente. Ce malade fut soumis au traitement magnétique, le 28 juillet 1784. Le 3 août, il commença à ressentir de la chaleur dans toute l'étendue des parties paralysées : cette chaleur augmenta par degré, et est enfin parvenue à l'état naturel. Le 15 il éprouva une diarrhée bilieuse abondante, qui a duré jusqu'au 25. La diarrhée cessant, il s'est établi une sueur si abondante, que quelquefois les doigts en coulaient à gouttes. Cette sueur était locale et ne s'étendait pas au-delà des parties paralysées, c'est-à-dire au-delà de l'articulation de l'avant-bras : elle a duré jusqu'au 3 septembre. A cette époque, les parties avaient pris considérablement d'embonpoint, de forces et de mouvement ; le sentiment était entièrement rétabli. Le malade a été en état de travailler, même de tailler un talon de bois : il a été toujours de mieux en mieux, et a continué de travailler un peu chaque jour.

Le 20 septembre, le bras et la main gauche étaient dans l'état naturel, ainsi que le bras droit, dont la main avait encore besoin de quelques jours de traitement pour reprendre sa première consistance et toute sa force ; l'obstruction était considérablement diminuée ; la couleur était bonne, la fièvre avait disparu.

Le 23, le malade m'a demandé un certificat qu'il m'avait remis, constatant son état, signé par M. Loiseau, maître en chirurgie, qui l'avait soigné dans sa maladie, et avait été témoin, ainsi qu'il avait l'honnêteté de l'exposer, du peu de succès des remèdes de divers genres employés pour combattre cette opiniâtre maladie. Ce certificat était encore signé de M. le Recteur et légalisé par M. le Juge. Je le lui remis sur l'exposé qu'il me fit qu'un monsieur de la ville, qu'aucun intérêt dans ce moment ne me faisait désirer de connaître, voulait le voir, le comparer avec son état actuel, et lui avait promis de l'argent pour lui aider à vivre.

Je n'ai plus vu cet homme; il n'a plus reparu : cette manière de s'évader a quelque chose de singulier et de mystérieux sur lequel je m'interdis toute réflexion. »

TROISIÈME OBSERVATION.

Paralysie, sur le père Borrit, augustin, âgé de 75 ans, à Bayonne, 1784, par le comte de Puységur.

« Le père Borrit, religieux augustin, fut attaqué d'une paralysie de tout le côté droit, au mois de juin 1783. Le mois d'août suivant, il eut la goutte au genou et à la jambe. Ces douleurs lui donnèrent un peu de mouvement. Il put marcher en se traî-

(1) Rapport des cures opérées à Bayonne par le magnétisme animal, pag. 62.

nant, et à l'aide d'un bâton ; mais il ne pouvait remuer le bras droit ; depuis le mois de mai 1784, il pouvait porter la main jusqu'à sa poitrine. Il n'entendait presque plus de l'oreille droite, ne voyait pas de l'œil droit, parlait fort difficilement ; sa bouche était de travers. Depuis son attaque, il ne dormait pas une heure par nuit, et de temps en temps il éprouvait des douleurs très vives à l'épaule et au bras droit. C'est dans cet état qu'il fut présenté au traitement magnétique, le 28 août ; après la première séance, le père Borrit put porter sa main droite sur sa tête, derrière les reins, et s'en servit pour manger ; il dormit toute la nuit. Le lendemain la bouche se redressa ; le troisième jour il fit la chaîne avec les autres malades, et en peu de jours il fut en état de marcher aisément sans bâton, et sans traîner le pied. Depuis lors il recouvra entièrement l'usage de tous ses membres et de toutes ses facultés, mangeant de bon appétit, dormant fort bien, et ne souffrant plus, quelque temps qu'il fît.

Au certificat du père Borrit sont joints ceux du père Marsalens, prieur, du père Larrieu, provincial des Grands-Augustins.

Nous devons ajouter ici que, par reconnaissance pour la guérison du père Borrit, les RR. PP. Augustins offrirent à M. le comte de Puységur une des salles de leur couvent pour continuer son traitement magnétique pendant l'hiver. »

QUATRIÈME OBSERVATION.

Paralysie des cuisses et des jambes, et atrophie des jambes, vomissements, affection nerveuse, etc., sur madame de la Malmaison, âgée de 38 ans, à Créteil, près Paris, 1778, par Mesmer (1).

« Mme de La Malmaison, âgée de 38 ans, quoique d'une constitution forte en apparence, avait toujours eu une disposition vaporeuse, dont les accès lui avaient occasionné plusieurs fausses couches. Ces accidents ont été précédés et suivis de vomissements, dégoûts absolus, douleurs de tête, toux, convulsion et crachement de sang ; ses jambes enfin lui refusèrent totalement le service et la déterminèrent à se rendre aux eaux de Plombières, trois années consécutives. Elle en éprouvait de bons effets jusqu'à l'arrivée de l'hiver, qui la remettait à peu près dans le même état où elle était auparavant. Ces variations ont eu lieu jusqu'au mois de juin 1777, qu'une chute de voiture déchira ses jambes au point de découvrir les tendons. Ce cruel accident renouvela et augmenta toutes les affections qui l'avaient précédé. Le vomissement surtout devint si violent, que la malade ne pouvait retenir aucun aliment. Ses

(1) Précis historique des faits relatifs au magnétisme animal, Paris, 1781, pag. 221.

jambes, précédemment affaiblies, devinrent froides. Il était sensible qu'elles ne prenaient plus de nourriture. Elle se desséchèrent. Les doigts des pieds se recourbèrent. Les cuisses aussi étaient sans mouvement. En un mot la paralysie s'élevait jusqu'à la hanche. Le médecin qu'elle avait sur les lieux parvint à calmer le vomissement, et à la mettre en état de se rendre à Paris, au mois de février 1778.

M. Leroi, qu'elle a consulté, et dont elle a suivi les conseils, a achevé le rétablissement de son estomac et a calmé ses autres accidents; mais la paralysie était la même, et elle était très incommodée d'un *asthme vaporeux*. La malade était au moment de partir pour les eaux de Balaruc, lorsqu'ayant appris que M. Mesmer traitait des maladies aussi graves que la sienne, au village de Créteil, elle a préféré, après l'avoir consulté et en avoir reçu des espérances, suivre son traitement.»

A cette relation Mme de La Malmaison ajoute le certificat suivant :

« D'après l'exposé ci-dessus, que je certifie véritable, je déclare qu'ayant éprouvé le traitement de M. Mesmer, et sa nouvelle méthode, depuis le mois de mai dernier jusqu'à ce jour, j'ai recouvré la faculté de marcher librement et sans appui, de manière à pouvoir monter et descendre sans difficulté; que mes jambes ont repris leur nourriture et chaleur; qu'elles sont, ainsi que les doigts des pieds, dans un état naturel ; et qu'enfin, je suis parfaitement guérie de la paralysie, ainsi que des autres incommodités dont j'étais affligée. »

Signé, Douet de Vichy de La Malmaison.

A Créteil, ce 30 août 1778.

Réflexions. — Nous avons pris au hasard ces trois observations parmi plusieurs milliers d'autres semblables que renferment les ouvrages de Mesmer, de D'Elon, de Puységur, de Boissière, etc. Jusqu'à la découverte du somnambulisme artificiel, qui fut la véritable origine de la médecine que nous prétendons propager, le traitement des diverses paralysies était un des plus beaux triomphes du magnétisme. La cure d'une amaurose (paralysie du nerf optique) fut le premier succès de Mesmer ; et, depuis ce remarquable événement, qui excita l'envie des uns et l'incrédulité des autres, le magnétisme dut peut-être la défaveur où il tomba, au merveilleux des guérisons opérées par ses adeptes. Mais comment le magnétisme agit-il dans la paralysie? Est-ce à la manière des toniques? des excitants? des eaux sulfureuses? de la strychnine? de l'électricité?... Est-ce sur les masses musculaires, ou bien sur les nerfs seulement qu'il exerce son action? Comment agit-il enfin?.. — Il guérit la paralysie; voilà tout ce que j'en sais; mais étudions-le maintenant comme modificateur de la circulation et des fonctions qui s'y rattachent.

CINQUIÈME OBSERVATION.

Dans le courant d'avril 1840, je fus consulté par une jeune femme de chambre nommée Joséphine Dulau, demeurant à Paris rue de Lille n° *, qui, après avoir inutilement subi plusieurs traitements, vint à moi en désespoir de cause, pour que le magnétisme, me dit-elle, *la tuât ou la guérît*.

Josephine est âgée de 25 ans et demi. Elle est de taille moyenne; sa figure est agréable nonobstant une très grande pâleur; elle se dit d'une extrême faiblesse, mais elle n'est pas dépourvue d'embonpoint, et son extérieur est loin de révéler ces profondes altérations organiques qui motivent son désespoir. Habitant Paris depuis 18 mois seulement, elle n'a quitté que depuis cette époque le petit village de la Dordogne où elle est née de parents robustes. Avant la maladie dont elle se plaint actuellement, elle s'était toujours assez bien portée et était d'un caractère très gai. Maintenant, elle est triste, morose, taciturne; elle s'irrite d'un rien, pleure de tout, s'effraie de l'avenir, et vingt fois par jour se souhaite la mort, qu'elle redoute plus que personne au monde.

Symptomatologie. — Bouche sèche, aride, fade et

quelquefois amère. — Langue à peu près naturelle, sauf un léger enduit jaunâtre qui en recouvre la base. — Haleine à saveur piquante d'acide carbonique ; aussi la salive rougit-elle instantanément le papier bleu de tournesol.

Il y a de la soif et peu d'appétit. Cependant les digestions ne s'opèrent pas précisément mal ; mais il y a une sensibilité vive à l'épigastre.—Léger météorisme du ventre.—Coliques fréquentes, donnant lieu le plus souvent à des défécations demi-liquides. — Le pouls est petit, fréquent (96 pulsations par minute); par instant il est presque impossible de le percevoir, et d'autres fois il ne se traduit que par un petit trémoussement confus et sans rhythme. Les bruits du cœur sont normaux, mais d'une faiblesse extrême. Cet organe est fréquemment agité de palpitations violentes et douloureuses qui semblent remonter jusqu'aux vaisseaux du col (sans bruit de diable), et forcent la malade à suspendre sa marche et quelquefois même à se mettre au lit. — La respiration est un peu fréquente, mais pourtant naturelle. La percussion de la poitrine produit un son normal dans toute l'étendue des deux poumons; enfin, l'auscultation ne décèle rien d'inquiétant, ce qui n'empêche pas qu'une toux sèche et très pénible accompagne chaque accès de palpitations. — Pas de sueurs. — La menstruation est complétement suspendue depuis plus de six mois.

L'hypogastre n'est pas douloureux ; mais un écoulement blanc, continuel, et d'une extrême abondance confirme, relativement à l'existence d'une affection chlorotique bien caractérisée, le diagnostic que j'avais déjà déduit de la couleur terreuse de la peau, de l'état du cœur et des troubles de l'innervation.

Les médecins consultés avant moi par Joséphine avaient partagé cette manière de voir sur son compte. Leurs prescriptions, qu'elle me montra, ne me laissèrent à ce sujet aucun doute. On avait successivement épuisé toute la kyrielle des toniques ferrugineux, depuis le vieux sous-carbonate au moderne lactate, depuis l'eau rouillée au chocolat ferré. Rien n'avait réussi. Ni le fer ni la digitale employée après coup n'avaient amélioré son état, et j'avoue pour mon compte que si je n'eusse été que médecin, j'aurais éprouvé plus que de l'embarras, mais une sorte de remords de conscience à écrire une nouvelle ordonnance pour cette pauvre fille. Mais rien n'embarrasse un magnétiseur. Asseyez-vous là, lui dis-je, et nous saurons bientôt ce que dame nature veut qu'on fasse pour vous. — Joséphine en avait pris d'avance son parti ; elle ne me fit donc point résistance, et tout alla pour le mieux.

1re *Séance*. — (16 avril). Il est deux heures et demie lorsque je commence à magnétiser Joséphine. Le sérieux glacial et l'air moitié piteux, moitié résigné avec lequel elle se prête à mes intentions me donnent presque envie de rire. On dirait qu'elle signe un pacte avec le démon. Cependant, au bout de huit ou dix minutes de passes, sa figure se déride et un sourire se dessine sur ses lèvres.

— Pourquoi riez-vous, lui dis-je?
— Je n'en sais rien, me répond-elle, mais je meurs d'envie de rire.
— A votre aise, ma pauvre enfant; ne vous retenez pas, mais laissez-moi continuer.

Je continue en effet; et Joséphine use largement de la permission; car elle rit aux éclats tout en poussant de loin en loin de profonds soupirs.

Au bout de vingt minutes, elle est plus calme. Sa paupière est appesantie, des gouttes de sueur tombent de son front et elle éprouve des envies de vomir. Il est certain que si j'insistais, le sommeil ne tarderait pas à se manifester; mais je suis moi-même fatigué; c'est pourquoi, après quelques passes transversales qui remettent la malade dans son état naturel, nous convenons de reprendre l'expérience le lendemain à la même heure.

2e *Séance*. — Joséphine arrive à deux heures et quart, comme elle me l'a promis la veille. Je recommence à la magnétiser à deux heures et demie précises. Rien de particulier ne lui est au reste survenu depuis notre entrevue, sauf qu'il lui semble avoir ressenti un peu d'agitation pendant la nuit; mais comme cette circonstance lui est très familière, elle est assez juste pour ne point l'attribuer au magnétisme, et les réflexions qu'elle a faites sur les chances de guérison que je lui ai laissé apercevoir, ont au contraire augmenté sa confiance. D'ailleurs, quels soulagements lui a procurés la médecine? Aucun; elle en est sûre. Lui a-t-elle fait du mal? C'est ce qu'elle ignore, et moi aussi. Voyons donc si nous serons plus heureux.

Les choses se passent absolument comme la veille. Mêmes soupirs, même hilarité, même envie de vomir. Seulement tout cela met moins de temps à se manifester. Enfin, au bout d'environ vingt minutes Joséphine me répète à plusieurs reprises qu'elle va dormir, et vingt-cinq minutes ne se sont pas écoulées qu'elle dort en effet. Je continue néanmoins à la magnétiser pendant cinq minutes encore, après quoi je lui adresse la parole:

— Dormez-vous, Joséphine? — Elle ne répond pas. Je réitère ma question; mais ce n'est qu'à la troisième fois qu'elle répond:

— Oui, monsieur.

— Comment vous trouvez-vous?

— Je me trouve bien.

— Craignez-vous encore que le magnétisme vous fasse mourir?

— Oh! non.

— Vous guérira-t-il?

Pas de réponse.

— Voyons, Joséphine, réfléchissez; pensez-vous que le magnétisme puisse vous guérir?

— Oui, monsieur.

— Faudra-t-il longtemps?

— Je n'en sais rien.

— Combien de temps voulez-vous dormir?

— Une demi-heure.

Je suivis à la lettre l'indication, et je l'éveillai une demi-heure après l'avoir endormie. Son réveil fut excessivement calme. « Il me semble que je sors d'un bain, » me dit-elle.

3e *Séance* (17 avril). — Joséphine se trouve un peu en retard; car elle n'entre chez moi qu'à trois heures moins dix minutes. Je lui en fais des reproches, et elle me promet plus d'exactitude pour le lendemain. Je lui demande comment elle se trouve de nos deux premières séances.

— Oh! très bien, me répond-elle; j'ai dîné hier de bien meilleur appétit que de coutume; je n'ai pas pleuré du tout, et j'ai passé une nuit excellente.

— Et les palpitations?

— J'en ai eu un peu en montant l'escalier pour me coucher. Mais ça n'a rien été en comparaison de celles que j'éprouvais ces jours passés. Pour gagner seulement l'entresol, je n'en pouvais plus, et j'ai cru que je mourrais à votre porte la première fois que je suis venu vous voir.

— La marche vous avait oppressée ?

— Oui, d'abord, mais avec cela...

— Quoi donc encore ?

— Dam ! la peur : il me semblait que je venais chez un *loup garou*.

— Eh bien, je suis satisfait de vous voir un peu plus rassurée ; mais ne perdons pas de temps ; car l'heure passe, et nous pourrions nous en trouver mal.

Il est trois heures précises. Joséphine s'abandonne avec confiance, et dort à trois heures dix minutes. Un imperceptible sourire a remplacé cette fois l'expansive hilarité des jours précédents. Ce n'est nullement l'expression d'une pensée plaisante ; c'est un symptôme dépendant d'une cause physiologique inappréciable pour la malade comme pour moi ; mais je remarque qu'il a lieu surtout lors du passage de mes mains sur les régions latérales du thorax et les hypocondres. On doit se rappeler au reste qu'à notre quatrième chapitre, nous avons mentionné cette sorte d'hilarité toute physique, comme étant un des prodromes assez fréquents du sommeil magnétique. Est-ce une simple expression automatique ou un phénomène cérébral ? C'est ce que personne peut-être ne saurait dire. Il y a en effet des maladies qui égaient et font rire, comme il en est d'autres qui attristent et font pleurer. Bon nombre de névroses donnent lieu tour à tour à ces deux effets contraires; il ne faudrait donc pas trop s'étonner que les influences magnétiques eussent le même résultat; mais revenons à notre chlorotique.

— Dormez-vous, Joséphine?
— Oui, Monsieur.
— Êtes-vous assez magnétisée?
— Oui, Monsieur; mais lorsque vous passez vos mains sur ma poitrine, vous me faites le plus grand bien.

Je la magnétise pendant quelques minutes sur la région du cœur, et elle dit en éprouver du calme et une sensation agréable.

— Croyez-vous maintenant que le magnétisme vous guérira?
— Oui, j'en suis certaine, et il ne faudra même pas fort longtemps.
— Combien de temps faudra-t-il?
— Je n'en sais rien encore; je pourrai vous le dire dans quelques jours.
— Vous ne voyez pas clair?
— Non, mais ça ne tardera pas... Attendez... Je verrai clair demain.
— A quelle heure?
— A trois heures... Non... A trois heures et quart.

—Vous pourrez alors nous dire ce qu'il conviendra de vous faire pour vous guérir?

Oh! oui, je vous le dirai?

—Combien de temps faut-il vous laisser dormir?

—Jusqu'à quatre heures moins un quart.

—Quelle heure est-il actuellement?

—Trois heures vingt-cinq minutes.

Je regarde la pendule à laquelle Joséphine tourne le dos; il est exactement l'heure qu'elle vient d'indiquer.

—Comment vous trouverez-vous ce soir?

—Je serai très bien.

—Et la nuit?

—Très bien encore.

—Aurez-vous appétit pour dîner?

—Pas beaucoup; mais il faudra malgré cela que je mange.

—Quoi?

—Du potage et du bœuf.

—Vous m'avez dit que vous digériez assez difficilement le potage, et que la viande vous faisait toujours mal.

—C'est vrai; mais ce soir elle ne me fera pas mal.

—Il faudra donc vous rappeler cela quand vous serez éveillée?

—Oui, monsieur. Oh! je vous en prie, ajoute-telle, magnétisez-moi donc encore un peu sur le cœur; cela me fait un bien!...

Je me rends au désir de Joséphine, qui m'en remercie plusieurs fois avec une vive expression de reconnaissance. Quelques instants après, je l'éveille à l'heure juste qu'elle a indiquée. Elle sourit pour s'éveiller comme pour s'endormir. Ses regards expriment d'abord l'hébétude, puis l'étonnement, puis le bien-être et la reconnaissance. Elle se lève avec vivacité et s'écrie avec un enthousiasme plein de candeur:

— C'est étonnant comme je me sens mieux que ces jours passés. Il me semble que je suis légère comme *une danseuse de l'Ambigu!*

J'apprends à Joséphine l'obligation qu'elle s'est imposée de manger du potage et du bœuf à son dîner, ce qui lui fait faire une petite moue des plus plaisantes; mais enfin elle en prend son parti, et, après m'avoir donné sa promesse formelle de se conformer de point en point à toutes ses ordonnances, elle me quitte et descend mon escalier en courant.

4e *Séance* (18 avril). — Joséphine arrive chez moi à trois heures moins un quart. Je ne sais si cela tient à l'air de satisfaction répandu sur sa figure et sur toute sa personne, mais il est certain que sa pâleur me paraît moins grande.

— Si cela continue, monsieur, s'écrie-t-elle, en

entrant, je me croirai plus qu'à moitié guérie. Je n'ai pas eu de palpitations, j'ai bien mangé, bien bu, bien dormi et surtout bien ri; à telle enseigne que ma maîtresse est persuadée que je deviens folle. Mais je sais à quoi m'en tenir là dessus. Oh! c'est que, voyez-vous, monsieur, je suis doublement contente : d'abord je suis gaie d'aller mieux, mais ensuite je suis gaie de *ne plus être triste.* Vous riez? Je ne m'explique donc pas bien ? Tant pis; mais je me comprends, et j'aime mieux avoir de la santé que de l'esprit.

— Ainsi, votre diner ne vous a pas fait de mal ?

— Pas le moins du monde, monsieur, et j'avais pourtant mangé comme un ogre.

— Et l'écoulement est toujours le même ?

— Dam! monsieur.... Mais ça viendra.

— Oui ; je vous le certifie.

Magnétisée à trois heures précises, Joséphine est endormie en moins de huit minutes. De petites contractions spasmodiques du muscle orbiculaire des lèvres ont remplacé l'inextinguible rire des premières séances. On croirait que la malade dort de son sommeil naturel.

— Comment vous trouvez-vous, Joséphine ?

— Très bien.

— Voyez-vous ?

— Pas encore, mais je verrai tout à l'heure.

— Dans combien de minutes?

— Dans sept minutes.

— Dois-je continuer à vous magnétiser?

— Encore un peu, s'il vous plaît, sur la poitrine et sur le ventre.

J'obéis à cette injonction, et la malade de s'exclamer de nouveau sur le bien que je lui fais. — Cependant les sept minutes se sont écoulées, et Joséphine émerveillée de sa lucidité naissante, s'écrie avec un ton d'admiration qui contraste avec l'impassibilité de sa figure:

— Oh! voilà! voilà! Je vois clair comme en plein jour! Qu'est-ce que je dis donc! C'est bien pire! Je vois au-dedans de vous comme si vous étiez une lanterne! Ouf! Il y a du feu au bout de vos doigts! Oh! que c'est étonnant! Mais c'est que je vois au-dedans de moi aussi. C'est sûr; voilà mon cœur! tic! toc!... Tic... toc... Oh! comme il bat drôlement!... Et mon sang donc! Tiens... Tiens... Rouge d'un côté et noir de l'autre! Et mon ventre! En voilà-t-il des *boyaux!* Dieu que c'est dégoûtant!

— Et votre mal, Joséphine, le voyez-vous?

— Non, je ne le vois pas, parce que je crois qu'il est partout; mais n'importe, je *sens* bien ce qu'il faudra me faire pour me guérir.

— Que faudra-t-il vous faire?

— Me magnétiser, me faire boire du vin et manger du rôti.

— Voilà tout?

— Oui, pour le moment.

— Et quand aurez-vous vos règles ?

—Je les aurai... Dans cinq jours. (Rappelons à nos lecteurs que la malade n'a pas vu depuis six mois.)

— Et les flueurs blanches ?

— Elles auront diminué de moitié après les règles passées.

—Devrons-nous vous remettre à l'usage des préparations de fer ?

— Non ; je crois bien que ce sont elles qui m'ont ôté l'appétit, mais il ne tardera pas à revenir.

— Il faudra donc vous magnétiser tous les jours ?

— Oui, monsieur, jusqu'à l'époque de mes règles. Le premier jour que je les aurai, vous me magnétiserez encore pour me préserver des coliques ; puis nous suspendrons deux jours ; après quoi nous reprendrons pendant quelque temps... Oh ! que c'est étonnant ce que je vois ! Pouah ! Dire que l'on a tout cela dans le corps !

— Quelle est la boisson qui vous conviendra le mieux ? Aurez-vous besoin de quelque tisane ?

— Pas de tisane ; de l'eau rougie.

— Serez-vous lucide demain ?

— Oui, monsieur.

— A quelle heure ?

— Je le serai toute la journée.

—Cependant il faudra vous magnétiser à la même heure qu'aujourd'hui ?

— Oui, monsieur.

— C'est bien, éveillez-vous.

Joséphine Dulau continua à être magnétisée chaque jour, jusqu'au 22 avril, où, comme elle l'avait annoncé, ses règles parurent. Elles furent peu abondantes et durèrent trois jours ; mais l'amélioration générale se maintint. La supersécrétion du mucus utérin se réduisit à son état normal ; les forces revinrent rapidement avec la gaîté ; et, après s'être prescrit une légère purgation, et deux jours après une saignée de trois onces (1), Joséphine se déclara guérie.

Quelle fut ici l'action thérapeutique du magnétisme? A-t-il agi comme tonique? comme apéritif? c'est toujours ce que j'ignore; mais il a guéri un des cas de chloroses les mieux caractérisés qu'il soit possible d'observer.

(1) Cette étrange médication me rappelle une observation que M. Mialle a consignée dans ses *Cures opérées par le magnétisme*, etc., t. I, pag. 369. « Le troisième jour que mademoiselle B *** fut magnétisée, elle devint somnambule, et dit que sa maladie durait depuis un an ; qu'elle était occasionnée par une médecine prise pendant le temps des règles, ce qui avait fait refluer les humeurs dans le sang; elle assura que le magnétisme l'en guérirait en moins d'un mois. Elle a été parfaitement guérie le 20 novembre, sans avoir fait d'autres remèdes qu'une *petite saignée* qu'elle s'ordonna dans la sixième séance, et après avoir pris quelques bouteilles d'orgeat et d'eau magnétisée » (*Extrait des Annales de Strasbourg*, t. I, pag. 75.)

SIXIÈME OBSERVATION.

Épuisement, sueurs, sur Gervais Nechenger, âgé de 35 ans, à Oberherklein près Colmar, en 1785, par M. le baron Klinglin d'Esser.

Le nommé Gervais Nechenger, attaqué de vertiges et épuisé de sueurs continuelles toutes les nuits, vint au traitement de M. Klinglin, le 16 septembre, et fut guéri le 22 du même mois. — *Témoin*, SANNER, chir. — Voilà donc le magnétisme qui produit l'effet du quinquina rouge, du tannin, etc. — Mais, dira-t-on, le magnétisme peut donc être substitué avantageusement à toute espèce de remède? Que deviendront ces pauvres pharmaciens? — A cela je répondrai que si par hasard on pouvait se passer de médicaments pour guérir les malades, le malheur ne serait pas grand; mais nous avons déjà dit qu'il n'en était point ainsi.

Quant aux appréhensions sur la future détresse de la gent apothicaire,... on conçoit qu'il nous appartient peu de nous en inquiéter. Qui ne consentirait à supprimer les avocats s'il ne devait plus y avoir de procès? Mais poursuivons notre examen: Nous avons annoncé que le magnétisme animal était susceptible de porter remède à ces profondes altéra-

(1) *Annales de Strasbourg*, t. I, pag. 30.

tions organiques que les médecins ont désignées sous le nom de *dégénérescences*. Les livres des premiers magnétiseurs fourmillent de faits authentiques, qui ne permettent à aucun lecteur de suspecter la validité de cette assertion. Nous empruntons l'observation suivante à Deslon, le célèbre successeur de Mesmer (1).

SEPTIÈME OBSERVATION.

Cancer occulte, goutte sereine et glande squirrheuse, sur mademoiselle ***, âgée de vingt ans (Paris, 1779).

« Mlle * a eu la vue basse dès l'âge le plus tendre ; elle n'apercevait de l'œil gauche que les objets placés directement vis-à-vis de l'organe.

« Au mois d'octobre 1779, elle sentit tout-à-coup une tension douloureuse autour des yeux, un déchirement dans la tête et sur les paupières, un spasme qui l'empêchait de les lever.

« Au mois de juin 1776, elle observa que l'œil gauche avait totalement perdu la faculté de voir. L'œil droit était tellement affecté, qu'il suffisait à peine à la conduire ; tout travail des mains lui causait des douleurs très vives, et elle ne pouvait se tenir en face du grand jour, qu'elle ne risquât de tomber dans des convulsions. Les médecins consul-

(1) *Observations sur le magnétisme*, pag. 52.

tés attribuèrent ces accidents à la délicatesse du genre nerveux.

« Mais il existait une autre maladie. La demoiselle *** avait, depuis quinze ans, des glandes squirrheuses au sein ; la plus considérable était adhérente ; en tout, elles étaient au nombre de vingt-deux. De longs traitements n'avaient produit aucun bien, et la terrible extirpation était le seul remède conseillé par les gens de l'art.

« Le magnétisme animal réussit encore dans cette occasion. En moins de cinq semaines, la demoiselle *** vit parfaitement des deux yeux ; elle distinguait sans douleur les objets à des distances éloignées, et même l'œil gauche voyait non seulement directement, mais encore de côté, avantage dont il n'avait jamais joui. Ces succès ne se sont pas démentis depuis ; cependant on observe toujours un reste de pesanteur dans les paupières.

Le moyen employé ne s'arrêta pas là. En même temps qu'il attaquait la goutte sereine, il détruisit vingt-une glandes. Nous espérions que la dernière ne tiendrait pas longtemps ; sa forme aplatie et le travail journalier que nous y remarquons étaient des augures très favorables ; nous nous trompions également, M. Mesmer et moi ; dans le fait, la glande était adhérente ; on n'en découvrait que la superficie. Mais lorsque, par suite du traitement, elle se fut détachée et qu'elle fut devenue roulante, nous nous aperçûmes que le noyau en était beaucoup plus résistant que nous ne l'avions supposé.

Ce qui doit consoler la malade de la longueur du traitement, c'est que d'ailleurs elle se porte très bien, qu'elle éprouve tous les jours de nouveaux soulagements ; le noyau va sans cesse en diminuant ; elle a même un moyen immanquable de prédire chaque diminution qui ne se fait jamais que la glande ne se gonfle et ne grossisse quelques jours auparavant. Cette marche assurée n'est pas un phénomène peu remarquable. » — Je demanderai à nos confrères de quel agent médicamenteux le magnétisme animal tint ici la place. Agit-il à la manière du houblon, du cochléaria, de la véronique, des amers et des antiscorbutiques en général? Ne fut-il qu'un succédané de la ciguë, du savon médicinal et de tous les autres fondants ou réputés tels? Enfin, avait-il pénétré tous les tissus de la malade de Mesmer, comme aurait fait une préparation d'iode que M. Courtois n'avait pas encore découvert pour l'honneur de la chimie et la gloire de M. Lugol (1)? En vérité je

(1) Il se fait à l'hospice Saint-Louis une effrayante consommation d'iode. Les malades de M. Lugol, entre autres, en avalent jusqu'à extinction. On prétend que ce médicament fait diminuer les engorgements glanduleux. Parbleu ! je le crois bien; il ne vous laisse pas un scrupule de chair sur les os ; tout fond en même temps. — L'iode à l'intérieur est un exécrable poison, dont il devrait être *défendu* aux médecins de se servir.

m'y perds, et je confesse hautement mon incompétence; mais voyons maintenant, cet agent tonique, apéritif, excitant, anti-scrofuleux, anti-cancéreux agir maintenant comme *anti-goutteux*, *anti-rhumatismal*, comme calmant dans les convulsions et l'aliénation mentale, comme spécifique dans une multitude d'autres maladies fort dissemblables; enfin, comme.... ma foi, même en recourant au jargon de la matière médicale, les expressions manquent pour signaler toutes les modifications que le magnétisme animal est capable d'imprimer à l'économie.

HUITIÈME OBSERVATION.

Attaque de goutte sur M. Perruchot, à Paris, 1781, par d'Eslon.

M. Perruchot, après une marche assez longue dans la neige fondue, ressentit subitement à l'un des pieds une vive douleur qui ne tarda pas à présenter les symptômes d'un accès de goutte. M. Perruchot ne croyait pas au magnétisme; il lui était même arrivé souvent de se moquer des bonnes gens qui s'y confiaient et des visionnaires qui le pratiquaient. Mais la douleur rend crédule aussi bien que le danger rend superstitieux. Les matelots qui blasphèment comme des damnés par le beau temps, ne manquent jamais d'invoquer la sainte Vierge à l'instant du naufrage. M. Perruchot envoya donc chercher d'Eslon et lui montra son pied *qui était noir* jusqu'au tendon d'Achille. Celui-ci se mit aussitôt en besogne, et ne prit congé de son malade qu'après l'avoir magnétisé le temps qu'il jugea convenable. Mais pour le coup, l'honnête bourgeois crut pour le restant de sa vie au magnétisme ; car d'Eslon était à peine sorti que d'une prodigieuse évacuation qui lui survint incontinent, résulta une telle diminution dans la douleur qu'il put revenir dans son lit en traversant deux pièces. Deux heures après, nouvelle évacuation qui le soulage encore. Enfin à midi, sentant la douleur s'amender à chaque minute, il se lève et va faire deux visites. Le soir, même état de bien-être ; il n'a plus que le souvenir de ses souffrances auxquelles il ne pense plus du tout le lendemain ; et, à partir de cette époque, il continue de jouir d'une santé parfaite.

Il y aurait bien des choses à dire sur cette observation ; mais je veux borner mes commentaires à quelques réflexions seulement. Nous n'ignorons pas que les évacuations dont il est ici question, ne surviennent quelquefois spontanément chez les goutteux, ce qui presque toujours les délivre inopinément et subitement de leur accès. Mais nos confrères savent bien que le fait est peu commun ; tandis que la puissance purgative du magnétisme est au contraire très fréquemment constatée. Le seul livre de M. Mialle pourrait nous en fournir cent preuves. Mais, dira-t-on, si dans ce cas-ci la purgation avait été l'effet de la peur ?... Allons donc, Messieurs ! ce Perruchot ne croyait point au magnétisme ; a-t-on peur d'une chose à laquelle on ne croit pas ? Et puis après tout, soyons conséquents : s'il existe seulement cent observations semblables à celle que nous venons de rapporter, est-il raisonnablement permis d'attribuer l'effet produit au hasard, c'est-à-dire, à une coïncidence inexplicable et que notre expérience médicale dément ? Eh non ! cent fois non, et puisque toutes les manières d'envisager la chose mettent également notre *causalité* en défaut, j'aime autant croire à un miracle qu'à une absurdité. — Diable ! vont se dire les entrepreneurs d'élixir anti-goutteux, voici qui devient ruineux pour nous ! — Pas le moins du monde, Messieurs les philantropes ; les goutteux en somnambulisme se prescriront vos remèdes s'ils sont bons. Pour une douleur que j'avais au pied gauche, une somnambule me contraignit d'avaler deux cuillerées de la teinture végétale que j'ai préconisée contre l'accès de rhumatisme aigu, sous le nom d'élixir panchymagogue (1). Vous le voyez ; tout s'arrange pour le mieux entre gens qui s'entendent.

(1) *De la goutte, de ses causes et du traitement le plus rationnel à lui opposer.* Paris, 1840.

NEUVIÈME OBSERVATION.

Goutte sciatique, maux de tête, étourdissement, insomnie, etc., sur le père Nervin, à Paris, 1738, par Mesmer.

Nous venons de voir un accès de goutte *jugé* par deux copieuses évacuations alvines ; voici maintenant une affection rhumatismale qui cède également au magnétisme, mais en se terminant par des sueurs abondantes.

Le père Nervin, docteur en Sorbonne et bibliothécaire des Grands-Augustins, avait un goût irrésistible pour l'étude ; mais ses veilles multipliées avaient considérablement altéré sa santé. Le savant père, auquel nous devons plusieurs écrits recommandables (entre autres une lettre sur la découverte du magnétisme animal (1)), souffrait d'autant plus de sa maladie, qu'elle le privait de ses occupations favorites. Mais il n'y avait point à lutter. Sa vue s'était affaiblie au point de l'empêcher de travailler plus d'une heure de suite. Il éprouvait de violents maux de tête, des étourdissements, de fréquentes insomnies, et par-dessus tout cela, une intolérable douleur dans une des régions sciatiques à la moin-

(1) L'observation que nous rapportons est extraite de cet ouvrage.

dre variation de température. — Le père Nervin avait tout essayé pour se guérir ; mais rien n'avait réussi. Ni les bains, ni les eaux minérales, ni la dissipation, ni les voyages qu'on lui avait aussi conseillés, ne lui avaient procuré de soulagement ; enfin il était à peu près résigné à souffrir le restant de sa vie, lorsque les cures opérées par Mesmer l'engagèrent à recourir à lui. — Que les magnétiseurs y prennent garde ; c'est encore de notre temps comme du temps de Mesmer (1) ; il n'y a guère que les incurables qu'on nous abandonne. — Mais si la maladie du père Nervin s'était montrée inaccessible aux ressources de la faculté, le magnétisme fit justice de celles-ci en le guérissant. L'amélioration qu'il éprouva, fut marquée dès les premiers essais. En même temps qu'il ressentait une chaleur inconnue dans les entrailles, les douleurs de sa tête et de ses membres s'éteignaient et se dissipaient. Sa vue même se rétablit ; et six semaines après son admission au traitement public, il était plus que convalescent.

Le père Nervin se montra reconnaissant envers le magnétisme et envers Mesmer. Disciple de ce dernier, et zélé propagateur de sa découverte, il devint par la suite un des plus fameux magnétiseurs de l'Europe.

(1) Mesmer fut plus heureux que nous ; mais l'engouement qu'il excita ne profita guère qu'à lui.

DIXIÈME OBSERVATION.

Rhumatisme, sur M. Ducrest, à Strasbourg, 1785, par M. de la Jomarière (*Annales de Strasbourg*, t. I, pag. 94.)

Le nommé Ducrest, pompier, en remplissant ses fonctions à un incendie qui avait éclaté au magasin du roi à Strasbourg (mai 1784), fit une chute dans laquelle il faillit se fracturer la jambe droite. La contusion qui résulta de cette chute, fut si forte qu'il se trouva presque dans l'impossibilité de se soutenir sur le pied. Cependant, son état s'était amélioré, lorsque le mois de juin suivant, à l'occasion d'un violent effort, il sentit craquer quelque chose dans la région lombaire, où il éprouva sur-le-champ de très vives douleurs. Il crut avoir une hernie, mais au bout de quelques jours, rien ne paraissant dans l'aine, sa frayeur se dissipa. Cependant les douleurs s'augmentèrent peu à peu, à tel point qu'au mois de décembre il ne pouvait se tenir ni debout, ni assis. Le plus léger mouvement le faisait souffrir horriblement, et lorsqu'il s'agissait de se mettre au lit, c'étaient des souffrances à le faire crier. Puis, complète impossibilité pour lui de prendre du repos et de se livrer au sommeil. Lorsqu'il était couché d'un côté, il ne pouvait pas se retourner de l'autre, et la moindre contraction musculaire lui causait un véritable supplice. Enfin, vers le milieu de décembre, survinrent des convulsions dont les accès se multiplièrent en augmentant d'intensité jusqu'au printemps, où le malheureux commença seulement à ressentir quelque soulagement.

Au mois de mai suivant, Ducrest étant descendu dans un puits plein de salpêtre, pour réparer la pompe de la pépinière royale, et y étant demeuré environ huit heures en deux fois, ses douleurs qui ne s'étaient qu'incomplétement dissipées, reparurent avec une intensité nouvelle, d'abord dans les reins, puis dans les membres abdominaux où elles se fixèrent. Elles augmentèrent de telle sorte, qu'en peu de temps Ducret fut de rechef hors d'état de pouvoir se remuer. Il eut alors recours aux bains de marc de bière, aux fumigations, aux bains de toutes espèces; mais cela ne le soulageait qu'un instant et le laissait bientôt en proie aux plus horribles souffrances. Au mois d'août, il fut traité par les vésicatoires; on lui en appliqua un sur chaque mollet, un sur la cheville droite, un sur chaque jointure des cuisses, un sur le genou droit; enfin on lui en mit un autre sur les reins. Tant que ces vésicatoires étaient en suppuration, il en résultait du soulagement; mais ils n'étaient pas plus tôt fermés, que les douleurs revenaient plus vives que jamais. Enfin les poudres d'Ailhaud et les bains d'étuves ne furent pas employés avec plus de succès.

Ce fut donc après avoir tenté tous les moyens de guérison possibles, qu'il s'adressa à la société de Strasbourg. Le 17 décembre, M. de la Jomarière commença à le magnétiser. Dès le lendemain il en éprouva du soulagement, et la nuit fut assez bonne. Le 19, ses douleurs cessèrent complétement tout le temps que dura la séance. Après trois ou quatre jours de traitement, le mal de tête qu'il avait eu pendant toute sa maladie se passa totalement; les douleurs diminuèrent peu à peu; il reprit le sommeil, et au bout de cinq semaines il était parfaitement guéri.

Les cas dans lesquels le magnétisme peut agir comme calmant se présentent très fréquemment. Le premier juillet dernier, je fus appelé à donner des soins à Mme Tr., rue Sainte-Marguerite. Lorsque j'arrivai chez cette dame, elle éprouvait depuis une demi-heure des spasmes excessivement violents contre lesquels on avait inutilement administré la potion classique d'eau de laitue avec l'éther et le laudanum; les spasmes dégénéraient en convulsions. La malade, étouffant dans ses vêtements qu'on ne songeait pas même à lui délier, se tordait sur son lit en poussant des cris affreux. Or, je n'eus pas plus tôt étendu ma main sur elle, qu'elle se calma comme par magie. Quelques passes la mirent en somnambulisme.

— Êtes-vous plus calme, madame?
— Oui.

— Qui vous a calmé ?
— Vous.
— Que faut-il vous faire ?
— Me laisser dormir.
— Combien de temps ?
— Une demi-heure.
— Votre agitation ne reviendra plus ?
— Non.
— Quelle en a été la cause ?
— Ne me faites pas parler, cela me fatigue.

L'accès était fini; mais il revint quelques jours après, et j'eus encore le bonheur de l'apaiser par le même moyen et avec la même promptitude. — Cela s'est passé en présence de dix personnes, que je nommerais si le fait avait plus d'importance. L'observation suivante offre infiniment plus d'intérêt; nous l'empruntons à l'ouvrage récemment publié par M. Pigeaire (1), et dont l'auteur a bien voulu nous faire hommage.

ONZIÈME OBSERVATION.

« Mme A...., âgée d'environ cinquante ans, fit une chute en descendant ses escaliers, et tomba rudement assise; elle éprouva une secousse violente

---

(1) Puissance de l'électricité animale, ou du magnétisme vital et de ses rapports avec la physique, la physiologie et la médecine, in-8°. Paris, 1839.

dans tout le tronc; huit jours après, son bras gauche fut agité convulsivement : petit à petit il s'éloigna du corps avec des mouvements nerveux qui devinrent plus forts, plus continus, et se changèrent en contractions vermiculaires, irrégulières, violentes et très douloureuses. Instinctivement la malade fut obligée de le porter en haut, de placer sa main sur la tête, et de la tenir constamment dans cette position avec la main droite, sans que les mouvements de contractions cessassent un instant, de sorte que cette dame ne pouvait, sans secours étrangers, satisfaire le moindre besoin.

Après avoir suivi sans succès les traitements conseillés par les médecins de son pays, Mme A... vint implorer le secours des médecins de la capitale. M. le professeur Marjolin fut consulté; il conseilla de faire magnétiser la malade. Son mari, craignant que le traitement magnétique fût long et incertain, crut devoir prendre l'avis d'un autre médecin. M. Bouillaud, ayant été appelé, ordonna l'application de deux ou trois moxas pratiqués à huit jours d'intervalle l'un de l'autre. Ce moyen répugnait à la malade, et surtout à sa demoiselle.

Nous étions arrivés depuis trois jours à Paris, lorsque je reçus une lettre par laquelle on me priait de me rendre à la maison de santé de Mme Baric, faubourg Poissonnière, pour une dame malade qui désirait me consulter. C'était pour Mme A...., que je trouvai au lit dans l'état dont j'ai parlé. La figure de la malade était rouge et animée, empreinte d'une irritation remarquable. Après m'être instruit de l'histoire de sa singulière maladie, j'essayai, avec beaucoup de soins, de retirer le bras posé sur la tête et agité convulsivement ; je ne l'eus pas déplacé de quatre à cinq pouces, que les cris de la malade me forcèrent à cesser mon essai. Abandonné à lui-même, ce bras, mu comme par un ressort, frappa contre le bas du front et remonta sur la tête, où la main droite le retenait pour en modérer les mouvements.

Mon avis, et c'était celui du médecin ordinaire de la maison de santé, fut d'employer d'abord la magnétisation, et que, si au bout d'une quinzaine de jours ce moyen n'opérait aucune amélioration, on serait à temps de suivre l'avis de M. Bouillaud.

J'appris alors de la malade que son mari lui avait écrit de se faire magnétiser par M^m Pigeaire, arrivée récemment à Paris. Je lui dis que, devant faire des expériences magnétiques, Mme Pigeaire ne pouvait pas se charger de la magnétiser ; que je lui indiquerais un médecin instruit qui avait une grande pratique du magnétisme. — « Je ne veux pas un homme pour me magnétiser, je désire que ce soit madame votre épouse ; elle aura, j'en suis sûre, pitié de mon état. » Le lendemain matin Mme Baric vint prier Mme Pigeaire de se rendre aux désirs de la malade.

Sous l'influence magnétique, l'agitation nerveuse se calma ; les mouvements du bras devinrent moins violents. La malade put dormir cinq à six heures chaque nuit. Après huit jours de magnétisation, l'application seule de la main de Mme Pigeaire arrêtait subitement les contractions. Enfin, le bras malade, suivant la direction de la main qui le magnétisait, quitta sa position. Dix jours après l'emploi du magnétisme, Mme A.... descendit au jardin le bras pendant et sans souffrance. Les mouvements cloniques étaient peu sensibles et intermittents. Toutes les personnes de la maison étaient émerveillées. La malade éprouvait une joie indicible ; elle montait à sa chambre vingt fois par jour pour se faire voir à tout le monde.

M. Bouillaud fut la revoir quinze jours après sa première visite. Il trouva Mme A.... assise devant un guéridon, et s'essayant à tricoter. La surprise du professeur fut, me dit-on, fort grande. « Eh bien ! je suis enchanté de votre état ; ceci va bien ; j'espère que nous n'aurons pas besoin de continuer mon ordonnance. Je vous ai fait un peu souffrir ; mais enfin, vous devez être contente. — Monsieur, je n'ai pas du tout souffert ; je ne me suis pas fait appliquer vos moxas. — Et qu'avez-vous employé ? — Je me suis fait magnétiser. » A ce mot, la colère de M. Bouillaud éclate : — « Vous ne voulez donc pas guérir ? » — Mais vous voyez que je vais beaucoup mieux. D'ailleurs vous savez bien que M. Marjolin m'avait conseillé le magnétisme. » M. Bouillaud sortit furieux.

À sa place j'aurais agi autrement : j'aurais voulu assister à une magnétisation ; j'aurais voulu m'assurer si l'on n'avait fait usage d'aucune autre médication ; il ne s'agissait pas ici d'une vision extraordinaire ; mais la passion ne raisonne pas. M. Deleuze a eu bien raison de dire que la prévention peut égarer les hommes d'un cœur droit et d'un esprit éclairé.

DOUZIÈME OBSERVATION.

Épilepsie, sur le nommé Wagner, à Strasbourg, 1785, par M. le baron de Dampierre (*Annales de Strasbourg*, tome I, pag. 51.)

Le nommé Wagner, soldat au régiment d'Artois, était épileptique depuis trois ans. Il n'avait à la vérité que trois ou quatre accès par mois ; mais, à la moindre contrariété qu'éprouvait le malade, ces accès se multipliaient au point de revenir jusqu'à deux ou trois fois par jour. Hors d'état de remplir ses devoirs de soldat, Wagner venait de recevoir son congé, et le baron de Fumel, son colonel, ne consentit à le garder au régiment que sur la demande que lui en fit M. le baron de Dampierre, qui avait conçu l'espérance de le guérir. Celui-ci commença donc à le magnétiser le 21 août au matin. Wagner tomba au bout de sept ou huit minutes dans une espèce d'assoupissement accompagné d'une transpiration considérable et que suivit un accès d'épilepsie. Les yeux à demi fermés étaient convulsés vers la voûte des orbites, les dents claquaient, la respiration était haletante et gênée, et tandis que les lèvres se couvraient d'écume, d'horribles convulsions agitaient et tordaient tous les membres. Wagner fut dans cet état pendant plus de deux heures, sans que son magnétiseur pût réussir à le calmer. Lorsqu'il eut recouvré sa connaissance, M. de Dampierre lui fit demander par un interprète (il n'entendait que l'allemand) comment il se trouvait; il répondit qu'il souffrait partout, et particulièrement à la tête, à la poitrine et au cœur. On voulut lui faire boire de l'eau magnétisée; mais l'œsophage était tellement contracté, qu'il put à peine en avaler une gorgée. Quand il fut tout-à-fait remis de cette crise, M. le baron le renvoya au quartier; mais il était si faible qu'il ne put marcher, et qu'on fut obligé de le reconduire en voiture.

L'après-midi, M. le baron alla le voir accompagné de M. le marquis de Puységur, qu'il avait invité à se joindre à lui, pour tâcher de rendre cet homme somnambule. Ils le trouvèrent toujours souffrant. M. de Dampierre commença à le magnétiser : ce qui donna lieu au bout de sept à huit minutes à une seconde attaque d'épilepsie. Voyant au bout d'un quart d'heure qu'il ne réussissait point à le calmer, il pria M. de Puységur de le magnétiser ; mais celui-ci ne fut pas plus heureux. La crise eut son cours comme le matin. M. le baron allait le magnétiser exactement deux fois par jour, et à chaque fois les mêmes crises se renouvelaient avec la même violence. Lorsqu'on demandait à Wagner comment il se trouvait, il répondait, *plus mal*. Il resta dans cet état jusqu'au 28, où il commença par être purgé deux ou trois fois par l'action seule du magnétisme. Les évacuations eurent lieu les jours suivants, pendant lesquels souffrant horriblement de la tête et de l'estomac, pouvant à peine respirer, il pria humblement son magnétiseur de le laisser tranquille. Cependant M. le baron ne voulant pas interrompre le travail de la nature, insista pour continuer ; mais cette fois l'attaque fut si forte, qu'il crut que le malade ne la soutiendrait pas. Il le laissa sur son lit, anéanti par les souffrances qu'il avait éprouvées. Cette dernière crise lui fit tant d'impression, il craignait tellement que cet homme ne mourût dans ses mains, qu'il était presque déterminé à l'abandonner.

M. de Puységur, à qui il fit part de ses craintes, lui conseilla de persévérer, ajoutant que cet homme livré à sa maladie et sans traitement, était perdu.

M. de Dampierre se rendit à cet avis; mais en retournant près de Wagner, il se fit accompagner de M. Jæglé, chirurgien-major du régiment, afin de requérir au besoin son assistance. Arrivés au quartier, et croyant voir le malade beaucoup plus mal qu'à l'ordinaire, ils furent très agréablement surpris quand il leur assura qu'il ne s'était pas encore si bien trouvé depuis le commencement du traitement. Cependant, dès qu'il fut magnétisé, il eut son attaque habituelle, mais beaucoup moins forte que toutes celles qu'il avait éprouvées jusqu'alors. Celle-ci fut suivie d'une sorte de sommeil magnétique qui dura trois quarts d'heure, au bout desquels le malade se réveilla de lui-même. L'après-midi, Wagner perdit connaissance au bout de trois minutes. M. le baron suspendit alors le magnétisme. Les convulsions furent infiniment moins fortes, et le malade se réveilla au bout de dix minutes. Il parla sur-le-champ, ce qui ne lui était pas encore arrivé; car il lui fallait toujours une demi-heure pour se remettre et pour être en état de se faire comprendre. Il dit que depuis la séance du matin, il avait été cinq fois à la selle, et que les trois dernières il avait rendu du sang noir. M. le baron le magnétisa alors, et l'endormit du sommeil magnétique, mais imparfait; ses douleurs étaient descendues dans les jambes et dans les pieds. Le 31, il dit qu'il avait passé une nuit excellente, et qu'il ne souffrait plus qu'un peu dans les jambes. Ce jour-là, il n'eut plus de convulsions et devint somnambule. Le lendemain il se trouvait très bien, et commença à parler de sa guérison. On lui fit boire de l'eau magnétisée qu'il trouva excellente; enfin, le 4, il se déclara guéri. Cependant il demanda pendant son somnambulisme qu'on lui administrât une purgation trois fois de suite, à deux jours d'intervalle. Enfin le jour de sa dernière médecine, il se prescrivit une saignée du bras gauche répétée tous les mois, et il assura que sa santé était parfaitement rétablie. La cure est attestée par tous les officiers du régiment, y compris le chirurgien.

Témoin, Jæclé, chirur.

Cette observation est surtout remarquable en cela qu'elle caractérise la manière d'agir ordinaire du magnétisme dans l'épilepsie. Une augmentation dans le nombre et l'intensité des accès constitue presque toujours le premier effet du traitement; mais bientôt ces crises diminuent en fréquence et en acuité, et finissent par disparaître sans retour. Le fait suivant rapporté par Koref (1) peut encore être cité à l'appui de ce grand principe de thérapeutique.

(1) Lettre d'un médecin étranger, etc., pag. 418.

TREIZIÈME OBSERVATION.

« Une jeune personne était devenue épileptique par suite d'une frayeur, et ses attaques étaient toujours accompagnées de délire. Un jour on la saigna au milieu d'un violent accès qui présentait des symptômes alarmants d'apoplexie. Immédiatement après cet accès, un somnambulisme spontané se manifesta au lieu du délire habituel. Pendant le somnambulisme, la jeune personne enseigna à son oncle la méthode qu'il devait suivre pour la magnétiser, et les moyens de la traiter. L'oncle, chirurgien d'une petite ville, peu au fait de cet ordre de choses, l'envoya dans une grande ville, où elle fut magnétisée ; mais on la laissa imprudemment devenir un objet de curiosité ; elle fut accablée de questions qui désordonnèrent son somnambulisme. On m'appela. Je rétablis l'équilibre, je régularisai l'action de son magnétiseur habituel ; je dirigeai pendant quelque temps le traitement, et j'obtins de très bons résultats. Elle n'avait de lucidité que pour son état ; elle indiquait à peine quelques remèdes, mais elle marquait avec précision le moment où il fallait l'endormir. C'était ordinairement peu de temps avant son accès, qui alors était plus léger, ne laissait pas de traces fâcheuses dans son cerveau, et repassait par une douce transition, au somnambulisme. On la magnétisait à grands courants pendant tout l'accès. Forcé de la quitter, je la remis entre les mains de son premier magnétiseur, à qui je recommandai la plus scrupuleuse exactitude. Elle avait prédit qu'elle aurait *une succession effrayante d'accès plus forts que tous les précédents ; mais que cette explosion orageuse était nécessaire pour terminer sa maladie.* Elle dit que, pendant plusieurs jours de suite, qu'elle indiqua, il fallait la magnétiser sans la quitter, depuis sept heures du matin jusqu'à trois heures, et qu'après ce nombre de jours déterminé, elle serait guérie pour toujours de son épilepsie. Pendant les deux derniers jours, son magnétiseur, obligé de s'absenter, et ne croyant pas à la nécessité d'une précision rigoureuse, ne la magnétisa que jusqu'à onze heures ; l'épilepsie disparut ; mais la malade resta dans un état qui approchait de l'idiotisme, et plongée dans une apathie affligeante. Peu de temps après, l'épilepsie recommença, et les détracteurs du magnétisme se mettaient à triompher. Un accident remarquable, qu'il serait trop long de détailler ici, l'ayant fait retomber en somnambulisme, elle déclara que la faute qu'on avait commise d'abréger son traitement de quelques heures était la cause de sa rechute. Elle donna de nouvelles prescriptions, qui pour le coup furent scrupuleusement exécutées, et par le moyen desquelles elle fut parfaitement rétablie. Il y a maintenant plus de deux ans que cela est arrivé, et la santé de la jeune personne continue d'être florissante. »

Koref, médecin.

Ces violents paroxismes qui terminent l'épilepsie traitée par le magnétisme, ne surviennent pourtant pas d'une manière constante. L'ouvrage de M. Mialle (*Cures opérées par le magnétisme, etc.*) renferme un assez grand nombre d'observations dans lesquelles la maladie suivit une marche inverse, c'est-à-dire, commença à s'amender dès les premiers jours du traitement. Les choses se passèrent également de cette manière chez la demoiselle J***, épileptique depuis sept ans, dont M. Pigeaire a consigné l'histoire dans son ouvrage (1). La magnétisation éloigna tout d'abord les accès et finit par les faire disparaître.

M. Esquirol prétend avoir vainement soumis au magnétisme un grand nombre d'aliénés (2) ; mais ce médecin, au lieu de se contenter d'une simple allégation, aurait dû nous rapporter avec quelques détails les faits qui fixèrent si explicitement sa conviction sur ce point ; car ses prétendus insuccès nous semblent d'autant plus équivoques qu'ils sont en quelque sorte démentis par les récits d'observateurs

---

(1) *Puissance de l'électricité animale*, etc., pag. 242.
(2) *Des maladies mentales considérées sous les rapports médical, hygiénique et médico-légal.* Paris, 1838, t. I, pag. 155.

non moins recommandables que lui. Les écrits de de Puységur, de de Boissières, de Corbaux (de Porsmouth), etc., etc., font foi de ce que nous avançons ; mais parmi tous les cas d'aliénation mentale guéris par magnétisme, je n'en connais pas de plus curieux que celui dont M. le docteur Meijer d'Amsterdam a donné la relation dans un ouvrage que nous n'avons pu nous procurer. Ceux de nos lecteurs qui ne connaissent point la brochure de M. Pigeaire, où cette observation se trouve rapportée textuellement, nous sauront gré d'avoir transcrit le récit de M. Meijer.

QUATORZIÈME OBSERVATION.

« Au mois d'août 1819, le sieur Crooswijck, de Rotterdam, âgé de vingt ans, fut atteint d'accès épileptiques. Ces accès se renouvelèrent fréquemment, et prirent un tel degré de gravité, qu'au mois d'octobre suivant le patient passa à l'état de frénésie et de fureur. Quatre hommes robustes purent à peine le contenir. Placé par précaution dans une alcôve, il brisa, de ses mains seules, un solide lit de camp; les portes de l'alcôve, bien qu'elles fussent renforcées par de forts appuis, tombèrent en éclat sous ses coups. On fut obligé de les reconstruire jusqu'à trois fois.

« Pendant les mois de janvier et de février il y eut un peu de calme ; mais le premier mars la fureur se manifesta de nouveau, et le malade brisa et démolit tout ce qu'il pouvait atteindre.

« Après avoir épuisé sans succès tous les moyens ordinaires de l'art médical, le dernier médecin qu'on avait consulté, le savant M. Sander, profita de quelques moments de calme pour décider le malade à se faire magnétiser; je fus appelé. A ma première visite, quoique j'eusse été informé de toutes les circonstances précédentes, je fus frappé d'étonnement et d'effroi en voyant l'état furieux de ce jeune homme et les dégâts qu'il avait faits. Je faillis reculer devant l'idée de risquer ma propre existence dans la tentative de le sauver, tentative d'ailleurs désespérée selon toutes les apparences. Je parvins cependant à calmer mes émotions devant les personnes qui assistaient à cette visite, et je me décidai. Le sentiment de mes devoirs envers l'humanité, le désir de rendre un jeune homme malheureux à sa famille éplorée, l'ambition de revendiquer l'honneur de mon art, me portèrent à la résolution de mépriser tout danger personnel, et de me vouer à la destinée du patient.

« Le lendemain j'entrepris ma première opération. Par l'effet de la magnétisation, le malade passant au sommeil magnétique, devint calme, mais il éprouvait des tiraillements et des mouvements convulsifs dans les bras et les jambes joints à des trémoussements dans tout le corps. La langue sortait de la bouche, et quoiqu'il conservât ses facultés intellectuelles, ce dont je m'aperçus par les signes qu'il me fit pour répondre aux questions que je lui adressai, il était entièrement privé de la parole. Craignant l'explosion de sa fureur dont j'avais constamment le terrible effet devant les yeux, je calmai tantôt le mouvement des nerfs et tantôt lui laissai son libre cours, en le conduisant lentement à son terme.

« Après avoir dormi du sommeil magnétique pendant une heure, le patient s'éveilla et étendit fortement ses membres jusqu'à trois reprises. Il n'avait aucune connaissance de ce qui s'était passé ; mais il se sentait soulagé et conforté. Lorsque je le quittai, il se trouvait en assez bon état.

« De deux jours l'un je continuai la magnétisation ; le sommeil magnétique, qui se développait peu à peu, était interrompu par des accès de rage au point que le malade déchirait ses vêtements, son linge, le lit, etc. ; je le laissais aller jusqu'à un certain point, et interrompant brusquement alors ses accès, j'exerçai sur lui cette grande force magnétique en lui soufflant mon haleine. Généralement il se réveillait après un sommeil magnétique d'une heure, soulagé et tranquille. L'effet de la magnétisation et du somnambulisme s'accrut de jour en jour. Le nombre des personnes qui venaient assister au traitement augmenta journellement. Déjà on se réjouissait de voir le calme succéder aux violents accès. Cette joie était bien prématurée ! bientôt la fureur du malade devint tellement alarmante, que non seulement pour moi, mais pour tous ceux qui devaient s'approcher de lui, l'entreprise était éminemment dangereuse. Ma force magnétique conservait pourtant son pouvoir sur le patient. Après ces opérations, je parvins à le faire passer à l'état complet de somnambulisme. C'est alors qu'il me déclara ne pouvoir être guéri que par le magnétisme, et m'annonça d'avance avec la plus parfaite justesse les heures et les minutes où auraient lieu ses accès. J'obtins de cette manière la connaissance de tout le danger que j'aurais à courir, mais aussi celle des moyens pour bien m'y préparer. »

« Après huit ou neuf jours de magnétisation, le moment critique pour le malade et pour moi approchait décidément. Il me prédit qu'au bout de trois jours il aurait un accès de rage qui durerait deux heures et demie.

« Cette rage, me dit-il, sera tellement violente, que je ne saurais répondre du danger que vous aurez à courir. C'est une grande tâche pour vous d'entreprendre ma cure. Quand la fureur commencera à se manifester, il faudra alors la laisser aller pendant vingt minutes, et alors elle sera excessive; mais, après avoir enfoncé les portes, il faut brusquement vous jeter sur moi, et interrompre mon accès. Je n'ose pas vous promettre que ce grand effort vous réussira ; mais si vous ne l'entreprenez, il n'y a plus pour moi aucun espoir; je dois infailliblement périr. Le seul moyen qui me reste, je vous l'ai dit ; mais songez-y bien, dans aucun cas vous n'en sortirez sans *casser des œufs*. » Il se tut un instant ; et puis, les larmes aux yeux, il me demanda : « Oserez-vous l'entreprendre ? » Je fus ému au fond de l'âme; j'eus à soutenir la lutte de mille impressions diverses qui déchirèrent tour à tour mon cœur affligé. Je pris ma résolution : « Au nom de Dieu, soit! m'écriai-je. » Le pauvre jeune homme saisit ma main, la baisa avec transport, me témoigna sa reconnaissance, et me recommanda de ne rien lui dire à son réveil de ce qui s'était passé dans son sommeil magnétique.

« Le jour redouté parut ; dès cinq heures du matin, je me rendis chez M. Crooswijck, accompagné du digne chirurgien Van-Wagening, qui, dans toutes ces circonstances pénibles, m'a fidèlement prêté aide et assistance. Quoique mon cœur fût oppressé, j'arrêtai mon plan de conduite. J'ôtai ma cravate que je remplaçai par une bande de carton noir, afin de n'être pas étranglé ; je pris un cordial et me préparai à l'attaque. A six heures, moment prédit par le malade en somnambulisme, l'accès commença. Le furieux poussa un hurlement affreux; il se démenait avec violence ; déchira les draps (1), les cou-

(1) Est-ce que par hasard les chemises de force ne seraient point encore inventées en Hollande ?

vertures de son lit et sa chemise. Les vingt minutes étaient près de s'écouler, nous ôtâmes les poutres et les solives qui barricadaient les portes de sa chambre, et tout le monde autour de moi prit une fuite précipitée. Je restai seul; la porte de l'appartement fut fermée sur moi. De loin, je contemplai, non sans horreur, l'effrayante figure du frénétique, semblable à une bête féroce; sa langue pendait hors de sa bouche, et ses mains se tendirent vers moi comme les griffes d'un tigre; son aspect était épouvantable. Le moment fatal est arrivé; le combat doit commencer. En rassemblant toutes mes forces, je m'élance sur le malheureux et je le saisis par les omoplates. Nous voilà postés l'un contre l'autre comme deux ennemis irrités; lui-même me prit par les épaules, et la lutte s'engagea. La terre semblait s'affaisser sous mes pieds, mes cheveux se dressaient sur ma tête; je ranimai mon courage, je soufflai sur le furieux mon haleine avec toute l'intensité possible, sachant, par expérience, que ce moyen me donnait sur lui le plus de pouvoir. J'eus le bonheur de triompher. Cette lutte terrible, que j'esquisse à peine, n'avait duré que cinq à six minutes, lorsque le patient tomba par terre comme raide-mort; il était dans le sommeil magnétique. Je tombai moi-même tout épuisé à ses côtés. Mes habits étaient en lambeaux, tout déchirés. «Reposez-vous un peu, me dit le somnambule; deux accès plus violents encore vont suivre ; je vous en avertirai en faisant ce signe de la main.... » M. le docteur Wagening et le frère aîné du malheureux entrèrent. A peine étais-je revenu de mon épuisement, que le malade fit le signe fatal. Ces deux messieurs devaient me soutenir par les reins : le patient, dans sa démence, faisait tous ses efforts pour me saisir à la gorge; ce ne fut que par l'intensité de mon souffle que je parvins à le tenir assez éloigné de moi pour qu'il ne pût assouvir sa rage. Qu'on se figure ma position ; j'étais sur le point de succomber lorsque tout à coup cet accès s'arrêta et le calme survint. Après quelques minutes de repos, le troisième accès se manifesta sous des formes bien plus épouvantables encore. Je passai de nouveau par des épreuves terribles ; mais je sortis vainqueur du combat.

« On croyait avoir surmonté le mal ; déjà on répandait des larmes de joie; le patient lui-même couvrit mes mains de baisers ardents pour me témoigner sa gratitude. Hélas ! nous n'avions conjuré que la plus petite partie de l'orage. Dans la magnétisation ordinaire, et le même jour à onze heures avant midi, heure à laquelle je le magnétisais, le somnambule me prédit que, pendant trois jours de suite, il serait atteint de rage et d'hydrophobie; que le troisième jour le mal serait au comble ; que si ce jour-là, avant quatre heures de relevée, il n'avait pas bu trois fois de l'eau, sa perte était inévitable;

Les deux premiers jours se passèrent sous des circonstances affreuses. Le fou enragé était plus dangereux que jamais ; il brisa de ses mains les meubles les plus solides, démolit la cheminée et les croisées des fenêtres, au risque de faire écrouler la muraille d'appui. La terreur du troisième jour est au-dessus de toute conception ; le frénétique a demandé une troisième fois à boire : je prends la coupe, mais il la renverse en tombant sur moi pour me déchirer de ses dents. L'heure fatale allait sonner, tout était perdu. Le malheureux fou continuait ses démolitions, toujours sans se blesser les mains, ses seuls instruments. Il va même briser la porte!.... Nous sommes tous sur le point de fuir, dans la persuasion d'avoir fait pour le sauver tout ce qui était humainement possible. Quatre heures vont sonner !... mais la voix tonnante du malheureux criant trois fois à boire! à boire ! à boire! nous frappe d'un sentiment de joie inexprimable ; je cours vers lui, je lui présente la coupe : il hésite, il refuse ; j'épuise sur lui toute ma force magnétique, et il boit.

« Rien n'était fait encore. Dans le cours des magnétisations ultérieures, quelques jours après les dernières épreuves, il me prédit trois autres accès plus terribles encore, qui auraient lieu à différentes époques plus ou moins éloignées. « Il en serait sauvé pour peu que je puisse continuer sur lui le même traitement. » Ces trois crises ont eu effectivement lieu dans une progression effrayante. Le malheureux a été ceinturé par une bande de cuivre à laquelle on avait scellé une chaîne en fer qu'on a attachée par de forts crampons à un pieux fixé en terre.

« Dans la première de ces crises, il a démoli tout ce que la longueur de sa chaîne lui permettait d'atteindre.

« Avant la deuxième, on l'a placé, avec le consentement de la régence, dans une maison qui était en démolition. Rien n'a pu lui résister. Plus de deux cents personnes sont venues pour être témoins de ce délire épouvantable.

« La veille du jour où la troisième crise devait avoir lieu, le malade a été transporté à Schiedam, dans un château inhabité, et là, attaché à une longue chaîne fixée à un solide pilotage, il a pu assouvir sa rage aux murs épais en pierre de taille. A Schiedam tout le monde était en émoi ; ici, comme à Rotterdam, le personnel de la police a été mis à ma disposition, et j'en avais grand besoin pour faire maintenir l'ordre parmi le peuple, que la curiosité ou l'idée de voir arriver un *miracle* avait fait accourir de toutes parts. Les trois dernières crises ont été surmontées comme les précédentes.

« Ramené chez lui, le malade a éprouvé encore quelques accès nerveux que calmait vite la magnétisation, et petit à petit, les accès ont été en diminuant et n'ont plus reparu.

« Ce jeune homme intéressant jouit d'une santé parfaite, et joint à un esprit calme toutes les facultés intellectuelles.

Roterdam, le 11 décembre 1820.

J.-N. Crooswijck, père de ce jeune homme.

« A cause de cette cure tout à fait extraordinaire et inouïe, les soussignés ne peuvent se refuser de rendre hommage à la vérité, ayant assisté, à diverses reprises, aux magnétisations.

Ont signé : L. Porte, pasteur de l'église wallonne, de cette ville; — B. Naefkens, fonctionnaire public; — C. Joachim, fonctionnaire public; — Joh. Munts; — P.-J.-Van Wageninge, accoucheur; — Théod. Dikgers.

Indépendamment des observations que nous avons rapportées, le magnétisme animal a encore été employé avec succès dans une foule d'autres maladies de nature fort diverses, et je ne sais si je ne m'avancerais trop en affirmant que les premiers magnétiseurs qui en firent une panacée contre toutes les infirmités susceptibles d'affliger l'espèce humaine étaient encore pour le moins aussi heureux dans leur pratique que les médecins de l'ancienne école.

Si pourtant on nous impose l'obligation de nous expliquer nettement, catégoriquement sur la puissance thérapeutique de cet agent inconnu, nous répondrons :

1° Que le magnétisme réussit surtout dans les maladies asthéniques, c'est-à-dire dans celles dont une débilité générale constitue le caractère dominant, telles que la chlorose, l'aménorrhée par suite d'*anémie*, les scrofules, la phthisie commençante, le carreau, les engorgements blancs, l'œdème, les hydropisies passives (1);

2° Dans toutes les névroses, telles que l'épilepsie, la chorée, l'hystérie, la migraine, les convulsions, les spasmes, etc.;

3° Dans les névralgies partielles, comme la sciatique, etc.;

2° Dans les altérations des fluides accompagnées ou non de productions anormales, telles que le rhumatisme, la goutte, etc.

Le magnétisme, en un mot, me paraît le régénérateur par excellence de la circulation et de l'innervation; mais, s'écrieront les médecins, ce cadre est immense! Il renferme toute la pathologie! et vous nous dites par conséquent des choses absurdes. — D'accord, mes chers confrères; ce que je vous dis est

---

(1) *Hydropéricardie, hydropleurie, hydropéritonie, de* M. Piorry, etc.

absurde puisque vous le voulez; mais à coup sûr cela est vrai, parce que les faits m'en ont fourni la preuve.

CHAPITRE XIII.

DES TRAITEMENTS MAGNÉTIQUES.

Argan. Raisonnons un peu, mon frère. Vous ne croyez donc point à la médecine?

Béralde. Non, mon frère; et je ne vois pas que pour mon salut il soit nécessaire d'y croire.

Argan. Quoi! vous ne tenez pas véritable une chose établie par tout le monde, et que tous les siècles ont révérée?

Béralde. Bien loin de la tenir véritable, je la trouve, entre nous, une des grandes folies qui soient parmi les hommes; et, à regarder les choses en philosophe, je ne vois point de plus plaisante momerie; je ne vois rien de plus ridicule qu'un homme qui veut se mêler d'en guérir un autre (1).

(1) Molière. *Le Malade imaginaire*, acte III, scène III.

Oh! grand Molière! comme vous nous traitez! Ce que vous mettez dans la bouche de votre Béralde serait-il l'expression sincère de ce que vous pensez? Examinons donc un peu si ses répliques ne seraient point aussi paradoxales qu'elles sont impertinentes. Hélas! je tremble qu'il ait raison. Mais voyons; ne nous troublons pas et remontons jusqu'à l'origine des choses.

Le premier homme (si tant est que le monde ait commencé et qu'il y ait eu un premier homme), devait être non-seulement beau comme Apollon, mais robuste comme Hercule. Cependant lorsque l'esprit malin eut fait goûter le fruit défendu à sa faible compagne, les maladies sortirent de la boîte de Pandore, et le pauvre Adam devint comme nous sujet aux infirmités humaines. Figurez-vous donc notre malheureux père inopinément en proie à quelque maladie douloureuse, telle qu'une arthrite ou une fluxion de poitrine. Il n'en mourra pas, puisqu'il faut que sa destinée s'accomplisse et qu'il peuple l'univers; mais que fera-t-il pour se soustraire à la douleur? Il n'y a là ni médecin, ni somnambule à consulter. M. Piorry n'a point encore inventé le *plessimètre*, Broussais les Antiphologistiques, Rasori la potion stibiée, M. Bouillaud la méthode jugulante. Adam ne sera donc ni percuté, ni *sang-sué*, ni controstimulé, ni jugulé; et pourtant il guérira! Ah!

c'est que le ciel n'abandonne point ainsi le chef-d'œuvre de sa création :

« Aux petits des oiseaux il donne la pâture, »

et à l'homme l'instinct qui doit conserver ses jours. De même que les sauvages habitants de nos forêts trouvent *sans y penser* les aliments qui conviennent à leur nature et les remèdes que réclament leurs maladies, Adam s'en va, sans consulter son intelligence, arracher du sol une plante qu'il ne connaît pas, qu'il n'a jamais vue, qui n'a point encore de nom, mais qu'il devine et qu'il mange avec plus de confiance que s'il en avait méthodiquement étudié toutes les propriétés, parce que un je ne sais quoi de plus puissant que le raisonnement ou les traditions lui apprend qu'il trouvera son salut à manger cette plante. — Quel est le botaniste qui a appris au chien à reconnaître le chiendent? — Malheureusement ce premier type de notre espèce ne conserva pas longtemps ces primitifs instincts. « Un homme qui réfléchit est un animal dépravé, » a dit Rousseau. Or, tout nous porte à croire que cette sorte de dépravation fut de toutes la plus précoce. Réfléchir sur lui-même, sur ses sensations, sur ses besoins et sur les moyens de les satisfaire ; l'homme était organisé pour cela. Il le fit donc, et l'instinct s'en alla ; et le souvenir qui lui resta des premiers remèdes dont il fit usage dans certaines maladies dont il conserva aussi la mémoire ; telle fut peut-être l'origine de la médecine que nous pratiquons (1). Pauvre médecine! qui n'a pour axiômes que les chimères de quelques rêveurs, et pour base le terrain mouvant de l'intelligence humaine. — Cependant on tâtonna, on fit des essais multipliés ; des résultats obtenus et généralisés naquit le premier empirisme, la plus rationnelle encore des méthodes médicales ; car bientôt les philosophes s'étant emparés de ces mêmes résultats, se mirent à dogmatiser et à ajouter leurs hypothèses aux données déjà si équivoques d'une science qui n'en était point une, puisque la médecine comme nous l'entendons échappe aux plus subtiles investigations de l'esprit. Voilà justement où aboutirent (si nous ouvrons l'histoire de l'ancienne Grèce) tous les efforts de ces illustres penseurs qui se succédèrent depuis Empédocle jusqu'à Hérodicus, l'inventeur de la gymnastique, ou si l'on veut, depuis l'hygiéniste Pythagore à Hippocrate. Ce dernier opéra, il est vrai, une heureuse révolution dans la médecine par le bon esprit qu'il eut de la séparer de la philosophie; mais ses successeurs, Platon, Aristote, Dioclès, Praxagoras, etc., ne tardèrent pas à revenir au dog-

(1) « Cet art ne fut dans son origine qu'un empirisme grossier que le hasard ou *l'instinct* dictèrent aux premiers hommes. » Broussais, *Examen des doctrines médicales*, etc., Paris, 1829, t. I, pag. 2.

matisme, c'est-à-dire qu'on recommença à raisonner à outrance sur des choses dont on n'avait aucune idée, et à déduire de faits imaginaires les documents d'un art usuel. A partir de cette époque, la médecine (bien que la nature humaine n'ait point subi la moindre modification et soit constamment restée la même), la médecine, dis-je, ne cesse de se transformer et de changer de principes; il y a des empiriques, des humoristes, des pneumatistes, des humoro-pneumatistes, des éclectiques, des méthodistes, etc., etc..., véritable tour de Babel où chacun, jargonnant son jargon, assourdit ses voisins qu'il n'entend pas et dont il ne saurait être entendu.

Vint ensuite le tour de Galien, qui en criant plus fort ou peut-être plus longtemps que les autres (1), finit par faire prévaloir ses idées, qu'il avait prises un peu partout : sa profession de foi médicale (s'il en avait une) était un dogmatisme si complexe, qu'il faudrait plus d'un volume pour en faire le résumé.

Après la mort du médecin de Pergame, il ne resta plus qu'un vaste champ de ténèbres où l'art des Asclépiades se transforma en science occulte, dont

(1) Il n'y eut jamais, que je sache, écrivain aussi fécond que Galien. Il composa plus de cinq cents livres sur la médecine et la philosophie, et à peu près autant sur la géométrie, la grammaire, etc. Bon nombre de ces ouvrages périrent à l'incendie du temple de la Paix; d'autres se sont perdus depuis, et il ne reste plus aujourd'hui qu'une partie de ses œuvres médicales.

l'infernale grimoire serait indéchiffrable pour Satan lui-même. Mais l'ignorance des médecins d'alors fut-elle plus préjudiciable à l'humanité que la sublime inspiration de nos modernes génies ? Dieu le sait ; les morts sont muets.

Cependant sur la fin du moyen-âge la médecine (au dire d'experts) secoua la poussière de ses ailes, après trois siècles de léthargie, et reprit son vol aérien sous les auspices de Van Helmont et de Paracelse. Mais qu'est-ce, grand Dieu ! que cette restauration ! Il ne s'agit plus seulement, comme au temps d'Héraclite et d'Aristote, de la philosophie mêlant ses dogmes aux préceptes de l'art de guérir; ce sont toutes les sciences, tous les arts libéraux ou mécaniques qui viennent à l'envie s'y réfléchir en s'y défigurant. La grande découverte de Guillaume Harvey ne change rien au cours des choses, car nonobstant la circulation du sang, qui d'ailleurs reste longtemps en question, on fait de la médecine *moléculaire et mathématique*, avec Sylvius de Leboé et Willis, comme on avait fait de la médecine *chimique* ou *alchimique* avec Paracelse. Enfin le vitalisme de Stahl et de Frédéric Hoffmann, vient mettre le le comble aux perplexités des adeptes. N'en déplaise aux apologistes de cette époque, c'était encore une fois le chaos. Eh bien ! voyons donc comment nous en sommes sortis. Quelques nosologistes infatigables, à la tête desquels il faut placer Sauvages et Pinel, ont l'héroïque courage de fouiller ces décombres, de les remuer, de les coordonner et de les mettre en œuvre pour en construire un nouvel édifice, qui cette fois subsistera. Il est debout, cet édifice ; le plan en est irréprochable, la base en est solide, et il ne restera plus à la postérité qu'à en compléter les détails. Il y aura donc désormais une doctrine médicale immuable, éternelle.... Erreur! illusion! car voyez accourir de sa province de l'Ouest, cet homme à la voix retentissante, au regard d'aigle, au bras d'Alcide. De son souffle puissant il va faire crouler en un clin d'œil tout cet échafaudage dont, en moins de vingt ans, il ne restera pas vestige. Cet homme, c'est Victor Broussais, qui, après avoir fait table rase, ne laisse presque rien après lui... que son nom !

Où donc est la vérité, maintenant, MM. les médecins? Quoi! depuis trois mille ans, vous la poursuivez sans l'atteindre! Trente siècles de débats, et la cause n'est pas jugée! Il y a erreur alors. Vous et moi nous sommes dupes d'une hallucination. Changeons de route s'il vous plaît, car si nous poursuivons, Molière a eu raison de faire dire au frère d'Argan : *« qu'il ne voit point de plus plaisante momerie, qu'il ne voit rien de plus ridicule qu'un homme se mêlant d'en guérir un autre.* » Vous voulez savoir où gît la vérité en médecine ? Elle gît dans la tête de vos malades, confrères ; veuillez donc m'écouter, et vous allez me comprendre.

J'ignore jusqu'à quel point est fondée l'hypothèse que j'ai soulevée relativement aux instincts médicaux des premiers hommes ; mais une chose incontestable pour moi, c'est que ces instincts existent réellement au fond de toute organisation humaine, et que le seul état dans lequel ils se révèlent aujourd'hui est le somnambulisme. Aussi Broussais disait-il, il y a vingt ans, à un de ses amis : « Si le magnétisme était vrai, la médecine serait une absurdité »; proposition rigoureuse, dont le plus célèbre des médecins modernes ne rejetait la conséquence que parce qu'il ne croyait point aux prémices. Or, je le dis et je le proclame à la face de l'univers ; cette conséquence qui révolta le grand systématique du Val-de-Grâce, je l'admets entièrement, explicitement, sans réserve ; car les deux termes de sa proposition constituent également pour moi deux irréfragables vérités.

Il ne reste donc plus que cette question à résoudre : Tous les malades sont-ils susceptibles de tomber dans le somnambulisme, et partant de se traiter eux-mêmes ? Non, sans doute ; mais heureusement, ainsi que nous l'avons déjà fait pressentir, l'instinct médical d'un grand nombre de somnambules peut s'exercer au profit d'autrui. Il n'y aura donc plus pour éliminer tout obstacle, qu'à mettre ceux-ci en rapport avec les malades sur lesquels aura directement échoué le magnétisme. Ainsi, ravir à jamais l'exercice de la médecine à l'intelligence pour le confier à l'instinct, tel est le vaste projet que je conçois; car je vous le dis en vérité : la clairvoyance d'un idiot en somnambulisme m'inspirerait plus de confiance, si j'étais malade, que les plus grands génies dont s'honore la médecine actuelle. — Et cette nouvelle pratique de l'art médical, j'entends qu'elle soit universelle et s'applique à tous les cas. L'étude de l'anatomie, des opérations, restera seule dans nos écoles pour nous former des chirurgiens; mais encore tous les actes de ces derniers seront-ils subordonnés aux instigations du somnambule. — Oh! je le sais ; je me couvre de ridicule en parlant ainsi, parce qu'il ne faut pas devancer son siècle. Jean Jacques a dit quelque part, que c'était une sorte de folie d'être sage au milieu des fous. — Eh bien ! soit. J'aurai la résignation, s'il le faut, de passer pour fou ; mais je n'aurai point à me reprocher la lâcheté d'avoir entrevu une immense vérité sans oser la dire. Ma résolution est prise sur ce point, et je poursuivrai ma tâche jusqu'au bout.

Nous allons donc passer en revue deux ordres de faits : 1° Les malades dirigeant eux-mêmes leur traitement pendant leur somnambulisme;

2° Les somnambules dirigeant le traitement d'autres malades.

La première question doit être traitée immédiatement ; la seconde fera le sujet du chapitre suivant.

Des extatiques prédisant des mois à l'avance le retour de leurs accès et décrivant avec une parfaite exactitude tous les accidents de leur maladie ; voilà des phénomènes qui durent singulièrement émerveiller les premiers observateurs qui en furent témoins. Mais lorsque ceux-ci furent revenus de leur étonnement, la réflexion sur ce qu'ils venaient de voir ne dut-elle pas leur suggérer de bien étranges inductions? Ne pouvait-il pas se faire, en effet, qu'un malade si bien informé sur les causes, la nature, la marche et l'issue de son mal, sût aussi quelque chose des expédients à mettre en œuvre pour le guérir ou le soulager? Certes, cette idée ne pouvait guère manquer de venir au médecin, quelqu'infatué qu'il fût de son art; et si le malade répondait, s'indiquait des remèdes, se traçait un régime, y avait-il à balancer pour se rendre à son avis? Il me semble, pour mon compte, que mon orgueil médical n'eût point hésité à s'humilier devant ces prodiges, et que je me serais trouvé profondément ridicule en traçant de ma main une ordonnance pour ce nouvel oracle d'Épidaure qui depuis un mois devine une maladie dont je n'aurais pas soupçonné l'existence une heure avant son invasion. Quoi ! alors qu'il s'agit de sa vie, et que par conséquent il ne saurait avoir l'idée de me tromper, il m'affirme qu'il connaît aussi bien le remède qui faut à son mal, qu'il connaît les causes et la nature de ce mal lui-même, et j'oserais encore lui donner mes conseils et mêler ma voix à la sienne! Oh! non; je me tais; je me désiste de mes droits, je fais abnégation de mon chétif savoir, et je m'incline avec admiration devant ces révélations sublimes qui émanent de Dieu lui-même. Écoutez cette voix prophétique, enregistrer avec une minutieuse exactitude tous les mots qu'elle profère; un peu plus tard, suivre de point en point les conseils que j'en aurai reçus; à cela seulement je veux borner mon rôle. Mais qu'en advient-il? Que sous l'influence de ses prescriptions cet heureux énergumène obtient une guérison rapide. Eh bien! concluons maintenant! Il guérit! Il guérit par des moyens auxquels je n'aurais pas songé; par une médication étrange dont l'idée ne me serait certainement pas venue. Sa médecine est donc la véritable; mais alors qu'eût été la mienne?...

Les histoires d'extatiques qui se sont ainsi médicamentés et guéris eux-mêmes, sont excessivement nombreuses; mais pour n'en rapporter qu'une seule, aussi remarquable dans son authenticité qu'étonnante par ses détails, nous choisirons celle de Mme Comet, dont tout Paris a entendu parler, et que tous les membres de l'Académie de médecine ont été appelés à suivre.

Observation de Mme Comet (1).

(*7 décembre.*) — Le 25 novembre 1839, Mme Comet a prédit, en présence de plusieurs de MM. les membres de l'Académie, que le 5 décembre, elle serait prise d'un point de côté, et que sans avoir égard à l'époque de ses règles, il faudrait la saigner ; en effet, depuis avant-hier elle est atteinte d'une douleur profonde au côté gauche ; dans son dernier sommeil, elle a dit que cette douleur réside dans le poumon, que bientôt il y aura crachement de sang, et que demain à 9 heures du matin, *il faudra pratiquer une saignée de vingt onces*.

La peau est chaude et légèrement haliteuse. — Le pouls est plein, assez fréquent. — La respiration est un peu courte. La malade accuse une douleur profonde en avant, en bas et à gauche de la poitrine ; cette douleur paraît augmenter dans l'inspiration. — Il y a de la toux, et les crachats sont teints de sang. — Il n'y a point de matité à la percussion ; mais à l'audition par le pectoriloque, on distingue aisément à la base du poumon gauche du râle crépitant, c'est-à-dire une respiration bruyante et embarrassée.

(1) Extrait des lettres que M. Frapart a publiées dans le journal l'*Hygie*.

Les autres fonctions n'offrent rien de remarquable. Les facultés intellectuelles semblent parfaites; la langue est pâle, le système musculaire flasque, et il est facile de voir, à l'aspect de la malade, dit le docteur Frapart, que *leur* médecine a passé par là.

(7 *décembre au soir*). — Il ne s'agit plus, comme ce matin, de constater une simple fluxion de poitrine, mais bien d'observer un état fort extraordinaire du système nerveux, ou plutôt une maladie étrange qu'il faut se contenter de décrire sans essayer de lui donner un nom.

L'accès doit débuter à 9 heures précises.

La malade paraît avoir la respiration encore plus difficile que pendant la journée, la peau plus haliteuse et le pouls plus plein; sa main droite est appliquée sur son côté gauche. Du reste, Mme Comet parle de manière à prouver que son intelligence est intacte, et rien n'annonce encore que dans quelques instants des phénomènes extraordinaires vont se développer. Cependant, à neuf heures moins huit minutes, la malade se prend à bâiller une première fois, puis une seconde, ainsi de suite; à neuf heures moins quatre minutes elle a une pandiculation suivie de plusieurs autres; bientôt elle éprouve du malaise; enfin à neuf heures précises elle ferme les yeux. Alors M. Comet, qui vient de peser *deux gros quarante-quatre grains de laudanum de Rousseau*, mélangés avec à peu près autant d'eau pure, les administre sur-le-champ à sa dame ; ensuite il lui fait boire, afin d'enlever la saveur dégoûtante de cette drogue, deux cuillerées de vin blanc.

Ceci s'est passé devant témoins; et si messieurs de l'Académie ne se sont point trouvés là, c'est qu'ils n'ont point voulu s'y trouver. Mais lequel d'entre eux eût osé prescrire à Mme Comet la dose énorme d'opium que sur sa demande de la veille on vient de lui administrer ? Ce puissant narcotique, qui dans de pareilles proportions suffirait pour endormir quatre hommes de leur sommeil éternel, n'aura pour effet cette fois que de soulager la malade. Quel membre de la faculté l'eût prévu ? Dans quel livre de médecine eût-on trouvé cette indication ? Mais revenons au fait :

A neuf heures une minute, la malade tombe dans une immobilité absolue ; à neuf heures cinq, la scène change : Mme Comet, tout en laissant ses coudes appuyés sur le lit, soulève lentement ses mains qu'elle semble diriger vers le ciel comme pour invoquer Dieu ; puis elle dit d'une voix si faible qu'on a peine à l'entendre : « Je souffre beaucoup de mon côté ; demain, à neuf heures du matin, il faudra me tirer une livre et quart de sang... Vingt onces fortes. La fluxion de poitrine est indépendante de mes crises ; j'indiquerai, dans un de mes prochains sommeils, l'époque de la guérison de la première de ces maladies ; quant à mes crises, si on suit exactement toutes mes prescriptions, j'en serai délivrée le samedi 28 de ce mois. Demain ma crise me prendra à huit heures et demie, elle durera un quart d'heure ; on m'administrera six gouttes d'opium de plus qu'aujourd'hui. »

Il est neuf heures seize minutes : la malade cesse de parler, soulève un peu la tête, semble se recueillir et prier, puis elle dit : *Oh! mon Dieu!* Tout à coup ses mains et sa tête retombent, et elle s'écrie d'un accent peiné : *Il est parti!* Dans cet instant elle porte la main droite sur son côté gauche et le frotte ; l'état d'extase a cessé. On parle à Mme Comet, elle répond naturellement, et sur une question qu'on lui fait, elle assure qu'elle voit son côté. A neuf heures vingt, silence ! M. Comet dit alors que sa dame est cataleptique; en effet, on saisit la manche de camisole de Mme Comet, on la porte en haut, et le bras entier suit en offrant aussi peu de résistance qu'en offrirait un cheveu qu'on soulèverait ; on quitte la manche, le bras demeure en l'air ; on en fait autant pour le bras opposé, puis avec une jambe : même résultat. On replace la jambe sur le lit, mais on ne touche point aux membres supérieurs, ils ne bougent pas. A neuf heures vingt-sept minutes, la malade ouvre les yeux : le regard est fixe, terne et vide; à neuf heures vingt-neuf les paupières clignent, les yeux s'animent ; enfin, à neuf heures et demie sonnant, les bras faiblissent, baissent et tombent avant que le bruit du timbre ait cessé de se faire entendre. Dix secondes après, madame Comet sourit à sa famille qui l'entoure, et revient sur-le-champ à son état normal. — Le lendemain matin le docteur Comet, après avoir pris toutes ses mesures pour suivre rigoureusement les prescriptions de sa femme, pratique lui-même à neuf heures précises la saignée qu'elle s'est ordonnée la veille. Bientôt les symptômes semblent diminuer de gravité, sans que la malade paraisse plus abattue qu'à l'ordinaire ; toutefois, comme elle est toujours couchée, il est difficile d'apprécier ses forces.

(8 *décembre*). — Comme la lettre de M. Frapart qui correspond à cette phase de la maladie de madame Comet renferme une multitude de petits détails dont nous ne saurions élaguer notre récit sans altérer la vérité, nous allons transcrire cette lettre sans en altérer le texte.

A monsieur Bazile, *à Courquetaine.*

Paris, le 16 décembre 1839.

Mon bon ami,

« Je reprends l'histoire de la maladie de Mme Comet au moment où cette dame vient de perdre vingt onces de sang. C'était le huit de ce mois. Depuis lors, tous les jours au soir, Mme Comet a un accès de somnambulisme qui dure tantôt un quart d'heure, tantôt une demi-heure, et pendant lequel tout se passe comme dans celui que je vous ai décrit; c'est-à-dire qu'il offre deux états successifs bien distincts, l'un d'extase, l'autre de catalepsie. Dans celui-ci la malade *paraît* ne rien entendre, ne rien voir, ne rien sentir, ne rien comprendre; ne parle pas, ne bouge pas, respire à peine, garde immobilement toutes les positions qu'on lui donne, et, j'ose à peine le dire, *semble* avoir perdu portion de la pesanteur de ses membres. Dans celui-là, ce sont d'autres merveilles! La malade se trouve, je veux dire a *l'air* de se trouver, en communication avec un être que personne ne voit, que personne n'entend, que personne ne touche, et auquel cependant s'il est permis à un homme grave de raconter de telles impressions, on serait presque tenté de *croire* qu'elle parle et qu'elle répond. Le premier de ces faits est extraordinaire, le second est abasourdissant (1)! C'est dans cet état d'extase que Mme Comet parle de son mal, dit *où* il en est, *comment* il ira,

(1) M. Frapart, j'imagine, n'ignore point que ces faits ne sont pas nouveaux. Toutes les cataleptiques de Petétin en présentaient comme madame Comet; et mademoiselle Estelle l'Hardy, avait, ainsi que nous l'avons rapporté, de mystérieuses entrevues avec un être mystique et inconnu.

quand il finira, ordonne le traitement qui convient à la fluxion de poitrine dont elle est atteinte, n'oublie pas le régime, prescrit la dose d'opium qu'on devra lui administrer, prédit l'heure et la durée de son accès du lendemain, précise enfin le jour où elle n'aura plus d'accès.

A chaque séance c'est la même chose, avec quelques variations qui dépendent sans doute de la marche de la maladie, et que je vais indiquer en courant. Ainsi, pendant la crise du 8, Mme Comet assure que les vingt onces de sang qu'on lui a tirées le matin, sont faibles, tandis qu'elles devaient être fortes, et qu'il faudra lui en soustraire de nouveau une livre le surlendemain. Nous pesons le sang tiré, et nous vérifions en effet qu'on n'a pas obtenu la bonne mesure prescrite; si c'est pour cela qu'il faut recommencer, c'est assez désagréable et même un un peu alarmant; car la maladie est si vieille et la malade si faible, que bientôt d'un côté il n'y aura plus de combattant. D'ailleurs, en supposant la prescription infaillible, comment se préserver de tout manquement, de toute méprise, de toute omission en l'exécutant ? Cela me paraît bien difficile : dans la pratique de notre art, ce n'est jamais que par exception que même les plus habiles atteignent juste et droit au but. C'est déplorable, mais cela est. En définitive, Mme Comet se trouve dans une mauvaise passe, et quelque savant que soit son médecin, quelque dévoués que soient ses garde-malades, j'ai des inquiétudes sur le résultat; je crois qu'il sera malaisé d'arriver au port sans encombre. Toutefois comme, dans l'espèce, nous n'avons pas à nous défier des ordonnances du médecin, on les exécute à la lettre. En conséquence, le 10, après toutes les précautions prises d'avance, M. Comet tire à la malade près de dix-sept onces de sang. Au moins cette fois nous ne péchons pas par défaut! Le fait est que dans la journée les symptômes de la fluxion de poitrine diminuent, et que dans l'accès extatique du soir Mme Comet nous assure que tout va mieux, que tout va bien, que tout a réussi. Le lendemain, même langage de sa part, même sécurité de la nôtre. Mais il n'y a qu'heur et malheur en ce monde. Le 12, la malade annonce qu'il lui faudra encore une saignée pour détruire entièrement la phlegmasie pulmonaire; que cette saignée ne se fera ni le 13, ni le 14, mais le dimanche 15; qu'on hésitera pour la lui faire, et qu'elle ne peut pas encore en déterminer la quantité. Une telle prédiction nous met aux champs. M. Comet n'est pas tellement façonné à l'obéissance passive, qu'il puisse se décider aisément à marcher les yeux fermés; et quant à moi, quoique un peu plus souple.... au moins devant des faits de cette nature, comme depuis quelques années que je pratique l'homœopathie, j'ai perdu l'habitude d'égorger mes malades, je suis presque prêt à douter et à me regimber. Mais tout à coup, me rappelant ma longue expérience; — *qui m'a appris que jamais un somnambule, quand il se prescrit quoi que ce soit, ne se le prescrit mal à propos, puisque toujours on le sauve quand on suit exactement toutes ses prescriptions,* — et ma profonde ignorance des secrets de la nature, je baisse la tête en engageant M. Comet à faire de même. Enfin lui aussi se résigne.... Pendant la tempête, mieux vaut accepter pour pilote le premier pilote venu, que de n'en prendre aucun. C'est se garder au moins une chance de salut.

Le 14 au soir, Mme Comet, qui sans doute jusque là n'avait pas voulu nous effrayer, nous annonce qu'il faudra lui enlever le lendemain *vingt-quatre onces fortes* de ce précieux liquide qui nous conserve la vie, et que même si elle se trouve faible, on ne devra pas suspendre la saignée, *car il faut une syncope* : sans cela ce serait à n'en jamais finir, ou plutôt à en finir bientôt.

M. Comet chancèle, il y a de quoi ! sa pauvre patiente est depuis si longtemps malade ; elle est si faible, si pâle, si exsangue, si abimée, si mourante, qu'en vérité il faut avoir en partage une foi stupide ou une conviction enracinée pour oser encore aller de l'avant sur une route qui paraît tant semée d'écueils. Cependant, pour moi, mon parti est pris : il est vrai que ce n'est pas ma femme que j'ai à juguler ainsi ;... et encore quand ce serait ma femme ?

puisque je suis convaincu, je ne reculerais pas. Jamais somnambule ne s'est suicidé. Au milieu d'un ciel noir n'avons-nous pas une étoile qui nous dirige, et qui ne disparaîtra que quand nous n'en aurons plus besoin? Mais si cette étoile venait à nous manquer avant le temps? O obscurité! obscurité!..., alors autant mourir seul dans les catacombes.

Quoi qu'il en soit des espérances et des craintes qui nous agitent, après avoir pris toutes nos dimensions pour ne passer ni à droite, ni à gauche du but, pour ne point rester en deçà, ni aller au-delà, hier, à neuf heures du matin, M. Comet pratique une large saignée, dont le sang s'échappe tout à son aise; une de ces saignées parfaites et telles que je les chérissais dans mon bon temps. Près de vingt-cinq onces de sang sont tirées! et nous ne voyons point venir la syncope. On bande le bras; mais à peine le bandage est-il appliqué que les accidents paraissent. On s'en inquiète; néanmoins ils finissent par s'apaiser; je quitte la malade. Vingt minutes après, de nouveaux accidents surgissent; on craint, on se trouble, on s'effraie, on pleure, on accourt chez moi... comme si j'y pouvais quelque chose! J'arrive, me voilà encore médecin, comme bien souvent, malgré moi! Mais quel parti prendre là où il n'y a pas de parti à prendre! Ma foi, au lieu de *pleurnicher*, ainsi que tout médecin qui sait son métier doit le pratiquer en pareil cas, je fais bonne mine à mauvais jeu, j'encourage la famille éplorée, je la stimule et la relève en disant : « Nous ne nous sommes point trompés, la somnambule ne s'est jamais trompée ! restons calmes. » Au surplus, l'espoir ne m'a pas encore abandonné : n'ai-je point passé, moi, par huit saignées dans une seule et même maladie, sans compter plusieurs centaines de sangsues ?... et je n'en suis point mort.... parce qu'il y a des bœufs qui résistent à l'assommoir ; puis, j'ai pour principe de ne désespérer de la partie que quand elle est perdue : Mme Comet n'est pas morte, elle ne mourra pas.

Cependant la journée se passe dans des angoisses ; le soir la crise ne se manifeste pas comme toujours, à l'heure où elle doit avoir lieu ; il y a des efforts cruels de vomissement ; on hésite pour donner les deux gros et demi d'opium ; il n'y a qu'un moment pour l'administration opportune de ce dégoûtant breuvage ! Bref, l'accès n'arrive pas, l'étoile ne brille plus, nous sommes désorientés. Je m'arme de courage et je me réfugie dans ma conscience. Cependant, ô bonheur ! l'accès n'est que retardé, le voilà ! « Tout s'est bien passé, nous dit la malade dans son sommeil d'extase ; la saignée n'a pas été trop forte. Donnez-moi de suite la dose d'opium que je devais boire. Demain le point de côté s'affaiblira, et mercredi prochain j'en serai entièrement délivrée. Quant à mes accès, leur disparition est toujours pour le 28 de ce mois. Je suis bien faible, et je le serai longtemps ; ma convalescence sera pénible, il faut commencer à me bien nourrir pour que mes forces reviennent peu à peu. Les aliments que j'indiquerai ne me feront aucun mal. Demain à huit heures et demi mon accès arrivera et durera quinze minutes. On m'administrera autant de laudanum qu'aujourd'hui... Merci, mon Dieu ! il est parti ! » Ensuite survient l'état cataleptique, qui ne tarde pas à être suivi du réveil. Et moi aussi je me réveille, et bien m'en prend, car j'avais le cauchemar ; la vie d'une femme pesait sur ma poitrine !

Heureusement que dans les grandes crises on ne mesure l'abîme que quand il est franchi.

Adieu, etc. FRAPART, D. m. p.

Mme Comet a prédit la guérison de sa phlegmasie pulmonaire pour le mercredi, 18 décembre. En effet, dès le lendemain de la dernière saignée qu'elle s'est prescrite, les symptômes de la pneumonie s'amoindrissent à vue d'œil. Enfin, le soir du jour indiqué par elle, la malade assure ne pas ressentir le moindre vestige de sa douleur au côté ; et le plus attentif examen ne permet plus de rien découvrir d'anormal ni dans la respiration, ni dans la circulation, ni dans aucune autre fonction. En un mot, le 18 décembre, il n'est pas plus question de la fluxion de poitrine que si elle n'eût jamais existé ; les saignées en ont fait justice. Mais voyons actuellement ce que devint l'affection du système nerveux.

Ainsi que la patiente l'avait prévu, tous les jours au soir, jusqu'au 27 décembre inclusivement, elle a eu un accès d'extase et de catalepsie presque en tout semblable à celui dont nous avons donné la description. Dans l'accès du 26, la malade a de nouveau affirmé qu'elle n'en aurait pas le 28 et le 29, et qu'elle en éprouverait un le 30, pendant lequel elle avertirait de la marche qu'il y aurait subséquemment à suivre. En effet, rien le 28, ni le 29 ; mais le 30 au soir, accès. Dans ce dernier, Mme Comet en prognostique un autre pour le 15 janvier, et assure que dans le cas où d'ici là on serait embarrassé de savoir que faire, elle aurait à temps et vers le midi, n'importe quel jour, un sommeil d'une demi-heure, durant lequel les moyens d'aplanir les obstacles lui seraient révélés. Elle s'endort en effet le 6 et le 11 janvier à midi, et signale ce qu'on doit faire ou ne pas faire. Enfin, le 15 au soir l'accès d'extase arrive et n'offre rien de remarquable, si ce n'est la prédiction, pour le dernier jour du mois, d'un autre accès ; « car, dit la malade, j'ai besoin d'en avoir de temps en temps pour me diriger. » Le 31 tout vient encore à point. Du reste, Mme Comet se préscrit toujours de l'opium, mais à doses fractionnées de moins en moins considérables (1).

Il n'est pas d'esprit indépendant et consciencieux à qui cette histoire pathologique de Mme Comet inspire avec de sérieuses réflexions une invincible défiance de la médecine ordinaire.

Il s'agit d'une maladie grave, compliquée, dont les causes sont inconnues, dont la marche est incertaine, dont l'issue ne peut être que funeste. Peu de médecins se sentiraient le courage de l'entreprendre; pas un seul peut-être ne la mènerait à bien. Or, voilà qu'au milieu des justes perplexités de ses proches et de ses amis, la malade elle-même, tout à coup inspirée par le ciel, se met à exposer une à une

(1) Les prévisions de madame Comet sur la longueur de sa convalescence se sont réalisées comme le reste. Nous avons eu l'occasion de nous trouver chez cette dame dans le courant du mois d'avril dernier; elle était encore d'une grande faiblesse. Ses accès revenaient toujours de loin en loin, et comme elle continuait à prendre de l'opium à doses considérables, c'était surtout cette circonstance qui *scandalisait* les médecins, attendu, disaient-ils, que la reproduction de l'extase n'était pas autre chose que l'effet du narcotique. Eh! mon Dieu! cette remarque pouvait être fort juste; mais le retour des phénomènes extatiques n'était-il point encore un bienfait de la Providence, puisque madame Comet éprouvait encore le besoin d'être conseillée par son *génie tutélaire*. Mais bah! qu'est-ce donc que ces génies inconnus qui viennent se mêler des affaires des médecins et gâter leur métier.

toutes les alternatives de son mal; à en prédire les modifications, et à fixer le jour où il sera définitivement conjuré. Ce n'est pas tout; pour que les choses se passent comme elle les annonce, il faut qu'on suive minutieusement les conseils qu'elle va donner; car le mystérieux pilote qui lui découvre l'écueil, lui trace en même temps la route qu'il faut prendre pour l'éviter. Mais entre les besoins actuels de son organisation souffrante et la médication qu'elle se prescrit, quel œil humain découvrirait jamais l'insaisissable liaison qui existe. Abattue par d'incessantes douleurs, cette pauvre malade paraît exsangue; sa figure est décolorée comme celle d'un mourant; eh bien! que s'ordonne-t-elle pour remédier à tant de faiblesse? trois saignées successives! trois énormes saignées qui lui vont soustraire en huit jours plus de quatre livres de sang! il est vrai que ce n'est point sa faute si elle se traite si impitoyablement. L'imperceptible erreur qu'on a commise en exécutant sa première prescription, a seule nécessité les autres. Il faut compter les milligrammes et les secondes avec les somnambules, parce qu'ils n'y vont point au hasard comme nous autres médecins. Une minute d'erreur, et tout est manqué. La vie même peut dépendre d'une pareille bévue. Mais quoi! cette rigoureuse précision, cette ponctualité mathématique est-elle donc si nécessaire? — Oui, les faits en font foi. — Mais à quoi tient-elle? — Sans doute aux exigences de notre nature que nous ne connaissons pas, dont nous n'avons pas la plus fugitive idée, et que nous mutilons indignement comme de stupides bourreaux. Mais alors, que font donc Messieurs de la Faculté alors qu'auprès de leurs clients ils ne tiennent compte d'aucune de ces choses? Que voulez-vous que je vous réponde? Qu'ils font leur métier. Oh! grand Molière! j'étais loin de croire, il y a quelques années, que relativement à notre *belle science*, vos plaisanteries eussent tant de profondeur!

Après que l'expérience et le raisonnement eurent appris que la médecine des extatiques fût à peu près la seule qui leur convînt, quel médecin véritablement philanthrope ne dut pas désirer que dans les circonstances difficiles et embarrassantes, chacun de ses malades fût pris d'accès d'extase afin de pouvoir se soigner lui-même? Or, la découverte du somnambulisme artificiel réalisa ce désir; mais les conséquences qu'entraîna après lui ce nouvel ordre de choses ne se trouvèrent point à la portée des esprits médiocres, et alarmèrent tellement les intérêts privés de la plèbe scholastique, qu'on refusa de les admettre. Que deviendrons-nous, s'écrièrent-ils, si nous proclamons une vérité qui apprend à se passer de notre ministère? Que ferai-je de mes livres? se dit l'un; que ferai-je de mon génie? se dit l'autre. Vos livres? monsieur ...., vous les brûlerez. — Quant à vous, monsieur l'homme de génie, ... ah! mais vous plaisantez! Ne vaudrait-il pas mieux cent fois pour les hommes et pour vous-même, que vous appliquassiez votre belle intelligence à des choses utiles, que de la gaspiller comme vous faites à l'amplification d'une erreur? Et puis, remarquez une chose, c'est que vous aurez beau faire, tout votre savoir, toute votre astuce, toute votre éloquence ne parviendront pas à vous faire conjurer la défaite. Je vous dis que vos ennemis ont dépassé la brèche, que votre dernière place est forcée, et que nous vous en chasserons.

La sagacité médicale des somnambules magnétiques ne le cède en rien à celle des extatiques. La circonstance capitale de leur manière de faire consiste également dans une scrupuleuse attention aux doses des médicaments et aux heures où ils doivent être administrés. Leur médication relativement à l'ancienne pharmacopée est aussi quelquefois fort étrange; mais elle est en général d'une simplicité remarquable. On s'étonne souvent, dans les premiers temps qu'on se livre à la pratique du magnétisme, de l'importance que les somnambules paraissent attacher à d'insignifiantes circonstances. Mais l'étonnement cesse bientôt lorsqu'on voit combien d'immenses effets peuvent résulter de petites causes. On finit par devenir soi-même minutieux; mais il faut pour cela du temps et de l'habitude, et là gît réellement toute la science du magnétiseur.

Une méthode fort sage et à laquelle j'ai eu quelque peine à m'accoutumer, parce que je comptais trop sur une mémoire qui finit par me trahir quelquefois, consiste à écrire, séance tenante, tout ce que dit et surtout se prescrit le somnambule. Il en résulte un double avantage, pour le malade d'abord, dont vous serez plus sûr de ne point oublier les conseils, et en second pour vous-même, qui vous ménagez ainsi le moyen de ne recueillir jamais que des observations exactes et complètes.

Pour ce qui est des heures auxquelles il vous est enjoint d'agir, vous devez toujours demander au somnambule s'il entend parler de l'heure vraie ou de l'heure indiquée par telle ou telle horloge. Parmi les somnambules en effet, les uns se règlent sur la pendule de leur appartement, les autres sur l'horloge de leur paroisse, etc.; mais presque tous ont le sentiment de l'heure vraie et calculent d'après elle.—Ces observations pourront sembler vétilleuses aux lecteurs inexpérimentés; mais les magnétiseurs ne les trouveront peut-être point encore assez détaillées, et ce serait bien pire, ma foi, si un somnambule lui-même faisait un livre. Au surplus, il ne faut qu'un jour et de l'attention pour devenir bon magnétiseur. Le magnétisme n'est donc point de ces choses dont la cupidité pourra longtemps s'arroger le monopole et l'exploitation. Le fait suivant prouve irrévocablement qu'il est appelé à devenir dans peu *la médecine des familles.*

Lors de l'invasion de 1814, un malheureux enfant, après avoir vu massacrer sa famille sur les cendres fumantes de sa chaumière, avait été lui-même dépouillé par les Cosaques et pendu tout nu par les pieds à un arbre. Des paysans le recueillirent et le rappelèrent à la vie; mais l'impression terrible que ces affreux événements avaient faite sur lui, le rendirent épileptique. Cependant il vint à la ville la plus prochaine (Saint-Quentin) implorer de la pitié de ses habitants des secours que ses infortunés parents ne pouvaient plus lui donner. Comme ses malheurs étaient connus, chacun s'efforça de les adoucir; mais les aumônes qu'il recevait n'étaient point de nature à lui rendre la santé qu'il avait perdue; et, pour que ses fréquentes attaques cessassent d'être l'affligeant et hideux spectacle des rues et des places publiques, il fallait que Dieu aussi lui tendît la main. Or, le ciel eut pitié de ce pauvre enfant, car ce fut sans doute lui qui inspira à M. Aubriet l'idée de le magnétiser. Le succès surpassa toute espérance. L'infortuné devint somnambule et guérit; mais comme personne ne pouvait mettre en doute la réalité de la maladie, la guérison porta la conviction chez les plus incrédules. Aussi, tel fut l'enthousiasme excité par cet événement, que lorsqu'en 1817 M. de Puységur se rendit à Saint-Quentin, il trouva la moitié de la ville magnétisant l'autre.

Or, tandis qu'il n'est partout question que de M. Aubriet et de son épileptique, voilà qu'un maçon nommé *Louis Pelletier*, demeurant à Curlu, près de Péronne, vient se présenter à l'heureux magnétiseur, se jette à ses genoux, et le supplie les mains jointes de lui guérir aussi son fils également atteint d'épilepsie. M. Aubriet essaie, magnétise le jeune homme et l'endort. Le succès est indubitable; mais il faudrait du temps, un traitement enfin, et Pelletier n'est pas riche pour rester longtemps à la ville; mais qu'à cela ne tienne; en moins d'une heure, M. Aubriet transmet tout son savoir au paysan, qui, en le comblant de bénédictions, s'en retourne *parfait médecin* dans son village.

En effet, Pelletier n'est pas plus tôt rentré chez lui, qu'il magnétise et endort son fils. La lucidité du jeune homme se développe : il voit, il traite des malades. Les habitants du lieu viennent à l'envi le visiter et le consulter. Les épileptiques des environs arrivent en foule; Pelletier ne sait auquel entendre. Enfin il prend le parti de transformer sa chaumière en maison de santé; il reçoit des pensionnaires, il fait des somnambules, et les malades guérissent. Cependant, comme l'a dit un spirituel penseur, « une grande réputation a toujours des inconvénients. »

Beaucoup plus préoccupé du salut de ses ouailles que de leur bien-être temporel, le curé du lieu se persuade que Pelletier a fait un pacte avec le diable, et il vient, en se signant, l'admonester. Les récits du pasteur mettent la police en émoi. L'inquisition eût brûlé vif le pauvre maçon ; monsieur le sous-préfet de Péronne lui dépêche ses gendarmes. Mais comme il est à la fin reconnu que Pelletier ne fait que du bien, et que ses procédés n'ont rien de diabolique, on lui permet de continuer ses miracles, et de recevoir de ses *clients* quelque marque de reconnaissance.

Pelletier adressa à son maître, M. Aubriet, un rapport que nos lecteurs trouveront imprimé en entier et sans aucun changement dans la *Bibliothèque du magnétisme* (1); mais ils n'apprendront peut-être pas sans étonnement les guérisons que cet homme avait opérées au bout de quelques mois :

1° Celle de son fils commencée le 6 décembre 1816 et terminée le 17 janvier 1817 (il était malade depuis plusieurs années);

2° Celle de Catherine Leroux (devenue épileptique à la suite d'une frayeur), commencée en mars 1817, et terminée le 5 juin suivant;

3° Celle d'une sœur de Catherine, qui depuis douze ans avait contracté sa maladie par suite de la frayeur qu'elle en avait eue ;

---

(1) N° 14, pag. 148 et suiv.

4° Celle de Philippine Cardon, âgée de 18 ans, et malade depuis trois par suite des violences que lui fit un jeune homme qui s'était trouvé seul avec elle dans sa maison ;

5° Celle de la nommée ***, qui, par suite des emportements de son beau-père contre elle, était depuis longtemps atteinte d'une affection nerveuse, dont les accès étaient si terribles, qu'il fallait du matin au soir deux ou trois personnes pour la garder ;

6° Celle de Joséphine Pâle, âgée de 17 ans, et qui devint une excellente somnambule pour les consultations ;

7° Celle d'un homme de 36 ans, malade depuis l'âge de 18, et qui guérit en cinq mois.

Enfin Pelletier guérit encore d'autres malades sur lesquels ses indications ne sont point assez claires pour que nous puissions les citer. Mais quant à ceux dont les noms précèdent, des certificats légalisés par les autorités du lieu sont annexés à leur histoire. — L'esculape de Curlu avait donc mérité sa réputation.... Combien de médecins peuvent en dire autant de la leur ?

Avant de nous mettre à écrire ce chapitre, nous avions un instant songé à y établir des divisions nosologiques, qui, au premier abord nous semblaient devoir faciliter à nos lecteurs l'étude des traitements magnétiques ; mais indépendamment de ce que toutes ces divisions ne sauraient être qu'arbitraires, une minute de réflexion nous en a fait sentir l'inopportunité, puisqu'on doit comprendre, d'après ce que nous avons établi, que le magnétisme est véritablement applicable à toutes les maladies. Cependant, comme nous avons avancé qu'il devait intervenir jusque dans le traitement des affections chirurgicales, nous allons citer, entre mille, un exemple à l'appui de cette assertion.

Fistule et ulcères au rectum, avec rétrécissement de cet intestin, etc., sur madame Périer, âgée de 35 ans. — A Paris, 1813.

La cure que nous allons raconter est une de celles qui ont fait le plus d'honneur au magnétisme (1). La gravité du fait, ses complications, la chronicité du mal et l'impuissance avouée des gens de l'art à le combattre ; tout cela dut donner à la guérison de Mme Périer l'apparence d'un véritable miracle.

Depuis plus de onze ans cette dame était malade. Son affection consistait surtout en plusieurs ulcérations au rectum, dont l'une en corrodant successivement la paroi de l'intestin et les tissus adjacents, s'était transformée en fistule. Un rétrécissement situé un peu plus haut, ajoutait encore à la difficulté des garderobes. Enfin la position de la malade était d'autant plus désespérante qu'elle paraissait s'agra-

(1) Annales du magnétisme, n°s 11, 12, 13 et 14.

ver de plus en plus, et que chaque jour qui s'écoulait semblait enlever une chance de guérison.

Mme Périer se livra d'abord à la grossière impéritie d'un pharmacien de la grande armée, qui la purgea à outrance, la gorgea de Rob Laffecteur, lui vendit la moitié de son officine, et finit, sans arrêter les progrès de son mal, par lui déranger entièrement la santé.

Deux ans après, Mme Périer se trouvant à Toulouse avec son mari, et éprouvant d'intolérables souffrances, consentit à suivre un nouveau traitement, que lui proposa un chirurgien de cette ville. Celui-ci ayant cru reconnaître (conformément d'ailleurs au diagnostic de Sabatier que la malade avait aussi consulté) un caractère syphilitique aux ulcérations dont elle était atteinte, s'empressa de lui prescrire des remèdes *ad hoc*; c'est-à-dire qu'elle supporta quarante frictions mercurielles, l'introduction de tampons imprégnés de mercure, des purgations, des sudorifiques, et en définitive un cautère à la jambe; après quoi M. le docteur ayant terminé son traitement, déclara la malade guérie. Mais hélas! rien n'en était: irritée, exténuée, abîmée, sans sommeil, sans appétit, la pauvre dame souffrait plus que jamais; et telle était la douleur qu'elle redoutait de chaque défécation, qu'elle allait jusqu'à se refuser la nourriture nécessaire au soutien de sa vie.

Cependant, la cessation de tous remèdes jointe à

la bonté naturelle de son tempérament, lui ayant rendu quelques forces, elle se trouva, peu de mois après, en état de se rendre aux eaux de Bagnères, où elle passa deux saisons. Les bains et les injections améliorèrent sensiblement son état; mais la fatigue du long voyage qu'elle fut obligée de faire pour regagner Paris, neutralisa les bons effets qu'avaient produit les eaux. Plusieurs hommes de l'art furent de nouveau consultés. Les uns conseillèrent une opération que les autres déclarèrent impraticable. Un M. Jenouville s'offrit de guérir la malade par le seul moyen d'injections d'une composition secrète; mais cet infaillible ingrédient dont on fit l'essai, et qui n'était, comme on le reconnut trois mois plus tard, qu'une simple dissolution de sublimé, ne réussit pas mieux que le reste. Enfin, Mme Périer impatientée, désespérée, et trouvant sans doute qu'il était encore plus prudent de s'accommoder avec son mal qu'avec ses *guérisseurs*, prit le parti de congédier ces derniers et de *vivre avec son ennemi*.

Elle passa donc ainsi plusieurs années, souffrant avec courage, et étonnant tous ceux qui la connaissaient, par la prolongation même d'une vie que lui avaient refusé naguère de *savantes prévisions*. Cependant sa résignation l'abandonna. Le célèbre Boyer fut appelé à son tour. Après avoir visité la malade, il déclara l'opération impossible, et ordonna avec des injections calmantes, l'introduction d'un tampon enduit de cérat; mais la difficulté qu'il y avait à remplir cette dernière prescription fit rejeter tout le traitement.

M. Périer ayant été attaqué à cette époque d'une fluxion de poitrine compliquée de symptômes typhoïdes très graves, sa femme trouva alors pour le soigner des forces qu'elle n'avait point pour elle-même: mais le jour où le médecin déclare que son mari est sauvé, cette vigueur surnaturelle l'abandonne tout-à-coup; elle se met au lit, ce qu'elle n'a pas fait depuis quinze jours; une fièvre brûlante se déclare, et bientôt on désespère de sa vie. Cependant, pour satisfaire aux désirs pressants de ses amis, elle consent à recevoir encore les secours de la médecine. MM. Dubois et Damiron, appelés en consultation, approuvent de point en point l'ordonnance de Boyer, et pour lever toute difficulté relativement à l'introduction des tampons, il est décidé que M. Damiron s'acquittera lui-même de ce soin quotidien; mais encore faut-il attendre pour employer ces moyens, que la malade soit un peu revenue de sa faiblesse. Une crise naturelle ne tarde pas à dissiper le danger du moment, et dès que Mme Périer a repris les forces suffisantes, on commence le traitement, qui produit un mieux sensible pendant les premiers mois, et donne même quelque espoir de guérison; mais cet espoir n'était qu'un leurre, car les progrès vers la guérison ne tardent pas à s'arrêter, et la malade à retomber dans toutes ses souffrances.

Or, il y avait trois mois que les choses en étaient à ce point, lorsqu'un heureux hasard fit connaître le magnétisme à M. Périer, et lui découvrit tous les avantages qu'il pouvait retirer de son emploi.

Ce fut au milieu d'une société nombreuse réunie chez lui, à toute autre intention sans doute, qu'un des assistants, M. Dupré, proposa à Mme Périer de la magnétiser.

M. Périer, qui n'avait que des préventions contre le magnétisme, n'accorda pas même un moment d'attention à cette séance d'essai, et lorsqu'il vit sa femme bailler en se plaignant d'éprouver des engourdissements dans tous les membres, il trouva la chose fort naturelle après une demi-heure d'immobilité et d'ennui. Cependant le besoin de dormir fut si bien marqué chez la malade, que tout le monde crut devoir se retirer pour la laisser libre. En effet, on fut obligé de la déshabiller et de l'aider à se mettre au lit, car elle dormait avant d'être couchée. M. Périer ne tarda pas à se coucher lui-même, et il ne songeait déjà plus à ce qui s'était passé, lorsque sa femme se mit à rire très haut et à lui parler. Cette circonstance ne l'étonne pas beaucoup, attendu qu'il n'est point très rare d'avoir à l'observer pendant le sommeil naturel; Mme Périer la lui a même plusieurs fois présentée; mais ici pourtant la conversation est si bien soutenue, les réponses sont si nettes, si précises, qu'il finit par se demander s'il n'y aurait pas là quelque effet du magnétisme. Il adresse donc à la malade diverses questions sur des personnes éloignées avec lesquelles elle devait être en rapport; elle lui parle de ces personnes comme si elles étaient auprès d'elle. La curiosité s'empare de lui; ses questions se multiplient; et nonobstant son septicisme, le voilà qui voudrait être au matin, pour vérifier les révélations qu'on lui fait. Or, le matin il était irrévocablement converti, car *tout s'était réalisé*. Alors il n'y tient plus, la tête lui tourne, il court chez ses amis, il écrit partout et finit par s'entourer de magnétiseurs expérimentés, qui lui donnent le seul conseil raisonnable qu'il eût peut-être reçu relativement à sa femme depuis douze ans, celui de la traiter par le magnétisme.

Mme Périer est donc magnétisée par son mari, le 6 novembre 1813. Dès la première séance elle est assez lucide pour changer quelque chose aux remèdes qu'on lui fait prendre, et demande à n'être magnétisée qu'au bout de trois jours.

Le 9, elle dit que la vue de son mal l'afflige, et qu'il ne faut la laisser en somnambulisme que le moins possible.

Le 13, M. Périer étonné de la précision avec laquelle la malade décrit ses plaies et sentant tout le parti qu'un médecin éclairé pourrait tirer de pareils détails, témoigne à sa femme le désir que M. Damiron soit présent aux séances ; mais elle lui répond que M. Damiron se moquerait comme tous ses confrères d'une chose dont il n'avait nulle idée, et que d'ailleurs « ils n'avaient besoin de personne. »

Depuis cette époque, Mme Périer demanda à être magnétisée tous les jours.

Son mari, lui ayant demandé le lendemain s'il fallait qu'il lui magnétisât l'eau qu'elle buvait, elle lui répondit que ce n'était pas nécessaire.

Le 15, elle dit que dans deux jours il se formerait une tumeur à l'extrémité du bras gauche, ce qui aurait lieu parce qu'on l'avait trop magnétisée de ce côté, où on avait ainsi attiré l'humeur.

Le 17, la tumeur annoncée ayant paru, M. Périer demanda à sa femme ce qu'il fallait faire : « Rien, répondit-elle, il s'en est formé trois autres dans le côté gauche, qui ne sont pas apparentes. »

Elle dit qu'elle était dans un moment de crise, que depuis cinq jours tous les vaisseaux sanguins étaient gonflés, et qu'elle avait beaucoup de peine à se régler. « C'est le cas, ajouta-t-elle, de nous servir de toute la force du magnétisme. » Puis elle recommanda à son mari de modérer le désir qu'il avait de la guérir, parce que cela donnait à son sang (à elle) une trop grande effervescence.

Le 20, deux des plaies du rectum étaient guéries. La dernière, qu'en raison de sa situation élevée, les injections n'atteignaient que difficilement, fournissait encore une suppuration abondante. La malade étant oppressée, et ses règles ne paraissant toujours pas, elle fit changer quelque chose à ses remèdes, parce qu'elle avait, dit-elle, d'autres maladies que celles qu'on lui connaissait.

Le 21, Mme Périer éprouve un mieux sensible dans la partie malade. Le rectum a repris beaucoup d'élasticité, et les douleurs locales sont presque entièrement dissipées. La gaîté lui revient avec l'espérance, mais son tempérament affaibli par tant d'années de souffrances ne se remet qu'avec lenteur. Elle annonce à son mari qu'elle se réglera bientôt, mais qu'il lui est indispensable de sortir et de se promener fréquemment.

Le 23, elle introduit elle-même, avec une grande adresse, les tampons qui lui sont nécessaires, parce que M. Damiron (qui redoute probablement la société du magnétisme) ne vient plus aussi régulièrement qu'autrefois.

Le 25, M$_{me}$ Périer se rétablit à vue d'œil, et tout fait espérer à son mari une guérison prochaine. Elle lui dit que les plaies sont guéries et que le trou fistuleux est fermé ; mais il la voit changer de physionomie et frissonner de tous ses membres lorsqu'il la questionne sur le reste. Enfin, elle répondit qu'il se formait *une nouvelle poche d'humeurs*, mais qu'il fallait laisser agir les remèdes, et qu'elle le priait de ne plus la questionner là-dessus pendant onze jours, après lesquels elle changerait de régime.

Le 1er décembre, la malade souffrait plus que de coutume. Sa dernière nuit avait été agitée ; et lorsque son mari après l'avoir mise en somnambulisme la força par sa volonté à s'occuper de son mal, l'agitation recommença tellement qu'il fut dans la nécessité de l'éveiller. Le lendemain, elle lui déclara que le magnétisme seul lui faisait du bien, mais que le somnambulisme *la fatiguait*.

Dans la matinée du 3, Mme Périer vomit une grande quantité de sang mêlée d'humeur. Dans la nuit du 3 au 4, elle rendit par les selles une quantité incroyable de pus, mêlé d'un peu de sang noir et de débris membraneux. Le 4, au matin, elle vomit encore beaucoup de sang. Le même jour son mari lui demanda, pendant la séance, si c'était là une des crises qu'elle avait annoncées. « Oui, répondit elle; elle a commencé hier et finira demain ; c'est cette poche remplie d'humeur que j'avais près du cœur, qui s'est ouverte, et que j'ai rendue presque entièrement: vois la place qu'elle occupait (1). Il est fort heureux que j'aie eu un retard; car si cette humeur se fût mêlée avec le sang, cela m'aurait étouffée et je serais morte. »

(1) Madame Périer avait l'habitude de parler à son mari comme s'il eût partagé sa clairvoyance.

Dans la séance du 5, Mme Périer dit qu'elle allait mieux; elle se prescrivit quelques légers remèdes et dit à son mari de la forcer à sortir et à prendre de l'exercice; qu'elle était maintenant assez forte pour aller se promener avec lui. Elle lui recommanda également de lui faire faire ses injections plus souvent, et d'introduire deux tampons par jour (1). Le 6, une cause morale ayant encore une fois retardé les règles de la malade, il advint malheureusement pour elle, que dans ce moment critique où son état exigeait tant de ménagements, son mari fut attaqué d'une fièvre violente avec tous les symptômes d'une pneumonie aiguë. Cependant, malgré l'état dans lequel il se trouvait, M. Périer magnétisa sa femme, qui ne s'occupa que de lui. Mais le lendemain il fallut décidément suspendre toute opération magnétique, et cette fâcheuse interruption faillit annuler tout d'un coup les résultats obtenus jusqu'alors. Cependant le 8 décembre, en dépit du malaise qu'il éprouvait lui-même, M. Périer endormit sa femme; mais comme il lui demanda s'il pouvait la magnétiser, elle lui répondit que non, et que son *fluide* à la dernière séance lui avait fait beaucoup de mal. Ensuite elle ajouta qu'il fallait continuer à l'endormir tous les jours, mais ne la magnétiser que lorsqu'elle le demanderait.

Le 10, elle annonça enfin que ses règles commen-

(1) La plaie supérieure du rectum existait encore.

çaient, qu'elles paraissaient en blanc, qu'elles dureraient quinze jours, et que pendant trois ou quatre jours elles seraient si abondantes que, si on ne la prévenait pas, elle croirait, étant éveillée, avoir une perte, ce que tous les médecins qui la verraient dans cet état penseraient comme elle.

Le 11, elle apprend à son mari qu'elle a eu sept *suppressions* : elle lui en cite les époques, et lui en nomme les causes. Elle ajoute qu'elle a dans les vaisseaux utérins du sang arrêté depuis plus d'un an; qu'elle en rendra beaucoup les jours suivants; etc., etc. enfin, qu'il faut suspendre l'usage des tampons pendant tout le temps des règles.

Le 12, elle permet à son mari de la magnétiser; et comme celui-ci y met une grande force de volonté, la malade lui dit : « Voici une chose bien extraordinaire; ton fluide redonne la vie à ce sang qui était mort et pourri depuis longtemps; mais c'est assez : ta volonté est trop forte; elle l'est plus que la mienne, et n'est plus en rapport avec ton fluide. »

Le 13 et le 14, M. Périer parvint à déplacer des caillots de sang en magnétisant sa femme aux endroits qu'elle lui indiquait. Elle les rendait ensuite dans la journée. Lorsqu'elle éprouvait des coliques violentes, il suffisait qu'il portât sa main sur la partie souffrante pour la calmer. Enfin, comme la suspension du traitement avait laissé rouvrir les ulcérations inférieures, la malade dit à son mari qu'il fallait les guérir avant d'atteindre la place du haut, où les injections ne parviendraient que lorsque le rectum aurait repris de la force; mais que, dans tous les cas, le magnétisme aiderait beaucoup à sa guérison.

Le 15, Mme Périer se trouva mieux. Elle se récria beaucoup sur l'incapacité des médecins qui, lorsqu'elle avait eu six semaines auparavant une éruption à la peau, ne s'étaient point aperçu qu'elle était causée par *la décomposition de la partie aqueuse du sang!* La pauvre somnambule ignorait que la pénétration du médecin le plus capable n'était jamais allé si loin.) Elle prit ensuite la main de son mari, et la posa sur son côté au point où elle souffrait; mais elle l'éloigna presque aussitôt en lui disant que sa volonté était *trop active*, et que l'effervescence qu'elle donnait à son sang pourrait lui occasionner une perte.

Le 16, Mme Périer s'étant ordonné des injections avec une décoction de morelle, de racine de persil, de mauve, etc., son mari lui rappela qu'un de ses chirurgiens (Boyer) lui avait également ordonné de la morelle. « Oui, répliqua-t-elle; mais il y avait joint des pavots, chose qui paralyse la guérison plutôt que de l'activer; c'est l'*opium des plaies*.

Le 18, la malade était faible et souffrante; l'abondance des règles était effrayante, et pourtant elle ne fut pas plus tôt en somnambulisme qu'elle s'ordonna la promenade, afin, dit-elle, d'accélérer l'issue des caillots, et de faciliter l'écoulement d'une eau rousse qui envenimait ses plaies en séjournant à leur surface. Elle se prédit ensuite deux autres crises semblables à celle qu'elle éprouvait, et devant avoir lieu à des époques assez éloignées.

Le 20, Mme Périer apprit à son mari qu'elle avait eu une indigestion la veille; qu'elle en avait beaucoup souffert, mais qu'elle aurait été plus mal encore *si elle ne se fût approchée de lui.*

Depuis quelque temps, la malade, à l'approche de l'heure où on avait coutume de la magnétiser, éprouvait de l'agitation et demandait à être endormie. Le 21, cet état était plus marqué chez elle, la séance fut avancée de quelques moments. Aussitôt qu'elle fut en somnambulisme, elle posa la main de son mari sur son cœur. « Cette plaie, dit-elle, est la seule mortelle que j'aie; elle m'a causé bien des frayeurs, et aujourd'hui, *pour la première fois*, je l'examine sans souffrir. » Puis elle ajouta : « Si nous étions dans la belle saison, je pourrais prendre des dépuratifs, mais il suffit que tu poses ta main là tous les jours; et pour diminuer la trop grande activité de ta volonté, ne pense qu'à me soulager, *sans vouloir me guérir.* »

Le 23, Mme Périer allait si bien qu'elle accepta une invitation à dîner chez une de ses amies; mais lorsque son mari arriva le soir pour la chercher, il fut tristement étonné de la trouver souffrante. Il l'emmena, et dès qu'il fut rentré, il la mit en somnambulisme pour savoir la cause de cette indisposition imprévue : c'était d'avoir été magnétisée le matin par son mari, tandis que celui-ci était contrarié par quelques affaires importantes et fâcheuses (1).

Le 25, la malade annonce enfin sa guérison. Son sommeil magnétique est doux et tranquille, et le contentement intérieur qu'elle éprouve, s'épanouit sur sa physionomie. « Si j'écrivais, dit-elle, tous les accidents qui peuvent naître de ma maladie, et que j'avais prévus, tous les moyens que j'avais trouvés de les détourner ou de les diminuer, les remèdes qui peuvent leur être appliqués, il y aurait de quoi remplir des volumes ; et au bout de tout cela, je me contente de boire quelques verres de camomille et de limonade. Je compte bien guérir sans employer de remèdes plus compliqués. Je porte ma prévoyance plus loin, car je m'occupe de ce qu'il faudra que je fasse après ma guérison, lorsque j'aurai cessé de dormir. »

Le 1er janvier 1814, M. Périer ayant été obligé

(1) Il n'est pas de magnétiseur qui n'ait eu l'occasion de constater des circonstances analogues. Une de mes somnambules perdit sa lucidité pendant près de trois semaines, par suite de la mauvaise humeur que j'avais un jour en la magnétisant.

d'endormir sa femme deux heures plus tôt que de coutume, il en résulta pour elle un malaise qui dura le restant du jour. Ce qu'elle éprouvait, était une une oppression considérable, accompagnée d'une telle extinction de voix qu'elle ne pouvait plus qu'à peine se faire entendre.

Le lendemain, l'oppression et l'aphonie s'étaient à peu près dissipées; mais la malade dit à son mari, que pour avoir été endormie la veille avant l'heure habituelle, elle avait beaucoup souffert, et qu'à onze heures, *l'humeur*, habituée à recevoir une impression étrangère, s'était arrêtée sur sa poitrine. Enfin, elle annonça qu'elle aurait la fièvre jusqu'au 6.

Le 4, Mme Périer se plaint de la promptitude de sa guérison : « Les maladies guéries trop vite reviennent, dit-elle ; *ma plaie* est entièrement cicatrisée, et il serait plus facile maintenant d'en former une autre à côté que de rouvrir celle-là. »

Le 5, la malade ne fut pas plus tôt en somnambulisme qu'elle dit : « Je m'effraie facilement. Cette humeur qui passait par ma poitrine m'a fait craindre pour mes jours. Eh bien! aujourd'hui cela va passer entièrement, et il n'en restera rien, au moins de dangereux. J'aurai le dernier accès de fièvre de six à neuf heures. Il faudra que je prenne un remède composé de lait et de cassonade rousse, et que je le garde autant que possible. Il me produira un grand effet ; il déterminera la sortie de cette humeur qui sera mêlée de sang noir en caillots. Comme je ferai beaucoup d'efforts, les plaies du rectum en seront déchirées, et je reprendrai l'usage des tampons. » M. Périer, après avoir éveillé sa femme et l'avoir informée de tout ce qu'elle avait à faire dans la journée, sortit et ne rentra qu'après minuit. Il fut loin de la trouver alors dans les bonnes dispositions où il l'avait laissée. Selon ses prévisions, les efforts de défécation l'avaient exténuée; mais une demi-heure de sommeil magnétique suffit pour la calmer et lui rendre des forces. Elle se coucha donc et passa une bonne nuit.

Les séances du 6, du 7 et du 8 ne présentèrent rien de remarquable.

Le 9, la malade se plaignit de la trop grande activité que le magnétisme donnait à son sang, et elle défendit à son mari de la magnétiser. « Je devais avoir un retard dans mes règles, dit-elle, et elles paraissent dans ce moment : ainsi, au lieu de retarder elles sont avancées de cinq jours (1).

Dans la soirée du 11, M. Périer ayant eu l'idée de magnétiser de l'eau, pria sa femme de tenir pendant l'expérience la carafe sur laquelle il agissait; mais bientôt la pauvre femme recevant l'influence destinée au liquide, se prit à rire *du rire convulsif* qui précédait chacun de ses sommeils, et conjura

(1) Cet effet du magnétisme est constant.

son mari de reprendre bien vite sa carafe; laquelle *devenait si lourde*, dit-elle, qu'elle n'avait plus la force de la soutenir. Cependant M. Périer acheva son opération, et voulut faire goûter l'eau magnétisée à sa femme. Celle-ci en but avec répugnance l'épaisseur d'un doigt dans un verre, et ne lui trouva aucun goût particulier. Mais elle n'eut pas plus tôt vidé son verre, qu'elle fut prise de vives douleurs d'oreilles accompagnées de fièvre et de nausées; sorte de malaise qui persista toute la nuit.

A la séance du lendemain, la malade fut de très mauvaise humeur. Elle reprocha à son mari de l'avoir, malgré sa défense, magnétisée à une heure qui n'était point celle de ses séances, puis elle ajouta : « Lorsque tu m'as fait tenir la carafe que tu magnétisais, ton fluide est venu en abondance dans moi ; je ne sais ce que c'est, mais le verre a quelque chose qui m'est contraire, et je suis persuadée qu'on pourrait me faire beaucoup de mal en s'en servant.

— Que serait-il donc arrivé si, hier au soir, tu eusses bu plusieurs verres de cette eau magnétisée ?

— *J'aurais eu des convulsions qui auraient tenu de la folie.* »

Elle refusa constamment de s'occuper de son mal, et continua à répondre avec mauvaise humeur à toutes les questions qui lui furent adressées sur ce sujet.

Le 13, la malade était découragée; tout allait

mal; ses règles s'étaient subitement arrêtées, et la congestion sanguine qui, par suite de cette suppression, s'était faite à sa poitrine et à sa tête, l'empêchaient de s'occuper de sa guérison. Cependant son mari mit tout en œuvre pour ranimer son courage, et après avoir épuisé toutes les ressources de sa logique, il finit par lui dire: « Quand même tu voudrais renoncer à ta guérison, tu n'en serais pas la maîtresse; ma volonté est trop ferme pour changer, et je suis trop sûr de te guérir pour t'abandonner ainsi. Je ne t'éveillerai même que lorsque nous aurons trouvé ailleurs les moyens de te remettre dans l'état où tu te trouvais avant cet accident. » Ces paroles produisirent leur effet; la malade indiqua la manière dont il fallait la magnétiser, et dans la même séance les règles reparurent, mais ne durèrent que trois heures.

Le 16, elle fit suspendre l'usage des tampons pendant trois jours, parce qu'il se formait dans le rectum un nouvel abcès, qui grossirait pendant ces trois jours, et s'ouvrirait dans cinq.

Le 18, elle se plaignit de nouveau de la trop prompte cicatrisation de ses plaies; elle annonça qu'elle serait guérie au mois de mars, cinq jours après que son dernier abcès serait percé, et qu'après cette époque elle ne dormirait plus.

Le 26, elle dit que, comme elle guérissait trop vite, elle craignait que sa fistule ne reparût dans *dix-huit mois*, mais qu'elle allait s'occuper des moyens de prévenir cette recrudescence. Elle se répandit ensuite en éloges sur la bienveillante volonté de son magnétiseur, et lui assura que personne n'aurait pu obtenir, même dans un temps très long, les effets qu'il produisait sur elle en un moment.

La malade dit à la séance du 30 : « Mes plaies sont presque entièrement guéries, et je ne puis m'en réjouir; ce qui pourtant me console, c'est que j'espère pouvoir garder ma fistule aussi longtemps que je le jugerai convenable. »

Le 5 mars, la révolution que lui causa l'idée de sa prochaine séparation magnétique avec son mari, détermina l'apparition de la troisième et dernière crise. L'abcès qui s'était formé au rectum perça dans le moment même, et ne la fit pas trop souffrir en raison de sa proximité de l'orifice anal.

Le 11, M. Périer essaya d'endormir sa femme, mais il ne put y parvenir. Il en fut de même des jours suivants. — Cependant, bien que les ulcérations fussent complétement cicatrisées, et qu'il ne restât plus rien du rétrécissement, la fistule existait encore. Mais lorsque Mme Périer eut suivi jusqu'au mois de juin le traitement qu'elle s'était prescrit, cette fistule elle-même finit par se dessécher et s'oblitérer; et suivant sa prédiction du mois de décembre, la guérison de cette terrible maladie que la faculté avait déclarée incurable, fut *entière et parfaite*.

Le magnétisme animal peut donc être d'une commune ressource à la chirurgie ; et si véritablement il est besoin d'être *médecin* pour soigner convenablement une affection chirurgicale, l'intervention du somnambulisme ou pour le moins d'un somnambule, sera pour nous chose indispensable dans le traitement de toute lésion externe. Je suis persuadé d'abord qu'on parviendra ainsi à éviter la plupart de ces douloureuses opérations qui, le plus souvent, n'offrent en échange de la mort aux malades, qu'une mutilation ou une difformité presque aussi hideuse que la mort elle-même. Enfin, lorsqu'une funeste nécessité aura irrévocablement imposé au chirurgien l'obligation de pratiquer ces opérations, ne nous restera-t-il pas l'isolement, pour en dérober l'horreur et la souffrance aux malheureux condamnés à les subir. Qu'on se rappelle l'admirable observation de Mme Plantain (1). Eh bien ! je vous dis, moi, que nos archives, si on le voulait, seraient encombrées en moins d'un an de mille faits analogues. Les cris que vous arrachez à vos malades, mes maîtres, n'ajoutent point, que je sache, de fleurons à vos couronnes. Votre mission est de soulager vos semblables et non de les torturer. Songez-y donc alors: si par hasard il existe un moyen d'épargner à vos victimes les supplices que vous leur

(1) *Voyez* note page 35.

faites endurer, et que ce moyen vous refusiez de vous en instruire, vous êtes coupables, et très coupables, car on n'est plus autre chose qu'un bourreau quand on fait sciemment des martyrs.

Nous avons avancé que la thérapeutique des somnambules était quelquefois fort étrange, et tout à fait en dehors des moyens ordinairement conseillés par les médecins. Je ne connais point sous ce rapport d'exemple plus remarquable que celui de la nommée Pétronille, sur laquelle Georget expérimenta à l'hospice de la Salpêtrière en 1821 (1), et celui du fameux épileptique magnétisé en 1828 par M. Frapart sous les yeux de Broussais.

Pétronille étant devenue épileptique à la suite d'une frayeur qu'elle avait éprouvée en tombant dans le canal de l'Ourcq, elle déclara qu'il n'y avait qu'une frayeur semblable qui pût la guérir. En conséquence, elle demanda qu'on la jetât dans l'eau pendant qu'elle aurait ses règles, et elle indiqua à Georget, ainsi qu'aux deux médecins qui devaient l'aider (MM. L*** et M***), ce qu'ils auraient à *faire* et à *dire*.

Quelques moments avant l'opération, Pétronille fut mise en somnambulisme, et tout étant préparé, elle se fit réveiller *à moitié* seulement (il fallait quinze minutes pour cela), afin qu'elle pût entendre

(1) *Physiologie du syst. nerveux et spécialement du cerveau*, Paris, 1821, t. II, pag. 404.

parler et voir l'eau. M. L*** dit alors, pour se conformer au rôle qu'on lui avait confié : *Allons, messieurs, il faut la jeter à l'eau*, et sur-le-champ ils la saisissent, malgré sa résistance, la plongent dans un bain, et lui tiennent la tête submergée jusqu'à l'entier écoulement du temps qu'elle a fixé. — Pétronille, lorsqu'on la retira, était sans connaissance, cyanosée, presque complétement asphyxiée, à tel point qu'il fallut pour la rappeler à la vie lui insuffler de l'air dans les poumons. Elle se fit poser quatre-vingts sangsues dans les vingt-quatre heures qui suivirent, et à dater de ce jour, l'épilepsie ne revint plus.

Le fait qui se passa au Val-de-Grâce en 1828 diffère peu du précédent, et le malade dont il s'agit attribuant la cause de son mal à une circonstance analogue à celle qui avait rendu Pétronille épileptique, se prescrivit à peu près le même remède. Il annonça pour une heure déterminée un accès d'une grande violence, et dit que cinq hommes vigoureux devaient alors le saisir, le plonger entièrement dans un bain de glace et lui tenir la tête sous l'eau jusqu'à ce que les convulsions aient cessé; qu'en le retirant du bain, il fallait lui appliquer au mollet un fer *rougi à blanc*, et ne l'ôter que lorsqu'il jetterait un cri. Cela fut mis à exécution, et depuis cette époque, il ne survint aucun accès qui pût faire douter de la guérison parfaite de cet individu (1).

Nous allons terminer ce chapitre, par le récit d'un de ces événements dont toutes les particularités se gravent en traits de feu dans l'esprit de celui auquel ils adviennent, et décident pour jamais de la profession de foi scientifique de ceux qui en sont témoins. Les émotions de l'âme, en effet, sont peut-être plus durables encore que les plus rigoureuses déductions de l'intelligence, et rien ne saurait effacer de l'esprit les impressions qui n'y sont arrivées qu'en passant par le cœur. C'est qu'il est de ces instants terribles et solennels où l'observateur le plus circonspect ne songe plus à se défier des hommes. C'est que la retentissante parole d'un orateur à sa tribune, est souvent moins persuasive que la faible et presque inintelligible voix d'un agonisant sur son lit de mort, car il semble que c'est Dieu lui-même qui parle du seuil de l'éternité. Et pourtant! quel est-il ce mourant? Un homme comme vous, que vous ne connaissez pas, que peut-être vous n'avez jamais vu. Mais que serait-ce donc, juste ciel! s'il était votre ami, s'il était votre frère, s'il était plus encore. Oh! oui, je vous le répète, chacune de ses dernières paroles resterait au fond de de vous-même comme une révélation de l'Éternel, et vous auriez beau vivre, vous auriez beau vous

(1) Ce fait s'est passé en présence des médecins, des employés et des élèves du Val-de-Grâce.

mêler de nouveau aux tumultueux conflits du monde, votre croyance serait fixée et ne mourrait qu'avec vous. — Que le lecteur juge donc de la mienne : l'observation que je vais rapporter est celle de ma propre femme.

Observation de madame Teste.

Mme Teste n'a que 22 ans, mais sa constitution est frêle et maladive. Plus mobile que le thermomètre à air, sa prodigieuse impressionabilité ne lui laisse pas un instant de repos. Elle se réjouit d'un rayon de soleil, s'émeut d'une bouffée de vent, et s'alarme de la chute d'une feuille. Un nuage qui passe au ciel va l'attrister ; elle *sent* et prédit un orage plusieurs jours à l'avance ; enfin, souvent elle perçoit et partage à mon insu toutes les alternatives de mon humeur. On conçoit donc combien il lui serait difficile avec une organisation semblable de jouir d'une santé parfaite ; aussi ma femme est-elle si souvent souffrante, que je suis pour ainsi dire tenté de regarder la maladie comme sa manière d'être normale, et que lorsqu'il lui arrive de se bien porter, j'en éprouve un je ne sais quoi qui ressemble presque à de l'inquiétude. Je dois dire pourtant que depuis les quelques mois qu'elle s'est soumise au magnétisme, son état s'est singulièrement amélioré ; assertion dont nos amis (même ceux qui sont les plus éloignés de partager nos convictions) ne se refuseront point à certifier l'exactitude. Mais je vais avoir besoin d'évoquer leurs témoignages à l'appui d'une circonstance plus sérieuse ou tout au moins plus décisive.

Le 28 juin 1840, Mme Teste se plaignant d'éprouver une sorte de malaise indéfinissable et nouveau pour elle, je l'endormis avec l'espérance d'obtenir d'elle-même à ce sujet quelque utile éclaircissement. L'événement vérifia mes conjectures et contenta mon désir. Mais qu'il en coûte quelquefois pour vouloir pénétrer un mystère ! Je me le suis répété souvent : nous avons à remercier la Providence du voile impénétrable qu'elle a jeté par pitié pour nous sur nos destinées futures ; et, pour mon compte, j'en prends Dieu à témoin, si quelque infernal génie me gratifiait jamais d'un miroir magique où l'avenir se réfléchît, je voudrais briser ce miroir, de peur d'être tenté de le regarder.

Mme Teste, dont le sommeil magnétique est ordinairement des plus calmes, n'est pas plus tôt cette fois en somnambulisme, qu'elle s'émeut, se trouble et s'agite. Sa figure pâlit, ses traits s'altèrent, sa respiration s'accélère, tout son corps frissonne, et tandis que sa main serre convulsivement la mienne, l'horreur et la souffrance se peignent sur sa physionomie.

— Oh ! mon Dieu ! mon Dieu ! s'écrie-t-elle enfin

d'une voix sourde et désespérée. Et ses deux mains se portent et se pressent sur son cœur comme si elle voulait y étouffer, avant sa naissance, quelque chagrin cuisant.

— Qu'as-tu? lui dis-je, que vois-tu qui t'afflige?

— Elle ne répond rien; mais je n'en deviens que plus pressant. Je réitère deux fois, trois fois, dix fois ma question. Une secrète terreur se mêle à ma curiosité. Je frémis d'avance de ce que je vais apprendre, mais je ne voudrais pour rien au monde l'ignorer plus longtemps.

— Je t'en conjure, mon ami, me dit-elle enfin, cesse de m'interroger.

— Eh! pourquoi?

— Parce qu'il est toujours trop tôt pour apprendre un malheur.

— Mais si cette prévision peut fournir quelque moyen de l'éviter?

— Non, non; c'est impossible.

— Je te le demande à genoux, mon amie, dis-moi ce que tu as vu.

— Mais cela va t'affliger, me répond-elle en me reprenant les mains et en versant des larmes.

— N'importe! je te jure que cela ne saurait m'affliger plus que ton silence.

— Eh bien! écoute..... je vois.... oh! qu'ai-je donc fait au ciel!.... je vois une grande maladie.

— Pour lequel de nous deux? Pour moi?

— Non, pour moi, grâce à Dieu !

— Toujours ! c'est donc toujours à toi de souffrir ?

— Mais ce n'est pas tout,.... sois calme, n'est-ce pas ?

— Oui, je te le promets.

— Eh bien !.... je vois mon *agonie!*

— Oh ! mon Dieu ! — Ces terribles paroles ne me laissèrent point la force de poursuivre. Il me semblait que j'étais descendu dans un abîme où la tête me tournait contre mon attente, et dont je n'osais mesurer la profondeur parce que je cessais d'en voir le fond. Cependant je rassemblai tout mon courage, et je fis un dernier effort :

— Et après ? lui dis-je.

— Après,.... répéta-t-elle lentement,.... après,... je ne vois rien : puis, quelques secondes s'étant écoulées, elle s'écria d'une voix déchirante :

— Éveille-moi ! éveille-moi !... Alphonse, éveille-moi, car je me sens défaillir.

Je n'y voyais plus. Il me semblait que les battements tumultueux de mon cœur mêlaient un son réel à celui de nos souffles oppressés. *Rien !* ce mot fatal ne cessait de retentir à mon oreille plus horrible que la mort elle-même. Rien ! le néant ! quelle affreuse solution !

Cependant je me suis mis en devoir d'éveiller la malade. Chacune de mes passes semble dissiper un peu des visions qui l'obsèdent ; le sang revient à ses joues ; son maintien reprend son abandon, et bientôt enfin, alors que ses paupières s'entr'ouvrent, un sourire vient errer sur ses lèvres, qu'il n'y a pas une minute encore contractait le désespoir !.... Ah ! que ne puis-je oublier comme elle !....

29 *juin*. Hélas ! je n'avais rien oublié ! La fatale prédiction que j'avais entendue bourdonnait sans cesse à mes oreilles ; il m'était impossible de penser à autre chose. Cependant je ne pouvais me faire encore une idée nette de ce qui devait arriver ; mais on sait que le doute est quelquefois plus insupportable encore que la plus triste certitude. Il est donc facile à nos lecteurs de se figurer dans quelle situation d'esprit je passai la nuit du 28 au 29 ; ce fut pour moi une nuit d'angoisse comme toutes celles qui suivirent. Ma femme non plus ne dormit point ; mais l'agitation dans laquelle je me trouvais, et celle qu'elle avait elle-même éprouvée pendant son somnambulisme, m'expliquait suffisamment cette insomnie. Enfin le jour parut, et je me sentis soulagé. Pendant la nuit, l'âme se concentre en elle-même ; peines ou félicité, elle ressent tout plus vivement, parce que durant le silence et les ténèbres elle se repait à loisir de ses jouissances ou de ses émotions, qu'aucune distraction ne lui empêche alors d'analyser. L'aurore, au contraire, ranime le courage et les forces des affligés : il leur semble toujours qu'elle

leur apporte quelque rayon d'espérance. Cependant, comme Mme Teste ne devait être magnétisée qu'à midi, la matinée passa lentement. Elle était fatiguée de ne pas avoir dormi; mais elle avait, à tout prendre, sa physionomie habituelle et était loin d'être triste. Moi aussi, je m'efforçais de paraître tranquille et joyeux; mais cet effort me coûtait, et quoi que je fisse pour composer convenablement mon maintien, il m'arrivait parfois d'oublier mon rôle. Cependant je ne faisais que d'entrer en scène, et cette douloureuse contrainte devait durer longtemps encore! Enfin, comme l'heure approchait, nous nous préparâmes à recommencer l'expérience de la veille. Ma femme, contre sa coutume, ne s'y soumit qu'avec une répugnance extrême.

— A en juger par notre séance d'hier, me disait-elle, je crois que le magnétisme fait plus que de m'ennuyer et qu'il me fatigue. As-tu remarqué comme j'étais agitée hier soir?

— Oui, mais ce n'était point la faute du magnétisme.

— C'était donc la tienne?

— Peut-être bien; j'avais pris du café contre mon habitude, et comme depuis que le magnétisme a mis en commun notre *fluide nerveux*, tu ne peux t'empêcher de partager tout ce que j'éprouve, l'excitant que je n'avais bu que pour moi seul, aura servi pour nous deux.

— C'est merveilleux! répliqua-t-elle en riant; mais il est bien fâcheux pour moi que tu ne me cèdes que le vilain côté de tes sensations; je te jure, par exemple, que je ne me suis pas le moins du monde douté de l'arôme que pouvait avoir ton café d'hier soir.

— Cela viendra par la suite.

— Ma foi, Dieu le veuille! mais en attendant, ne va pas t'empoisonner, car je risquerais d'en mourir.
— Elle n'avait pas prononcé ces derniers mots que le sommeil s'était emparé d'elle. Il était alors midi moins quelques minutes. L'expression du rire était restée sur ses traits, mais sans qu'aucun des muscles de son visage ait paru subir une contraction nouvelle, cette expression se dénatura et devint sardonique : c'était le rire de la mort. Quelques mouvements nerveux ébranlèrent tous ses membres. Sa pâleur devint extrême, et vous eussiez dit une statue de marbre. A la fin elle s'écria :

— Je vois! oh! oui je vois,... mais laisse-moi pleurer, mon ami, et je te parlerai après.

— Elle pleura en effet, et moi j'avais le cœur si serré, que je n'aurais pu articuler un mot. Ce sont-là de ces émotions que les âmes bien faites peuvent deviner et comprendre, mais qu'aucune plume ne saurait décrire. Elle me dit enfin après quelques minutes :

— Mon ami, ce ne sera pas seulement pendant

une heure que nous aurons à souffrir, mais pendant toute une nuit !...

— Mais quand donc, si tu peux le dire?

— Samedi prochain.

— Seulement !

Et nous étions seulement au lundi ! et il y avait encore presque une semaine tout entière à s'écouler pour moi dans cette horrible attente! Que de jours! que d'heures! que de minutes à compter! Qu'allais-je devenir! Pendant six longues journées avoir le sourire à la bouche et la mort dans l'âme! Oh! j'étais anéanti.

Cependant ma femme me prit la main et me dit avec une angélique douceur :

— Aie courage, mon ami, je te comprends; mais le ciel est juste, et il ne nous abandonnera pas; et puis, nous ne savons point encore quel sort il nous réserve.

— Mais enfin, quelle est donc la maladie dont tu dois être atteinte.

— Écoute : Samedi soir à huit heures précises, j'aurai des convulsions... Oh! bien violentes.... telles que je n'en ai jamais eu de ma vie. Ces convulsions dureront jusqu'à neuf heures.

— Et alors ?

— Alors je serai bien malade !

— Et pendant la nuit ?

— Je serai bien malade encore.

— Auras-tu ta connaissance ?

— Attends..... Non.

— Tu ne me reconnaîtras pas ?

— Non. Lorsque tu me magnétiseras, je pourrai te parler; mais éveillée, je ne t'entendrai plus.

— Jusqu'à quelle heure seras-tu ainsi ?

— Jusqu'au matin. A six heures tout sera fini.

— Qu'entends-tu dire par là? lui demandai-je en tremblant.

— J'entends qu'à six heures... j'irai mieux, ou bien... oh! mon Dieu ! s'il fallait que je te quittasses.

— Eh! non, enfant; ne parle point ainsi, tu t'exagères le mal qui nous doit arriver.

— Oh! non ; si tu savais! c'est affreux ce que je vois !

— Et dimanche que vois-tu ?

— Je ne vois rien.

— Les jours suivants ?

— Rien, rien : éveille-moi.

— Mais que faudra-t-il te faire ?

— Je te le dirai demain. Éveille-moi. Éveille-moi, ou j'aurai encore une faiblesse.

J'obéis. Rentrée dans la vie réelle, Mme Teste ne conserve des émotions de son sommeil qu'une vague agitation dont elle méconnaît la cause. Elle reprend, avec un air d'insouciance qui ne fait que m'attrister davantage, la conversation badine qu'elle a commencée avant de s'endormir ; mais cette fois je ne l'entends plus, et je réponds si mal à ses interpellations, qu'elle se décide de me laisser seul en se récriant sur la bizarrerie de mon humeur. Je réfléchis alors au parti que j'avais à prendre. La première chose que je fis, fut d'aller instruire mes amis de ce qui m'arrivait. Les uns rirent de ma *crédulité* ; les autres partagèrent mes appréhensions ; tous m'assurèrent de leurs sympathies et de leur dévoûment. Merci ! donc à tous ; mais aucun d'eux, j'en suis sûr, s'il se trouvait aujourd'hui dans les circonstances où ils me virent alors, ne serait moins alarmé que je ne l'étais. Une ou deux fois je fus tenté de mettre aussi dans ma confidence quelques-uns de nos médecins à réputation qui ne croient point encore au magnétisme, lorsqu'on me fit observer avec raison que je ne devais en pareille occurrence réunir autour de moi que des personnes bienveillantes et dévouées, et qu'à l'instant où la vie de ma femme était mise en question, les convictions scientifiques de MM. tels ou tels ne devaient plus m'intéresser. Ces réflexions étaient justes sans doute ; je les avais faites avant qu'on ne me les soumît ; et j'avoue pourtant que si j'eusse pu connaître alors la véritable issue de l'événement que je redoutais, cet événement aurait eu pour témoins d'autres hommes que des intimes dont les dépositions seront toujours suspectes. Oh ! oui ; s'il ne se fût agi que de moi, je n'aurais point balancé ; et si ma mort devait faire un jour le triomphe du magnétisme, je voudrais que tout Paris assistât à mon agonie. Mais dans les conjonctures où j'étais, des devoirs sacrés m'imposaient un sacrifice que je ne me fusse pas fait à moi-même. Il n'y eut donc qu'un petit nombre de personnes de prévenues.

Le 29 au soir, Mme Teste continuait à se porter passablement. Rien, à coup sûr, n'indiquait chez elle l'invasion prochaine d'une maladie grave. Cependant elle ne se trouva point d'appétit à dîner, et prit à peine un peu de potage. La nuit suivante fut encore pour elle et pour moi une nuit d'insomnie.

Au reste, la chaleur étant considérable et le temps orageux, je ne vis rien que d'assez naturel dans son peu d'appétit et son manque de sommeil ; peut-être même n'y eus-je pas pris garde en toute autre circonstance. Néanmoins, comme cette sorte de désordre fonctionnel se maintint et persista jusqu'au bout de la semaine, force me fut bien à la fin d'y voir le prodrome d'une affection morbide. Mais n'anticipons pas, car les choses ne se passèrent pas aussi vite que je les raconte !

30 *juin.* M. le docteur Frapart et M. Thevenot, pharmacien (1), se rendirent chez moi d'après l'in-

(1) Demeurant rue Sainte Marguerite, 36.

vitation que je leur en fis, à deux heures de l'après-midi. Mme Teste fut magnétisée devant eux à deux heures et demie. Les choses se passèrent à peu près comme à la séance du 29, sauf que la malade concentrant mieux sa douleur, ne répondit qu'avec un stoïque sang-froid aux questions qui lui furent adressées. Ses révélations ne diffèrent en rien de celles qu'elle m'a faites la veille. Quant aux prescriptions que nous aurons à remplir, elles se réduisent à fort peu de chose. D'abord rien au monde ne saurait conjurer la crise ni l'empêcher d'avoir lieu ; toute médication serait donc superflue jusqu'au jour décisif (samedi 4 juillet). Ce jour-là même il n'y aura rien à faire de particulier jusqu'à sept heures et demie du soir, heure à laquelle deux sangsues devront être appliquées à la malade (sur la région du cœur). De 8 à 9 heures on lui mettra de la glace dans la bouche de quart d'heure en quart d'heure; de 9 à 10 heures elle prendra un bain à 28 degrés. Enfin, à dix heures, je devrai la magnétiser, afin de recevoir d'elle les indications à suivre pour le restant de la nuit : madame Teste nous promet d'ailleurs de revenir sur ces divers points dans les séances prochaines. Au surplus, sa détermination est irrévocablement fixée relativement à ce qu'elle vient déjà de se prescrire. Ainsi, M. Frapart lui présente en vain une *boîte homœopathique*, en lui assurant qu'elle doit y trouver infailliblement quelque spécifique approprié à son mal à venir.

Elle prend machinalement quelques-uns des tubes, les débouche, les porte à ses narines, et les remet incontinent, en nous assurant de rechef, qu'en plus des sangsues, de la glace et du bain qu'elle s'est ordonnés, nulle espèce de médicament ne saurait lui être utile. — Je l'éveille donc après avoir mis en note tous les détails qu'elle vient de nous donner, et ces messieurs, en nous quittant, prennent secrètement avec moi l'engagement de se trouver au rendez-vous de samedi soir.

A partir de cette époque, je me fis involontairement une tâche d'observer et d'enregistrer les moindres vicissitudes qui survinrent dans la santé de Mme Teste. Les dispositions morales dans lesquelles elle se trouva pendant les derniers jours de la semaine, constituèrent pour moi une circonstance remarquable et dont je dois compte à nos lecteurs. Personne ne lui avait découvert l'événement que lui réservait sa destinée ; aucune indiscrète parole n'avait pu le lui faire soupçonner, et pourtant elle en *eut le pressentiment*. Ainsi, comme si quelque voix intérieure lui eût insinué qu'il ne nous restait plus qu'un petit nombre de jours à passer ensemble, un irrésistible instinct l'attachait à mes pas ; elle ne me quittait pas d'une seconde, et si quelque raison plausible me forçait à m'éloigner d'elle, elle en pleurait comme si elle eût craint de ne plus me revoir. Cependant elle ne souffrait pas ; elle répétait sans cesse qu'elle n'était point malade; cent projets d'avenir se mêlaient à l'indéfinissable terreur qu'elle éprouvait ; mais elle avait beau faire, elle ne parvenait pas à dissiper sa tristesse, et nonobstant toute sa joyeuse expansivité, il était aisé de voir qu'elle ne parlait et ne s'agitait ainsi que pour s'étourdir, comme un mourant cherchant à se persuader qu'il s'endort.

— Il doit nous arriver quelque chose, me disait-elle ; je sens que je ne suis pas tranquille, et lorsque tu n'es pas là, j'ai peur.

— Peur de quoi?

— Je n'en sais rien, mais c'est plus fort que moi ; tiens, je suis sans cesse dans l'état d'une personne qui, encore tout émue à son réveil du rêve effrayant qu'elle vient de faire, ne parvient pourtant pas à se le rappeler.

— Tu as donc rêvé?

— Non, répond-elle en riant, puisque je n'ai pas dormi.

— D'où vient donc que tu ne dors plus ?

— Eh ! ce serait plutôt à moi de te le demander, monsieur le docteur.

— C'est vrai ; eh bien, j'y réfléchirai... donne-moi pour cela jusqu'à dimanche.

— Volontiers ; mais pourrais-tu me dire de suite pourquoi toi-même tu ne dors plus ?

— Oh! moi... C'est l'étude, la fatigue, la tension d'esprit enfin, qui me privent de mon repos.

— C'est possible; mais je présume, mon ami, qu'il y a quelque chose avec cela.

— Quoi donc?

— Peut-être un avant-goût du malheur qui doit nous arriver!

— Folle que tu es!

— Oui, je suis folle, je n'en disconviens pas; mais crois-moi, mon ami, les pressentiments ne sont pas choses chimériques, et il n'y a que les esprits forts qui s'en moquent.

— Il faut dans ce cas que je sois esprit fort, car mon scepticisme sur ce point sera toujours complet.

— Tant pis pour toi; mais j'espère au moins que ton incrédulité respectera ma faiblesse, et que tu ne m'empêcheras pas de suivre mon idée?

— Quelle idée as-tu donc?

— Une de celles qui ne te viennent pas souvent; je veux *aller me confesser*.

— Aujourd'hui?

— Aujourd'hui même.

— Pourquoi?

— Eh! mon Dieu, ne me le demande pas, car je ne te répondrais pas mieux sur cela que sur le reste.

Ce subit et étrange désir me bouleversa l'esprit. Je sentis mon vieux matérialisme médical s'ébranler au fond de ma pensée en désordre ; et moi aussi, je fus tenté de voir un instant dans les pressentiments de muettes révélations de la divinité.

— Suis ton inspiration, ma femme, repris-je donc avec une gravité dont Mme Teste s'étonna à son tour; elle te vient peut-être du ciel.

Notre séance magnétique de ce jour-là (2 juillet) ne m'apprit rien de plus que celle de la veille, sauf qu'il faudrait voir un très fâcheux présage dans la tristesse et l'abattement extrême qui probablement commenceraient à se manifester le lendemain. Une grande gaîté serait au contraire de bon augure, mais il n'y avait guère à y compter. Le lendemain, en effet, ma femme était triste et abattue. Chaque jour m'emportait donc une espérance !

(3 *juillet*). — Cependant le prétentieux et chimérique désir de lutter avec la destinée s'était emparé de moi, et pour mieux parvenir à égayer ma femme, j'avais convié à déjeuner plusieurs de mes amis. Le docteur Amédée Latour était du nombre; mais il avait été convenu qu'on ne parlerait ni médecine ni magnétisme, attendu que de la rencontre de ces deux irréconciliables ennemis naissent inévitablement d'interminables et fastidieux débats, dont l'unique effet est d'aigrir les interlocuteurs en assourdissant ceux qui ont la mauvaise fortune de les entendre. Il n'y a donc ici ni magnétiseur ni médecin, mais seulement de joyeux convives, dont cha-

cun, pour obéir à l'ordre du jour, s'efforce de fournir son contingent de bons mots et de gaîté. Madame Teste se plaint à plusieurs reprises de l'inconcevable lassitude qu'elle ressent dans tous les membres, mais en définitive elle ne paraît pas beaucoup plus mal que la veille. Elle ne mange point, il est vrai, mais elle prend part à la conversation, elle plaisante avec nous, et semble rire de bon cœur des saillies qui nous échappent. On eût dit en un mot qu'elle eût deviné et partagé nos intentions. Quant à moi, j'y ai mis tant d'opiniâtreté que je suis presque parvenu à surmonter ma tristesse. — Tant il est vrai que l'excitation des sens est le meilleur antidote du *spleen*, et qu'il est peu de chagrin capable de résister sans interruption à de violentes émotions physiques. Le plaisir, en effet, s'il est loin de nous rendre heureux, jouit au moins du privilége de nous faire oublier nos peines : c'est le bonheur des malheureux. — A la fin du repas, Mme Teste nous ayant laissés quelques instants, le docteur Latour me dit :

— Eh bien ! mon ami, que devient votre foi?

— Ma foi est la même, lui répondis-je.

— Bah ! Que dites-vous là?

— Je dis que ma foi est plus inaltérable encore que votre incrédulité.

— Comment ! vous avez toujours les mêmes idées sur Mme Teste.

— Toujours.

— Mais, mon ami, c'est de la folie!

— Dieu le veuille! Mais quoi qu'il en soit, cette folie-là jusqu'à dimanche prochain sera incurable chez moi.

— Vous m'étonnez tellement que je ne vous reconnais plus.

— C'est que vous ne me connaissiez point encore assez.

— Mais enfin, voyons, mon ami, réfléchissez: quelles que soient vos préventions contre la médecine, votre bon sens médical doit vous rester encore. Examinez, interrogez votre femme, et dites-moi, si vous le pouvez, quel est chez elle l'organe affecté et quelle est sa maladie?

— J'avoue avec toute l'humilité possible que je ne saurais vous satisfaire sur ce point; mais quand encore je le pourrais, il est certain que mon appréciation d'aujourd'hui ne prouverait rien pour demain soir.

— Jusqu'à un certain point, que diable! Car enfin, faut-il être malade pour mourir.

— Vous savez aussi bien que moi qu'il n'est pas nécessaire de l'être longtemps.

— Ce qu'il y a de très clair, c'est que Mme Teste ne l'est pas du tout.

— C'est ce que vous ne savez pas; et ce que je sais fort bien, c'est qu'elle le sera demain soir.

— Pourquoi?

— Un Musulman vous répondrait: *Parce que c'était écrit;* et moi je vous répondrai : *Parce qu'elle l'a dit.*

— Alors, mon ami, je vous plains, et votre conviction m'afflige doublement.

— Je vous jure qu'elle m'afflige plus que vous encore ; mais quelque douloureuse qu'elle me soit, rien ne parviendrait à l'ébranler.—Amédée Latour, que ces derniers mots devaient laisser sans réplique, haussa les épaules et se retira.

— Eh bien ! dis-je à ma femme, lorsqu'il nous eut quitté, nos amis sont-ils parvenus à te distraire un peu ?

— Non, me répondit-elle, car si j'étais seule, je pleurerais !

(4 *juillet*).— Ce matin, madame Teste est si faible qu'elle ne peut plus qu'à peine se soutenir. Le pouls est un peu fréquent, mais pourtant régulier ; elle accuse une vague douleur à la région précordiale. Ce fut à dix heures du matin que je la magnétisai pour la dernière fois. Ses prédictions se trouvèrent conformes à celles des jours précédents, et j'écrivis sous sa dictée le programme de la nuit prochaine. Mme Teste ne se rend pas compte des causes de sa maladie. « *Cela devait être ainsi*, dit-elle, *et le magnétisme, que tu serais tenté de soupçonner, n'y est absolument pour rien.* » Enfin, relativement à la nature du mal, elle ne me donne qu'une expli-

cation fort impropre à satisfaire les exigences d'un médecin. Elle prétend que c'est du sang qui doit *remonter* et *l'étouffer* si la glace n'y met obstacle.

« Je suis bien malade, ajoute-t-elle, et si ce soir à neuf heures, je ne ne parle pas ou je ne souris pas… il ne faudra plus rien espérer. » — A peine avait-elle prononcé cette dernière phrase que je me vis obligé de l'éveiller précipitamment pour éviter une syncope.

Le restant du jour s'écoula lentement, bien lentement! Les visiteurs m'étaient importuns, et la solitude plus importune encore. Je voulais parler, et je ne trouvais rien à dire; je voulais lire, et je ne comprenais pas ce que je lisais; enfin, je passais les heures à les compter, et chacune d'elles me paraissait sans fin.

Dans l'après-midi, Mme Teste souffrait davantage de la poitrine, en même temps qu'elle se plaignait d'une céphalalgie violente. Une de ses joues (la gauche) était injectée de sang comme celle d'un phthisique; il était donc évident cette fois, que madame Teste était réellement malade ; et si pourtant quelqu'un de nos confrères m'eût encore demandé le nom de sa maladie, j'eusse éprouvé à lui répondre le même embarras que la veille. Comment en effet qualifier le bizarre ensemble des symptômes qu'elle présente? Je ne me rappelais point de toutes mes lectures médicales, un seul nom qui lui eut pu convenir.

Nuit du 4 au 5 juillet. Enfin, le voilà qui s'approche, le suprême moment où cette affreuse question de vie ou de mort va recevoir une solution définitive. Les impressions qu'il m'a laissées, sont encore fraîches dans ma mémoire, et ma plume pourrait les retrouver toutes au fond de mon cœur, s'il m'importait de décrire une à une à mes lecteurs toutes les péripéties de cette terrible nuit. Mais il ne s'agit ici que d'une relation scientifique dans laquelle le narrateur doit s'oublier lui-même pour ne parler que des faits.

A 7 heures, Mme Teste se sent défaillir et se trouve tellement accablée qu'elle éprouve le besoin de se mettre au lit. Je lui déclare alors qu'elle s'est prédit le matin une légère indisposition, qu'elle évitera sûrement en se couchant, mais qui, dans tous les cas, ne doit pas se prolonger au-delà de neuf heures. Quelques instants après, je lui présente un jeune médecin de sa connaissance, mon spirituel ami, M. Edouard Carpentier. Mme Teste le reçoit avec son aménité habituelle, et cause avec lui de manière à ne pas le laisser s'apercevoir qu'elle souffre. Cependant elle s'inquiète des allées et des venues qui se font dans les appartements voisins; mais l'insignifiante explication que je lui donne sur ce sujet, la satisfait et dissipe tous ses soupçons.

A 7 heures un quart MM. les docteurs Frapart, Amédée Latour, Millardet, MM. Carpentier, Guinier(1) et quelques autres personnes sont silencieusement réunis dans une des pièces adjacentes à celle où est couchée la malade. Celle-ci déclare se trouver mieux depuis qu'elle s'est mise au lit : je suis seul auprès d'elle.

A sept heures et demie, M${}_{me}$ Teste ne paraît pas plus mal ; cependant elle a dit qu'il fallait à 7 heures et demie lui appliquer deux sangsues sur la région du cœur. Certes, je suis bien éloigné d'avoir oublié cette injonction, et néanmoins j'hésite pour m'y rendre. Si, en effet, la crise de huit heures allait ne pas venir ? si elle s'était trompée ? s'il n'y avait rien de vrai dans ses prophéties ? si... que sais-je ? Mais *médicamenter* une femme qui ne paraît pas malade, et qui en dernière analyse pourrait bien ne pas l'être, cela me révolte, et je sens chanceler ma foi. J'entre donc dans la chambre où sont ces messieurs.

— Il est sept heures et demie, leur dis-je ; faut-il appliquer les sangsues ?

— Comment ! s'il le faut ! s'écrie le docteur Frapart avec cette voix pénétrante et cette mimique animée dont les personnes qui connaissent notre ami peuvent seules se faire une idée ; allez donc,

(1) Négociant, demeurant rue Saint-Honoré, n° 321.

malheureux ! allez donc ; il y va de la vie de votre femme. Depuis une minute ces sangsues devraient être prises.

— Mais si elle ne veut pas qu'on les lui mette ?

— Allez donc ! vous dis-je, il s'agit bien de savoir si elle le veut ou ne le veut pas ! —

Hélas ! le docteur Frapart était alors chez moi ce que j'eusse sans doute été chez lui en occasion pareille : il avait tout son sang-froid. Les sangsues sont donc appliquées à 7 heures et demie 80 secondes. Ces secondes supplémentaires pourront sembler ridicules à plus d'un de nos lecteurs ; mais aujourd'hui que le calme m'est revenu, et que j'ai recouvré, je ne dirai pas toute ma logique car il n'est pas question de logique, mais tous mes souvenirs, je suis persuadé que cette misérable erreur de 80 secondes eut une influence marquée sur la manière dont les choses se passèrent pendant le restant de la nuit.

A huit heures moins quelques minutes, nos confrères entrent dans l'appartement ; ils se rangent en silence autour du lit ; mais la malade ne les voit plus, car elle paraît être en syncope. Les yeux sont fermés, les traits sont mornes et sans expression, tous les membres sont sans mouvement. Cependant le pouls est régulier, c'est-à-dire à peu près normal, tant sous le rapport de son développement que de sa fréquence. Nous attendons !

Enfin huit heures sonnent, et tous les yeux sont fixés sur la malade. Or, le timbre de la pendule frémit encore à nos oreilles, que la voilà qui commence à s'émouvoir. Tout ce qu'elle a prédit s'accomplira donc ! oh, mon Dieu ! — Ici commence pour moi une de ces horribles scènes qui marquent et font époque dans la vie d'un homme, et dont l'image reste à jamais alors même qu'on vivrait mille ans. Oh ! oui, je vois encore au fond de cette grande alcove où n'arrive qu'en se brisant péniblement la blafarde clarté des bougies, je vois encore ma pauvre femme étendue sur son lit de douleur et dévorant muettement ses souffrances. D'abord ce sont ses doigts, ses mains qui s'agitent ; puis ses bras qui se tordent en tous sens comme s'il ne leur restait plus ni articulation ni os ; puis cela gagne les membres inférieurs, puis les muscles de l'épine dorsale, puis, tout le corps. Oh ! c'est horrible les convulsions ! A huit heures dix minutes la scène s'anime. Les profonds soupirs qui soulèvent la poitrine, ne tardent pas à devenir des cris étouffés, puis bientôt après des cris déchirants. Le mouvement clonique, qui tour à tour éloigne et rapproche les arcades dentaires, produit de loin en loin un grincement qui fait mal à entendre. On donne de la glace de quart d'heure en quart d'heure ; mais on ne parvient que difficilement à l'introduire dans la bouche. Tantôt l'occlusion des mâchoires s'y oppose invinciblement, tantôt à l'instant où l'on présente le morceau de glace, une subite contraction des masseters en font voler une partie en éclats, tandis que le reste est d'un seul coup broyé sous les dents. A huit heures et demie, l'agitation est à son comble. Quatre personnes vigoureuses maintiennent à peine Mme Teste dans son lit. On dirait à chaque instant qu'elle est sur le point de se briser le front ou quelque membre. Oh ! grand Dieu ! que cette heure est longue ! A la fin, l'exaltation convulsive perd progressivement sa continuité, et se remplace par des paroxismes marqués qui s'éloignent de plus en plus. Le dernier a lieu à neuf heures moins deux minutes ; il est plus fort que les autres, il est terrible ; c'est un cri qui nous consterne tous. Mais enfin, il s'apaise, il est suivi d'un grand calme, ou plutôt d'un grand affaissement, et pourtant l'heure !... l'heure est sonnée, mais nous ne l'avons pas entendue (1).

Neuf heures ! et elle m'a dit que si à neuf heures elle ne parlait pas ou ne souriait pas, tout serait fini et qu'il n'y aurait plus d'espoir. Eh bien ! il est neuf heures passées, et elle n'a point parlé ! et elle n'a point souri ! En vain je l'appelle cent fois par son nom ; elle a cessé de m'entendre, car elle ne me ré-

---

(1) Madame Teste m'avait dit le matin, qu'en la magnétisant pendant ses convulsions, je ne ferais que retarder la crise sans l'empêcher d'avoir lieu.

pond plus! C'est donc maintenant son agonie! oh! je souffre plus qu'elle! — On l'a mise dans son bain; mais sauf une insensible haleine et d'imperceptibles pulsations artérielles, rien, absolument rien, ne traduit ce qui lui reste d'existence. Ses cheveux tombent et se mouillent dans l'eau du bain où, pour l'empêcher de se noyer, j'ai besoin de la soutenir par les épaules. Sa tête oscille et s'incline suivant la position qu'on lui donne, et cède sans résistance aux lois de la pesanteur; y a-t-il donc encore une pensée dans cette tête qui tombe ainsi? c'est ce que pas un de nous ne pourrait dire.

Cependant, à l'autre extrémité de la chambre, une discussion animée et que néamoins je n'entendis pas, s'était élevée entre deux de nos assistants.

— C'est abominable! disait l'un, cette femme se meurt, c'est évident, et vous ne lui faites rien?

— Que voudriez-vous qu'on lui fît?

— Que sais-je, moi! *appelez des médecins;* qu'on la saigne, qu'on lui administre des antispasmodiques, un lavement d'assa fœtida. Mais pour Dieu, qu'on ne la laisse pas ainsi!

— Elle ne s'est prescrit ni lavement, ni saignée, ni antispasmodiques.

— Mais ce qu'elle s'est prescrit est absurde!

— Qu'en savez-vous?

— Ah! laissez-moi donc avec votre magnétisme!

— Eh! laissez-nous avec vos médecins!

— Soit! mais vous aurez à répondre de la mort d'une femme.

A ces mots, le premier interlocuteur, qui n'était autre que le docteur Amédée Latour, sortit indigné, et laissa le docteur Frapart continuer tranquillement la lecture de son journal. — Je n'en pouvais plus, et la fatigue corporelle que j'éprouvais à soutenir ma femme depuis trois quarts d'heure dans son bain, ajoutait à mes angoisses et pensait me faire défaillir. Et puis, c'était un fait : je la voyais mourir.

— Est-il l'heure, M. Frapart?

— Il y a encore dix minutes, me répond l'impassible lecteur, après s'être contenté de jeter un coup d'œil à la pendule. — Dix minutes! que c'est long! Enfin, s'il ne faut que du courage, nous irons jusqu'au bout.

— *Dix heures* sonnent enfin. Je magnétise Mme Teste, qu'on vient de remettre dans son lit. Cette fois elle parle! mais si bas que j'ai peine à l'entendre.

— Cela va bien mal, me dit-elle, et je suis bien malade.

— Pourras-tu bientôt parler éveillée?

— Non.

— Mais enfin, quand la parole doit-elle te revenir?

— Je n'en sais rien.

— Et tu souffres beaucoup ?

— Oh! oui.

— Que faut-il te faire ?

— .... de la moutarde.

— Aux jambes ?

— .... et aux pieds.

— Combien de temps à chaque place ?

— Dix minutes.

— Faut-il continuer la glace ?

— Oui.

— Toute la nuit ?

— Oui. Laisse-moi dormir un peu et ne me fais point parler, cela me fatigue.

— Combien de temps faut-il te laisser dormir ?

— Un quart d'heure.

— J'obéis, et je ne l'éveillai qu'après ce quart d'heure écoulé. Dès qu'elle fut éveillée, elle retomba dans le même état qu'auparavant, et ne parla plus. Elle me dit plus tard qu'elle était alors sans connaissance; particularité qui me suggéra cette nuit même certaines réflexions que je veux soumettre à nos lecteurs. Certes! ce n'est guère ici l'occasion de discuter sur la nature et l'immortalité de l'âme ; et pourtant puisque cette question métaphysique s'est agitée dans mon esprit à l'instant même dont je parle, il faut bien qu'elle se rattache directement aux événements que je raconte. N'est-ce point une chose étonnante en effet que cette femme agonisante, recouvrant à la porte de son tombeau toute l'intégrité de son intelligence?

Le plus puissant argument qu'on ait jamais émis contre l'immatérialité de l'âme m'a toujours paru celui-ci : L'âme ne peut exister sans organes; elle naît avec notre corps, se développe avec lui et vieillit avec lui. La pensée est évidemment et essentiellement subordonnée à des conditions physiques. En effet : l'enfant pense à peine; l'homme mûr (en bonne santé) jouit de toutes ses facultés intellectuelles; celles-ci déclinent chez le vieillard, se pervertissent dans un âge très avancé, s'annulent à peu près chez les mourants, et abandonnent complétement les morts. Que devient donc l'âme lorsqu'un homme expire?

Mais ce n'est pas tout : interrogez les phrénologistes; à la simple inspection des crânes, ils vous diront : voilà un homme qui *pense* bien; en voilà un autre qui *pense* mal; en voilà un troisième qui pense de telle façon. Les phrénologistes ne se trompent pas; il faut donc admettre avec eux que toutes les manifestations de notre âme dépendent de la conformation de notre crâne ou si l'on veut de notre cerveau; de telle sorte que, s'il était possible d'enlever successivement à un homme sans le tuer les parties de son encéphale qui correspondent à chacune des facultés mentales, on réduirait progressivement le domaine de son intellect jusqu'au point de ne lui laisser ni idée ni sensation. Dans ce dernier cas encore, que deviendrait donc son âme? Or, cette fiction est presque journellement réalisée par des faits. Entrez dans une maison de fous : l'un a perdu la mémoire, l'autre ses affections, un troisième son jugement, un quatrième jusqu'à l'instinct de sa conversation. Mais quelle est donc l'origine de tous ces malheurs? Quelles causes ont donc pu altérer ainsi l'inaltérable essence qui nous anime? Un accident tout physique, une chute, un coup sur la tête, ou bien encore une violente émotion ; voilà ce qui depuis dix années et davantage fait délirer toutes ces âmes en peine. Mais quoi! notre âme est ainsi soumise à toutes les éventualités de la matière! Son existence est liée à ce point à celle de l'organisme! Pas de souffrances, pas d'altérations qui ne soient communes aux deux! Et vous voulez qu'ils ne meurent pas ensemble! Paradoxe! vous dis-je, orgueilleux paradoxe dont se bercent les hommes, qui, pour se rendre moins amères les approches d'une dissolution totale, se sont plus à rêver la consolante chimère d'une vie éternelle. — Eh bien! retenons encore un instant notre jugement, car voici la contre-partie de tout ce qu'on vient de lire. — Magnétisez un idiot... Il pense juste. — Magnétisez un fou (1) : il pense raisonnablement;

(1) *Voyez* page 197, l'observation d'Henriette L***. Je ma-

magnétisez un mourant (1) : il vous parlera avec tout son bon sens tant qu'il lui restera la force de parler. Le magnétisme isole donc notre ame et l'affranchit en quelque sorte de ses liens matériels. L'observation que nous rapportons en est la preuve; mais poursuivons maintenant le cours de notre récit.

(11 *heures*). L'état de la malade n'a pas changé. Elle est calme, ou plutôt immobile; sa figure est sensiblement injectée; les veines du cou sont gonflées et saillantes; les pulsations du pouls sont iso-

---

gnétisais cette jeune fille au beau milieu d'un accès aigu. Aussitôt qu'elle fut en somnambulisme, elle me dit : « Je suis folle, bien folle, mais cela ne durera pas longtemps si vous me soignez convenablement. Mon état tient à la suppression de mes règles. Il faudra me saigner dans une heure. Je ne le voudrai pas, mais il faudra me saigner malgré moi. Seulement, pour m'y décider, employez plutôt la douceur que la force, car vous augmenteriez mon mal en m'irritant. » — J'espère que ce n'était plus là de la folie.

(1) Ayant fait cette réflexion devant un de nos confrères, il me dit : Qui vous prouve maintenant que madame Teste était réellement aussi malade qu'elle le paraissait?

— Rien, lui répondis-je ; mais si vous ne vous contentez pas de cet exemple, je vais vous en citer un autre : Mademoiselle Clary D*** (*Voyez* pag. 135), une demi-heure avant de mourir, fit, en somnambulisme, appeler tous ses parents, et leur parla avec toute sa raison. — Mais qui sait ? mademoiselle Clary contrefait peut-être la morte depuis cette époque.

chrones et parfaitement régulières, mais il n'y a toujours point de connaissance.

— Qu'en pensez-vous, mon ami? dis-je au docteur Frapart.

— Apparemment ce que vous en pensez vous-même, me répondit-il, c'est-à-dire qu'il n'y a pas à se faire illusion et qu'elle me paraît très mal; mais je crois pourtant que, Dieu aidant, vous parviendrez à la tirer de là.

— Vous ne voyez rien de particulier à faire, messieurs? — Personne ne me répondit, et il n'y eut pas jusqu'à ce silence qui ne me parût désespéré et n'ajoutât à ma consternation.

J'étais accablé, et comme je m'étais retiré dans une autre pièce, mon ami Frapart m'y suivit: il me comprit et resta plus d'un quart d'heure avant de m'adresser la parole. Enfin il me demanda si je pensais que sa présence pût m'être de quelque utilité pour le restant de la nuit. Je lui répondis que non. Alors il me prit la main, me la serra affectueusement et me promit d'être de retour chez moi avant six heures du matin.

M. Carpentier me quitta quelques instants après, et MM. Millardet et Guinier restèrent seuls avec moi.

Les sinapismes avaient été appliqués; mais excepté la rougeur des mollets et de la plante des pieds, ils n'avaient produit aucun effet sensible. On continuait d'ailleurs de donner la glace de quart d'heure en quart d'heure.

Minuit. La malade est magnétisée de nouveau ; sa voix est toujours si faible qu'elle ne peut être entendue que de moi seul ; encore faut-il que mon oreille soit à sa bouche.

— Comment te trouves-tu, mon amie ?

— Toujours bien mal.

— Où souffres-tu donc ?

— A la poitrine ; j'étouffe.

En effet, ses mains, qu'un mouvement automatique ramène sans cesse à la région sternale, s'y crispent comme si la malade voulait en arracher quelque chose qui la gênerait.

— Je vais donc te quitter ! continua-t-elle douloureusement.

— Eh ! non ! Dieu ne voudra pas.

— Que lui ai-je donc fait !

A ces mots ses yeux s'ouvrirent et se tournèrent en haut. Ils étaient mornes et sans reflet, quoiqu'une expression mystique parût les animer. Je lui parlai encore, mais elle cessa de me répondre et demeura ainsi pendant quelques minutes. Enfin, ses paupières s'abaissèrent, et je lui dis :

— Tu ne veux donc plus me parler ?

— Si, mais je priais Dieu de ne pas nous séparer. Je voudrais bien le voir, Dieu.

— Tu ne l'as jamais vu ?

— Non.

— Seras-tu encore longtemps sans connaissance ?

— Oui.

— Quand donc, éveillée, pourras-tu m'entendre ?

Elle hésite et paraît souffrir de ma question. Je sens sur mon épaule une légère pression de son bras ; puis enfin elle pousse un cri étouffé et répond :

— Jamais !

A mon tour je garde le silence, car ma pensée vient expirer sur mes lèvres sans que je trouve la force de l'exprimer. Cependant je reprends quelques minutes après :

— Y a-t-il quelque chose de nouveau à te faire ?

— Non, tout serait inutile.

— Quand faudra-t-il te magnétiser ?

— A trois heures (1).

— Faut-il t'éveiller ?

— Oui.

(1) A cet instant, M. le docteur *** adressa à la malade cette étrange question : Madame, quelle heure est-il ?

— Est-ce donc le cas de songer à des expériences ! m'écriai-je brusquement. Mais madame Teste m'avait déjà prévenu en disant : minuit et vingt minutes ; réponse dont la justesse étonna encore moins l'*expérimentateur* que son intempestive apostrophe ne m'avait scandalisé. — Je n'ai d'ailleurs pas besoin de faire observer qu'il ne s'agit point ici d'un phénomène de vision.

Je l'éveille, et j'ai la certitude qu'elle ne dort plus dès l'instant où elle cesse de m'entendre.

De une à trois heures il se manifeste de légers mouvements convulsifs que j'apaise au moyen de quelques passes. La respiration est évidemment gênée, et la malade continue à porter les mains à sa poitrine. Enfin, à trois heures sonnant, je la magnétise. Sa voix est un peu plus forte qu'à minuit. Elle dit aussi qu'elle croit se trouver un peu moins mal ; mais pourtant elle donne encore peu d'espérance sur l'issue de sa maladie.

— A six heures tout sera terminé.

— Que veux-tu dire par là ?

— Qu'à six heures j'irai beaucoup mieux, ou bien...., ce serait un grand malheur pour le magnétisme, continua-t-elle, car on ne manquera pas de lui attribuer ma mort. (Elle pensait à tout !)

— Mais vois-tu au-delà de six heures ?

— Non.

— Demain, par exemple, comment vas-tu ?

Pour toute réponse elle jette un nouveau cri qu'accompagnent des mouvements convulsifs. L'avenir pour elle ne s'étend donc plus au-delà de quelques heures ! Elle aussi, mademoiselle Clary D***, avait déclaré qu'elle ne voyait plus rien au-delà du 4 juin, et ce jour-là, elle avait cessé de vivre ! Quoi que je fisse pour l'éloigner, cette pensée me revenait sans cesse, et je ne passai guère de minutes sans être obsédé de ce triste et frappant souvenir !

Madame Teste a demandé à être magnétisée à quatre heures et demie. Nonobstant les appréhensions qu'elle-même vient encore d'exprimer, je commence à partager l'espoir de mes amis; car bien qu'elle ne parle toujours point, l'amélioration de son état me semble incontestable. En effet, si elle ne parle pas, il est évident qu'elle me comprend, puisqu'elle cherche à retenir ma main dans les siennes. Enfin, je la magnétise : elle avoue qu'elle se trouve mieux ; mais à cinq heures et demie doit survenir un nouvel accès de convulsions pour le moins aussi violentes que celles du soir, accès qui doit décider du reste. Cette révélation à laquelle nous ne nous attendions pas, me remet la mort dans l'âme.

Vous le voyez, Messieurs, dis-je à mes amis, nous espérions trop vite, et lorsqu'un somnambule s'alarme, c'est qu'il a raison de s'alarmer. Mais voyons, puisqu'il faut attendre jusqu'au bout, nous attendrons, et je veux m'efforcer de ne plus me faire d'illusion, puisque le ciel paraît en être jaloux. — Cette nuit dut me vieillir de dix ans!

Fidèle à sa promesse, le docteur Frapart venait de rentrer lorsque cinq heures et demie sonnèrent. Les convulsions prenaient en même temps. — Elles sont effrayantes ces convulsions, et je ne crois pas en avoir jamais vu de pareilles. Hélas ! c'est que les malades que j'ai observés jusqu'à présent ne me touchaient pas d'aussi près. Les larmes qui remplissent mes yeux sont bien faites pour me grossir et me défigurer les objets. Enfin, six heures sonnent! le timbre de la pendule retentit à mon oreille comme un glas funèbre! Je n'y vois plus, mais j'entends un cri terrible, déchirant! Puis, au milieu du lugubre silence qui lui succède, l'impassible voix de mon ami Frapart qui prononce ces deux mots : *C'est fini!*

— C'est fini! quoi? la vie?

— Non, la crise.

— Elle vit donc encore?

— Attendez.... oui.... Dans quelques instants nous en jugerons mieux.

— A 7 heures, Mme Teste ouvrit les yeux et parla. *Elle avait pris une léthargie pour la mort!!*

L'observation qu'on vient de lire soulève plusieurs questions importantes, et que nous tenons infiniment à résoudre.

1° On peut dire que la maladie de Mme Teste n'avait point la gravité que nous lui avions supposée, ce que rien ne prouve, et se fût aussi bien dissipée par les moyens employés ordinairement en pareils cas, que sous l'influence des sangsues et de la glace que s'est prescrites la malade; dernière assertion que nous ne croyons point encore dénuée de vraisemblance. Mais à supposer qu'on eût *appelé* des médecins, comme le voulait notre ami Latour, et qu'on

24

s'en fût rapporté à leurs avis, savons-nous au juste quels eussent été les résultats ultérieurs de leur savoir-faire? Il y a cinq ans que j'eus l'occasion de donner mes soins, en tant que médecin, à Mme Teste, atteinte déjà alors d'une affection nerveuse. Eh bien ! c'est une chose connue de tous ses proches, j'eus *l'insigne honneur* de triompher assez rapidement de ses accès; mais qu'advint-il de mon triomphe? que la pauvre malade fut réduite à garder le lit pendant cinq ans ! Et qu'on n'aille pas s'imaginer qu'il s'agisse ici d'un fait exceptionnel : à peine s'il est à ma connaissance un seul cas d'affection nerveuse guérie *par la médecine.*

2° Que faut-il penser de l'erreur de prévision qui chez Mme Teste avait fait redouter la mort? Je répondrai que cette erreur est une de celles que les somnambules peuvent commettre, mais qu'à coup sûr ils commettent rarement. Voici ce que nous lisons à ce sujet dans l'opuscule de M. Koreff (1) : « Vous faites mention dans votre cinquième chapitre (l'auteur s'adresse à Deleuze) d'une prédiction des somnambules qui m'a plusieurs fois inquiété, et que j'ai souvent trouvée en défaut : celle de leur mort. J'ai reconnu plus tard que les somnambules se font souvent illusion sur ce point, en prenant des crises dangereuses, des syncopes vio-

(1) Lettre d'un médecin étranger, etc., pag. 30.

lentes, pour la mort ; confondant peut-être ce qu'il y a d'analogue entre ces brusques transitions et l'irrévocable terminaison de la vie. C'est un des points les plus incertains dans cette obscure région, où nous manquons tout à fait de signes positifs pour distinguer la vérité de l'erreur. Il m'est arrivé que des somnambules ont prédit avec justesse la mort de plusieurs personnes, et se sont complétement trompés sur d'autres, etc. »

CHAPITRE XIV.

MÉDECINE DES SOMNAMBULES.

Il faut convenir que jusqu'à présent, la conduite de l'Académie royale de médecine envers le magnétisme animal fut pour le moins étrange. Voici les faits; que le public en soit juge :

Le 11 octobre 1825, M. le docteur Foissac adresse une lettre à l'Académie de médecine, afin d'obtenir de ce corps savant un examen circonstancié des phénomènes magnétiques qu'il s'offre de présenter à son observation. Une commission est alors nommée pour examiner la question de savoir si l'Académie doit ou non s'occuper du magnétisme. MM. les membres délégués à cet effet, Adelon, Pariset, Marc, Burdin aîné et Husson, se décident pour l'affirmative, et après les bruyants débats que fait naître leur rapport pendant les séances qui se succèdent du 13 décembre au 14 février, l'Académie vote enfin au scrutin secret, et adopte à une majorité *de* 10 *voix seulement*, les conclusions de ce rapport ! Cependant, malgré les inconcevables et inqualifiables préventions de la minorité, la commission réclamée par M. Foissac est à la fin nommée. Nous avons donné dans notre premier chapitre (1) le nom des honorables membres qui la composèrent. Or, pendant quatre années consécutives, ces recommandables savants se livrent à d'incessants travaux pour remplir la mission qu'on leur a confiée, et ce n'est qu'après ces quatre années écoulées pendant lesquelles il est absurde d'admettre que ces habiles observateurs aient constamment été dupes, qu'ils se décident à soumettre à leurs mandataires la relation des faits qu'ils ont vus. Eh bien ! quel effet produit ce rapport à l'Académie ? Encore des discussions, toujours des discussions (comme si l'on pouvait discuter des faits), et rien de plus ! — Mais, Messieurs, les Commissaires que vous avez nommés vous-

---

(1) Page 37.

mêmes, étaient compétents ou ils ne l'étaient pas. S'ils ne l'étaient pas, il ne fallait pas les nommer ; et s'ils l'étaient,.... d'où vient donc que vous ne songez pas plus aujourd'hui au rapport de M. Husson, que s'il n'eût jamais existé? N'est-ce de votre part qu'une inconséquence? Par respect pour vous, Messieurs, je consens à le croire ; mais aussi, vous ne trouverez pas mal que, pour populariser un peu la remarquable relation de vos collègues, que plusieurs d'entre vous n'ont pas craint de vilipender en s'en moquant, j'y puise textuellement les éléments des convictions que je m'efforce de propager. J'emprunte donc au rapport de 1831 mes premiers faits relatifs à la médecine des somnambules (1) : « Mademoiselle Céline a été mise en somnambulisme en présence de la commission, les 18 et 21 avril, 17 juin, 23 décembre 1826, 13 et 17 janvier et 21 février 1827.

« En passant de l'état de veille à celui du somnambulisme, elle éprouve un refroidissement de plusieurs degrés appréciable au thermomètre ; sa langue devient sèche et rugueuse de souple et humide qu'elle était auparavant ; son haleine, douce jusqu'alors, est fétide et repoussante.

« La sensibilité est presque abolie pendant la durée de son sommeil ; car elle fait six inspirations ayant sous les narines un flacon rempli d'acide hydrochlo-

(1) Foissac. *Rapports et Discussions de l'Acad. roy. de méd. sur le magnétisme animal*, Paris, 1833, etc., pag. 189.

rique, et elle n'en témoigne aucune émotion. M. Marc la pince au poignet ; une aiguille à acupuncture est enfoncée de trois lignes dans la cuisse gauche, une autre de deux lignes dans le poignet gauche. On réunit les deux aiguilles par un conducteur galvanique ; des mouvements convulsifs très marqués se développent dans la main, et Mlle Céline paraît étrangère à tout ce qu'on lui fait. Elle entend les personnes qui lui parlent de près et en la touchant, et elle n'entend pas le bruit de deux assiettes que l'on brise à l'improviste à côté d'elle.

« C'est lorsqu'elle est plongée dans cet état de somnambulisme que la Commission a reconnu trois fois chez elle la faculté de découvrir les maladies des personnes qu'elle touche, et d'indiquer les remèdes qu'il convient de leur opposer.

« La Commission trouva parmi ses membres quelqu'un qui voulut bien se soumettre à l'exploration de cette somnambule ; ce fut M. Marc. Mlle Céline fut priée d'examiner avec attention l'état de la santé de notre collègue. Elle appliqua la main sur le front et la région du cœur, et au bout de trois minutes elle dit : que le sang se portait à la tête ; qu'actuellement M. Marc avait mal dans le côté gauche de cette cavité ; qu'il avait souvent de l'oppression, surtout après avoir mangé ; qu'il devait avoir souvent une petite toux ; que cette partie (elle désignait la région de l'appendice xiphoïde) était rétrécie ;

que, pour guérir M. Marc, il fallait qu'on le saignât largement, que l'on appliquât des cataplasmes de ciguë, et qu'on fît des frictions avec du laudanum sur la partie inférieure de la poitrine; qu'il bût de la limonade gommée, qu'il mangeât peu et souvent, et qu'il ne se promenât pas immédiatement après le repas.

« Il nous tardait d'apprendre de M. Marc s'il éprouvait tout ce que cette somnambule annonçait. Il nous dit qu'en effet il avait de l'oppression lorsqu'il marchait en sortant de table; que souvent il avait de la toux, et qu'avant l'expérience il avait mal dans le côté gauche de la tête, mais qu'il ne ressentait aucune gêne dans le passage des aliments.

« Nous avons été frappé de cette analogie entre ce qu'éprouve M. Marc, et ce qu'annonce la somnambule ; nous l'avons soigneusement annoté, et nous avons attendu une autre occasion pour constater de nouveau cette singulière faculté (1). Cette occasion fut offerte au rapporteur, sans qu'il l'eût provoquée, par la mère d'une jeune demoiselle à laquelle il donnait des soins depuis fort peu de temps.

« Mlle de N***, fille de M. de N***, pair de France, âgée de vingt-trois à vingt-cinq ans, était atteinte depuis deux ans environ d'une hydropisie ascite, ac-

---

(1) Voilà du diagnostic, j'espère! Quel membre de l'Académie se fût piqué d'en porter un aussi juste ?

compagnée d'obstructions nombreuses, les unes du volume d'un œuf, d'autres du volume du poing, quelques-unes du volume d'une tête d'enfant, et dont les principales avaient leur siége dans le côté gauche du ventre. L'extérieur du ventre était inégal, bosselé, et ces inégalités correspondaient aux obstructions dont la capacité abdominale était le siége. Dupuytren avait déjà pratiqué dix ou donze fois la ponction à cette malade, et avait toujours retiré une grande quantité d'albumine claire, limpide, sans odeur, sans aucun mélange. Le soulagement suivait toujours l'emploi de ce moyen.

« Le rapporteur a été présent trois fois à cette opération ; et il fut facile à Dupuytren et à lui de s'assurer du volume et de la dureté de ces tumeurs, par conséquent, de reconnaître leur impuissance pour la guérison de cette malade. Ils prescrivirent néanmoins différents remèdes; ils attachèrent quelque importance à ce que Mlle de N*** fût mise à l'usage du lait d'une chèvre à laquelle on ferait des frictions mercurielles.

« Le 21 février 1827, le rapporteur alla chercher M. Foissac et Mlle Céline, et il les conduisit dans une maison rue du faubourg du Roule, sans leur indiquer ni le nom, ni la demeure, ni la nature de la maladie de la personne qu'il voulait soumettre à l'examen de la somnambule.

« La malade ne parut dans la chambre où se fit

l'expérience que quand M. Foissac eut endormi Mlle Céline; alors, après avoir mis une de ses mains dans la sienne, elle l'examina pendant huit minutes, non pas comme le ferait un médecin, en pressant l'abdomen, en le percutant, en le scrutant dans tous les sens; mais seulement en appliquant légèrement la main à plusieurs reprises sur le ventre, la poitrine, le dos et la tête.

« Interrogée pour savoir d'elle ce qu'elle aurait observé chez Mlle de N***, elle répondit que tout le ventre était malade, qu'il y avait un squirrhe et une grande quantité d'eau du côté de la rate; que les intestins étaient très gonflés, qu'il y avait des poches où des vers étaient renfermés; qu'il y avait des grosseurs du volume d'un œuf dans lesquelles étaient contenues des matières puriformes, et que ces grosseurs devaient être douloureuses; qu'il y avait au bas de l'estomac une glande engorgée de la grosseur de trois de ses doigts; que cette glande était dans l'intérieur de l'estomac et devait nuire à la digestion; que la maladie était ancienne, et qu'enfin Mlle de N*** devait avoir des maux de tête. Elle conseilla l'usage d'une tisane de bourrache et de chiendent nitrée, de cinq onces de suc de pariétaire, pris chaque matin, et de très peu de mercure pris dans le lait. Elle ajouta que le lait d'une chèvre que l'on frotterait d'onguent mercuriel une demi-heure avant de la traire, conviendrait mieux (1); en outre, elle prescrivit des cataplasmes de fleurs de sureau constamment appliqués sur le ventre, des frictions sur cette cavité avec de l'huile de laurier, et à son défaut avec le suc de cet arbuste unie à l'huile d'amandes douces, un lavement de décoction de quina coupé avec une décoction émolliente. La nourriture devait consister en viandes blanches, laitage, farineux, point de citron. Elle permettait très peu de vin, un peu de rhum à la fleur d'oranges ou de la liqueur de menthe poivrée. Ce traitement n'a pas été suivi : et l'eût-il été, il n'aurait pas empêché la malade de succomber. Elle mourut un an après ; l'ouverture du cadavre n'ayant pas été faite, on ne put vérifier dans tous ses détails ce qu'avait dit la somnambule.

« Dans une circonstance délicate où des médecins fort habiles, dont plusieurs sont membres de l'académie, avaient prescrit un traitement mercuriel pour un engorgement des glandes cervicales qu'ils attribuaient à un vice vénérien, la famille de la

(1) Sans attacher une grande importance à cette singulière rencontre de la prescription faite par la somnambule, de l'usage du lait d'une chèvre frictionnée d'onguent mercuriel avec cette même prescription recommandée à la malade par Dupuytren, et par le rapporteur, la commission a dû consigner dans son travail cette coïncidence. Elle la présente comme un fait dont le rapporteur garantit l'authenticité, mais dont ni elle, ni lui, ne peuvent donner aucune explication. (*Note du rapporteur.*)

malade qui était soumise à ce traitement, voyant survenir de graves accidents, voulut avoir l'avis d'une somnambule. Le rapporteur fut appelé pour assister à cette consultation, et il ne négligea pas de profiter de cette occasion d'ajouter encore à ce que la commission avait vu. Il trouva une jeune femme, Mme la comtesse de L. F. ayant tout le côté droit du col profondément engorgé par une grande quantité de glandes rapprochées les unes des autres. L'une d'elles était ouverte et donnait issue à une matière purulente jaunâtre.

« Mlle Céline, que M. Foissac magnétisa en présence du rapporteur, se mit en rapport avec la malade, et dit que l'estomac avait été attaqué par une substance *comme du poison*; que les intestins étaient légèrement enflammés; qu'il existait à la partie supérieure droite du col une maladie scrofuleuse qui avait dû être plus considérable qu'elle ne l'était à présent; qu'en suivant un traitement qu'elle allait prescrire, il y aurait de l'amélioration dans quinze jours ou trois semaines. Ce traitement consistait en huit sangsues au creux de l'estomac, quelques grains de magnésie, des décoctions de gruau, un purgatif salin toutes les semaines, deux lavements chaque jour, l'un de décoction de quina, et, immédiatement après, un autre de racine de guimauve, des frictions d'éther sur les membres, un bain toutes les semaines; et pour nourriture, du laitage, des viandes légères, et l'abstinence du vin. On suivit ce traitement pendant quelque temps, et il y eut une amélioration notable. Mais l'impatience de la malade, qui trouvait que le retour vers la santé n'était pas assez rapide, détermina la famille à convoquer une nouvelle réunion de médecins. Il y fut décidé que la malade serait soumise à un nouveau traitement mercuriel. Le rapporteur cessa alors de la voir, et apprit qu'à la suite de l'administration du mercure elle avait eu, du côté de l'estomac, des accidents très graves qui la conduisirent au tombeau, après deux mois et demi de souffrances. Un procès-verbal d'autopsie, signé par MM. Fouquier, Marjolin, Cruveilhier et Foissac, constata qu'il existait un engorgement scrofuleux ou tuberculeux des glandes du col, deux légères cavernes remplies de pus, résultant de la fonte des tubercules au sommet de chaque poumon ; la membrane muqueuse du grand-cul-de-sac de l'estomac était presque entièrement détruite. Ces messieurs constatèrent en outre que rien n'indiquait la présence d'une maladie vénérienne, soit récente, soit ancienne.

« Il résulte de ces observations : 1° Que dans l'état de somnambulisme Mlle Céline a indiqué les maladies de trois personnes avec lesquelles on l'a mise en rapport ; 2° que la déclaration de l'une, l'examen qu'on a fait de l'autre, après trois ponctions, et l'autopsie de la troisième, se sont trouvées d'accord avec ce que cette somnambule avait avancé ; 3º que les divers traitements qu'elle a prescrits, ne sortent pas du cercle des remèdes qu'elle pouvait connaître, ni de l'ordre des choses qu'elle pouvait raisonnablement recommander ; et 4º qu'elle les a appliqués avec une sorte de discernement. »

Il faut convenir que, si dans les observations qu'on vient de lire, les diagnostics portés par la demoiselle Céline ne furent que l'effet du hasard, ce hasard fut si grand qu'il doit paraître miraculeux. Mais les miracles de ce genre sont aujourd'hui tellement communs qu'il est impossible de les récuser sans admettre que pour le moment tout le monde civilisé est saupoudré d'une multitude de gens honorables, abjurant tout espèce de principes honnêtes pour se faire magnétiseurs, c'est-à-dire fourbes et fripons. Mais laissons définitivement pour ce qu'elles valent ces plates récriminations dont quelques années feront justice : car les démentis en polémique ne comptent pas plus que les injures, et nier l'existence d'un fait est bien loin de démontrer son impossibilité.

Quelles sont les facultés que doivent présenter les somnambules pour être aptes à donner des consultations aux malades? Tel est l'important problème que nous allons tâcher de résoudre.

Et d'abord je dirai que, quelles que soient ces facultés, il s'en faut de beaucoup que tous les somnambules en soient doués. J'en ai même connu de parfaitement lucides qui ne les possédaient pas ou qui du moins ne les possédaient qu'incomplètement. Ceux-ci toutefois, en décrivant exactement les altérations organiques qu'ils *voient*, peuvent encore rendre de très grands services en appelant l'attention sur des maladies graves qu'on n'eût quelquefois pas soupçonnées, ou sur la nature desquelles on eût beaucoup risqué de se méprendre. Mais à cela se réduit toute leur utilité, puisqu'ils ne savent ni pronostiquer les crises ni indiquer sûrement les remèdes propres à guérir ou à soulager, double faculté qui constitue, à proprement parler, l'aptitude médicale des somnambules, et que nous allons étudier séparément.

De la prévision externe.

Nous avons dit à la page 131 ce que c'était que la prévision intérieure. Eh bien ! il s'agit actuellement de l'extension de cette faculté aux modifications pathologiques à venir dans un organisme étranger au somnambule, et simplement mis en contact avec lui.

D'après les faits que nous avons extraits du rapport de M. Husson, faits tendant à prouver que les somnambules ont aussi bien la conscience de ce qui se passe dans l'économie des individus mis en rapport avec eux que de ce qui se passe en eux-mêmes, les phénomènes de prévision externe ne doivent pas plus étonner que les phénomènes de prévision intérieure. J'avoue pourtant que les premiers s'observent beaucoup plus rarement, et que presque toujours les prédictions des somnambules relativement à autrui n'ont point la précision de celles qui les concernent personnellement. J'ai eu pourtant l'occasion d'observer plusieurs cas très concluants de prévision externe, un entre autres que je vais rapporter.

Le 4 juin dernier, je fus consulté pour un enfant de 16 mois, atteint depuis six semaines environ d'une affection pulmonaire, dont au premier abord je ne soupçonnai point la gravité. Le petit malade avait l'embonpoint ordinaire à son âge ; il était faible, il est vrai, mais on m'assurait qu'il n'avait jamais eu plus de force, et que depuis environ quatre mois qu'on lui avait retiré sa nourrice on n'était point encore parvenu à le faire marcher. Au surplus, il avait de l'appétit, un peu de diarrhée, mais surtout une toux très fréquente accompagnée d'oppression considérable et d'une supersécrétion muqueuse dont il n'était pas aisé de constater la nature, attendu que la déglutition chez les enfants remplace l'expectoration. Cependant je pris celui-ci sur mes genoux et je lui trouvai la peau sèche et brûlante. Je l'avais entendu tousser, et ses quintes n'étaient point celles de la coqueluche. N'était-ce donc qu'une simple bronchite ? Les régions sous-claviculaires sont parfaitement sonores à la percussion : le murmure respiratoire m'y paraît normal, sauf quelques grosses bulles muqueuses qui crèvent de loin en loin dans les bronches et la trachée-artère. Le pouls est fréquent, il est vrai ; mais cette fréquence n'est pas plus explicable pour moi que l'oppression. Quoi qu'il en soit, ce n'est qu'après cet examen préalable fait à *huis-clos*, que je présente l'enfant à ma somnambule qui ne le voit pour la première fois que dans son sommeil. Celle-ci examine longtemps le petit malade sans le toucher, après quoi elle se tourne près de moi et me dit à mi-voix :

— Cet enfant est bien mal, plus mal que vous ne pensez.

— Qu'a-t-il ?

— Il a les deux poumons gorgés de sang et de mucosités presque purulentes.

— Y voyez-vous quelques ulcérations ?

— Oui, à la partie inférieure du poumon droit. — Cet enfant a eu une fluxion de poitrine, on ne s'en est pas aperçu, et vous aurez de la peine à le tirer de là.

— Mais enfin que faut-il lui faire ?

— Lui placer un très large vésicatoire sur la poitrine. — Lui faire prendre chaque jour deux cuillerées à café de sirop d'ipécacuanha. — Frictionner les membres avec une flanelle sèche; enfin donner de l'eau de gruau et des crèmes de pain pour nourriture.

— Et avec cela, pensez-vous que les accidents se dissiperont?

— Si Dieu le veut.

Lorsque les parents du petit malade se furent retirés, ma somnambule me dit:

— Cet enfant est perdu; il mourra dans vingt jours.

— Le 26 juin suivant l'enfant mourut. L'erreur ne fut donc que de deux jours seulement.

De l'instinct des remèdes.

Je ne nie point que les prétentions des magnétiseurs sur ce sujet ne soient allées bien loin, lorsqu'ils ont avancé que les somnambules connaissaient et prescrivaient dans l'occasion tous les remèdes possibles, même ceux dont pendant leur état de veille ils ignoraient jusqu'au nom. C'est que parmi les hommes, généralement d'une instruction médiocre, il faut le dire, qui jusqu'à présent se sont livrés à la pratique du magnétisme, il en est dont la candeur frise de près la niaiserie, et dont la crédulité ne reconnaît pas de bornes. On m'a conté par exemple qu'un M. Ch*** voulait un jour enseigner à madame Pigeaire le moyen de faire voir les anges à ses somnambules, et ce qui est encore plus fort, le moyen de les voir elle-même. Or, il est certain que ce pauvre homme a la cervelle tournée, et qu'alors même qu'il me dirait les plus belles vérités du monde, je me sentirais toujours une irrésistible envie de rire de ses découvertes.

Mais puisque l'occasion s'en présente, il faut que je raconte à nos lecteurs ce qui m'est personnellement arrivé relativement à ces prétendues révélations de l'autre monde. Je magnétisais un jour une jeune somnambule, qui sans être habituellement d'une édifiante piété, avait pourtant des propensions religieuses, dont l'origine était sans doute la *merveillosité* et la *vénération* qui, énormément développées dans sa tête, remplissaient presque à elles seules toutes la capacité de son crâne. Aussi cette jeune fille était-elle souvent prise d'accès d'extase pendant nos séances, et dès que je voyais ses yeux s'ouvrir et son visage se tourner en l'air, je cessais de lui adresser la parole, attendu que c'était là le commencement de son mystérieux commerce avec les esprits célestes. Un jour donc qu'elle était ainsi en relation avec les anges, elle s'écria tout-à-coup, tandis que des larmes d'émotion tombaient véritablement sur ses joues : « Oh ! délicieuse musique ! Divine harmonie ! Le plaisir seul qu'on éprouve à vous entendre suffirait pour faire ambitionner toute sa vie le bonheur des élus ! » — J'avais la bonhomie d'écouter de toutes mes oreilles ; mais pas une note de la céleste symphonie n'arrivait jusqu'à moi.

Au surplus, ma somnambule venait de dire elle-même qu'elle n'entendait plus, mais elle reprit un instant après :

— Oh ! voilà ! les voilà qui recommencent !

J'écoutai donc de nouveau, et pour le coup j'entendis ! Mais quoi ? Je vous le donnerais en mille : Un exécrable orgue de Barbarie qui, dans une rue voisine, écorchait de la plus indigne façon la romance de l'opéra de *Guido*. Je n'ai point cherché à m'assurer si c'étaient des anges ou non qui tournaient la manivelle ; mais il est certain que s'ils y étaient pour quelque chose, ils s'en tiraient comme de vrais Savoyards. Je sus donc depuis ce temps-là à quoi m'en tenir sur la seconde vue des extatiques relativement aux affaires du paradis. Mais revenons à l'instinct des remèdes.

Oui, sans doute, les somnambules ne choisissent leurs médicaments que parmi les substances qui peuvent leur être raisonnablement connues ; mais est ce donc là un si grand malheur ? D'une part, il est certain que la moindre éducation préalable (et je ne vois pas pourquoi l'on ne s'attacherait pas à éduquer des somnambules) soulève toute difficulté. Mais qui aurait aujourd'hui la sottise de penser que les innombrables ingrédients dont sont encombrées nos pharmacies ont tous des vertus salutaires ? L'esprit dominant de la médecine contemporaine est avec raison la simplification de la matière médicale, et la polypharmacie des médecins des siècles passés était sans contredit un de leurs plus grands travers. Une diététique bien entendue suffirait peut-être à la guérison de la plupart des maladies chroniques : eh bien ! il faut voir avec quel soin, avec quelle minutie les somnambules s'attachent au régime. Et puis notons une chose ; c'est que lorsqu'ils prescrivent un médicament quelconque, ils ne manquent guère de dire à leur malade : voilà ce que vous en éprouverez ; prédiction qui toujours s'accomplit.

J'ai dit qu'il ne serait peut-être pas inutile d'enseigner aux somnambules quelque peu de pharmacie et de matière médicale. En effet, ce serait élargir le cercle de leurs connaissances, c'est-à-dire multiplier leurs ressources, sans pour cela nuire en rien à leur discernement, qui seul constitue leur supériorité sur nous. J'avoue que je n'ai point encore fait moi-même ce que je propose ici ; mais c'est une négligence que je réparerai incessamment : car il est bien démontré pour moi que les acquisitions intellectuelles faites pendant la veille constituent les éléments d'un instinct plus complet pendant le sommeil magnétique.

Certains détracteurs du magnétisme ont prétendu que les somnambules, en se laissant dominer par la pensée de leur magnétiseur, devaient en conséquence partager les opinions médicales de celui-ci s'il était médecin, et en définitive conformer leur pratique à la sienne. Heureusement il n'en est point ainsi. Sur toutes les propositions qu'on peut lui faire, un somnambule médical a toujours sa critique et son *veto* que rien ne saurait ébranler: M. Koreff nous en fournit la preuve. « Une proposition extrêmement singulière, dit-il (1), est celle dans laquelle je me suis trouvé vis-à-vis la femme d'un jardinier en chef de Sans-Soucy. Dans son somnambulisme, qui était fort extraordinaire, cette femme, âgée de cinquante ans, m'engagea à lui proposer des remèdes, parce qu'elle n'était pas douée de l'espèce de clairvoyance par laquelle on peut les indiquer soi-même; elle n'avait que le don de la critique. Je vis, avec un étonnement auquel se mêlait une humiliation pénible, qu'elle rejetait comme nuisibles, la plupart de ceux que je lui proposais d'après ma conviction médicale, et qu'elle choisissait ceux que j'avais cru le moins appropriés à son état. » Aussi le même auteur ajoute-t-il un peu plus bas : « Je ne conteste nullement la possibilité que les idées d'un somnambule portent en elles le reflet et la couleur des idées de son pays, de son temps, et même de son magnétiseur; mais je prie les hommes qui ont fait cette objection ingénieuse de bien peser si la difficulté est plus grande de voir une plante, une autre

---

(1) Lettre d'un médecin étranger, etc., pag. 68.

substance, que de lire dans la pensée d'un autre être. »

D'après ce que nous avons établi, la lucidité d'un somnambule ne garantit pas infailliblement son aptitude médicale ; mais ici s'élève une de ces questions auxquelles les magnétiseurs ne paraissent pas avoir suffisamment réfléchi, ou du moins qu'ils n'ont pas résolues, selon moi, d'une manière satisfaisante : Est-il indispensable à un somnambule médical d'être lucide, ou, si l'on veut, l'instinct des maladies et des remèdes ne saurait-il exister indépendamment de la lucidité? Je déclare que de nombreuses expériences me portent à croire que les deux facultés peuvent exister séparément, et je ne serais même pas éloigné d'admettre d'après la théorie que je me suis faite sur l'isolement (1), que chacune d'elles n'obtient réellement son maximum de perfection, qu'autant qu'elle existe seule (2). Mais alors comment consta-

(1) *Voyez* pag. 71.
(2) Ces principes de compensations sont incontestablement vrais pour les facultés qui ne dépendent que de l'exaltation sensitive. Ainsi, je fis il y a quelques jours l'expérience suivante : Après avoir complétement isolé un somnambule, en lui laissant seulement le sens de l'ouïe par rapport à moi, je m'en éloignai et entretins longtemps avec lui une conversation à voix basse, tandis qu'un des spectateurs lui criait dans l'oreille. Ceci excita tellement l'admiration de mes amis, qu'ils me prièrent de recommencer le lendemain la même expérience. Mais cette fois,

ter l'existence de l'instinct des remèdes ? et quel sera le *criterium* de cette faculté ? J'avoue qu'il n'en est pas d'autre pour moi que l'expérience. Cependant les somnambules qui auraient donné de grandes preuves d'intuition et de prévision, ceux surtout qui, durant le cours de maladies sérieuses, se seraient à ma connaissance soignés eux-mêmes ; ceux-là, dis-je, m'inspireraient particulièrement de la confiance : « Ce qui a dû rendre cette faculté beaucoup moins fréquente chez les extatiques démoniaques ou religieux, dit Bertrand (1), c'est que leur santé n'étant pas en général dérangée, il n'y avait pas lieu d'observer chez eux un instinct qui ne peut servir que dans l'état de maladie. » Il suivrait de là que l'instinct médical s'acquiert et se développe par l'habitude, ce que je ne crois pourtant pas vrai sans restriction. En effet, je soutiens *ex professo*, c'est-à-dire après l'avoir bien vu, cent fois vu, que dès l'instant où l'état de somnambulisme est parfait, toutes les facultés que cet état comporte sont à leur dernier degré de développement. Ainsi, je crois qu'au bout d'une quinzaine de jours, par exemple, un som-

elle ne réussit que très incomplétement, le somnambule étant lucide. — J'en conclus de là qu'il ne faut mettre en jeu que successivement et séparément chacune des facultés du somnambulisme.

(1) Ouvrage cité pag. 416.

nambule est tout ce qu'il peut être; et si des expériences ultérieures prouvent le contraire, le magnétiseur ne doit s'en prendre qu'à lui-même.

Pour ce qui est de l'instinct médical chez des somnambules non lucides, le fait est incontestable. J'ai magnétisé hier (4 août) pour la troisième fois seulement une femme de 28 ans, qui est tombée dans le somnambulisme dès la première séance, mais qui n'est point lucide et qui ne le sera peut-être jamais. Eh bien ! ce défaut de clairvoyance ne lui empêche pas de jouir déjà d'une pénétration et d'un tact médical véritablement surprenant. Dès la seconde séance, l'ayant priée de s'occuper de ma santé, elle me dit que je souffrais de l'estomac et dans le genou gauche; ce qui était exact. Ayant ensuite été mise en contact avec une dame qu'elle voyait pour la première fois et dont certainement elle n'avait jamais entendu parler, elle lui dit :

— Vous avez des maux de tête (ce qui n'était pas vrai); vous avez des étouffements (ce qui n'était encore pas vrai); mais *surtout* de continuelles envies de vomir; ce qui était parfaitement vrai. Or, il est certain que dans les deux cas, les principaux points du diagnostic porté par ma somnambule sont irréprochables. Il n'y en a pas moins erreur, dira-t-on? j'en conviens ; mais ces erreurs sont de celles que dans une huitaine de jours seulement ma somnambule ne commettra probablement plus.

Il arrive quelquefois que des somnambules prescrivent des substances dangereuses et sur l'effet desquelles on a quelque raison de s'inquiéter. Il importe beaucoup alors au magnétiseur d'insister et de revenir à plusieurs reprises sur le point douteux, et de recourir même, s'il le faut, aux lumières d'un second somnambule. Cette précaution serait d'ailleurs un hors-d'œuvre, s'il s'agissait d'un somnambule se soignant soi-même. « J'ai vu une femme, dit M. Koreff, insister pour prendre des substances qui me paraissaient dangereuses pour son état. La croyant dans l'erreur, je combattis son opinion, je fixai son attention sur l'état de ses organes, tel qu'il me semblait être. Je fis apporter plusieurs drogues, parmi lesquelles se trouvaient celles qu'elle avait désirées ; elle les reconnut, elle insista. Je luttai avec elle pendant plusieurs heures, et je finis par céder, m'étant convaincu par tous les moyens mis à ma disposition, de sa parfaite lucidité. L'hémorrhagie utérine, qui était le symptôme alarmant de sa maladie, s'arrêta aussitôt sans qu'il en résultât aucun inconvénient. »

En résumé de ce qui précède, et nonobstant ce que nous avons dit de l'instinct médical dont peuvent être doués des somnambules non lucides, la lucidité dans l'état actuel de la science, doit encore être regardée comme le plus sûr cachet de cet instinct, puisque à peu près dans tous les cas, le diagnostic porté par les somnambules clairvoyants s'est au moins trouvé juste. Il est au reste malheureux que nous n'ayons rien de plus précis à dire sur ce sujet ; car rien n'importerait plus actuellement que de trouver un moyen sûr de dépister le charlatanisme et l'imposture, qui depuis longtems déjà ont commencé à s'emparer du magnétisme. Mais aussi, à qui la faute, sinon aux médecins, qui abandonnent dédaigneusement à des mains équivoques une philanthropique ressource dont l'investiture leur appartenait de droit? Que l'on s'y attende en effet : avant que la pratique du magnétisme n'ait décidément pris son assise, l'ignorance et la cupidité l'auront discrédité ; car jamais rôle humanitaire comme celui de magnétiseur ne put convenablement appartenir à des gens sans aveu, sans lumières, et quelquefois sans mœurs. On dirait véritablement, que pour atteindre au sommet de l'échelle sociale, la grande vérité que nous défendons ait besoin de franchir un à un tous les échelons. Mais soit ; elle prendra enfin son essor, ou nous mourrons à la peine.

Des sensations éprouvées par les somnambules au contact des malades.

Quelques somnambules sont doués du triste privilége de ressentir momentanément les douleurs qu'éprouvent les malades avec lesquels ont les met en rapport, et même de présenter les symptômes des affections dont ceux-ci sont atteints. Cette observation a été faite depuis longtemps, et Georget s'exprime en ces termes sur ce sujet : « Si mes somnambules, dit-il (1), étaient mises en communication avec une personne malade, sur-le-champ elles éprouvaient un malaise dans les membres, qui se propageait promptement à la tête, puis dans tous les muscles, et de plus, un malaise plus grand, une gêne, ou une vive douleur dans la même partie où celle-là souffrait ; plusieurs fois des hystériques ou des épileptiques, sur le point d'avoir leurs attaques, ont causé subitement une violente céphalalgie et une attaque à celles qui étaient déjà affectées de ces maladies. Ces accidents m'ont empêché de multiplier les expériences autant que je l'aurais voulu. Un jour, trois somnambules étaient ensemble dans une chambre. L'une, au pied d'un lit, souffrait de violents maux de tête et d'estomac ; une autre, sur le lit, se portait assez bien ; la troisième, à côté du lit, prenait un bain de pieds ; la seconde va pour causer avec la première, la touche, et est immédiatement prise d'une attaque ; pendant que j'aide à tenir celle-ci, la troisième, qui ne se doutait pas de ce qui se passait, ne voulant pas tenir ses pieds dans l'eau synapisée, j'appuie l'une de mes mains sur ses genoux

---

(1) *Physiologie du système nerveux*, etc., pag. 281.

pour l'y forcer; aussitôt elle ressent une vive commotion, qu'elle compare à une secousse résultant d'une forte décharge électrique, et elle a une forte attaque. Toutes les fois que, ayant quitté mes somnambules, je les retrouvais éprouvant des accidents insolites et imprévus, j'étais certain que cela provenait de ce qu'elles avaient eu des communications avec des malades, malgré ma défense expresse. » Ceci n'est point difficile à expliquer; on sait avec quelle promptitude certaines névroses peuvent se transmettre d'un individu à un autre. Il est impossible, par exemple, de voir un individu bâiller dans une réunion, sans qu'il ait bientôt des imitateurs. On a même vu des épileptiques être pris de leur accès à l'aspect d'un autre épileptique en crise. Mais voici qui est plus frappant encore. Une femme sur le point d'accoucher risque fort d'être prise des douleurs de l'enfantement à la vue d'une autre femme qui accouche. J'ai observé un fait semblable il y a 4 ou 5 ans à un cours particulier d'obstétrique; les élèves eurent deux accouchements au lieu d'un. Or, si l'influence de l'imitation peut s'exercer à ce point durant l'état de veille, que l'on juge de ses effets pendant le somnambulisme, alors que toutes les impressions sont si promptes et si vives. Au surplus, les faits signalés par Georget sont loin de pouvoir être généralisés. Parmi les somnambules à consultations, il en est qui ne ressentent au contact des malades qu'une sensation pénible, mais sans analogie avec ce qu'éprouvent les malades eux-mêmes; enfin, il en est (c'est il est vrai le plus petit nombre), qui ne ressentent rien du tout. J'avoue que ces derniers ne m'inspireraient qu'une médiocre confiance, et de tous, les premiers sont à coup sûr les plus parfaits; mais leur perfection même est un défaut, car ils ne sauraient tenir longtemps à l'affreux métier de partager sans cesse les douleurs d'autrui. J'en ai vu une dernièrement (Mlle Caria), qui, consultée devant moi pour un malade en si grand danger qu'il mourut trois jours après, jetait des cris déchirants, et faisait de telles contorsions que je la crus elle-même à l'agonie. Cette fille recevait, m'a-t-on dit, cinq ou six francs pour chacune de ses consultations; mais certes! elle ne vole pas l'argent qu'on lui donne, si elle répète à chaque séance la scène dont je fus témoin; je ne voudrais pas pour une fortune me démancher de la sorte.

De la manière dont les consultations devront être données.

Dans la crainte que le somnambule ne se fasse ou n'ait l'air de se faire quelque idée préconçue sur le compte du malade qui vient le consulter, il est convenable qu'il soit endormi avant d'être mis en relation avec ce dernier. Introduit dans le cabinet de consultation, celui-ci doit garder le silence; car toute espèce de commentaire sur sa maladie, serait de sa part d'une parfaite superfluité. Vous-même vous n'avez point à l'interroger, ou du moins vous ne pouvez le faire qu'après la consultation prise. Votre somnambule seul a donc la parole. Il doit être isolé jusqu'à l'instant où, mettant une des mains du malade dans l'une des siennes, vous lui commandez de s'occuper attentivement de la santé de ce tiers, de vous en dire tout ce qu'il en pensera, et d'entrer dans tous les détails nécessaires relativement au traitement. Cela fait, vous le laissez parler sans l'interrompre, et en prenant note de ses paroles; après quoi vous revenez avec lui sur les points équivoques. Enfin vous rédigez vous-même la consultation, et vous congédiez le malade sans éveiller votre somnambule, qui à son réveil ne doit pas même se douter de ce qu'il a fait.

Remarque importante. Si quelques parents du malade, quelques-uns de ses amis, son médecin, etc., jugent à propos de l'accompagner chez vous, ayez grand soin que votre somnambule reste étranger aux discussions qui peuvent s'élever entre ces personnes et vous. Il faut même (et vous n'avez pour cela qu'à lui en exprimer le désir) qu'il n'entende pas votre voix, alors que vous ne vous adressez point à lui. Au reste, les discussions en pareils cas sont toujours déplacées. Il ne s'en est jamais fait et il ne s'en fera jamais chez moi, non que je les redoute le moins du monde avec qui que ce soit, mais parce que chaque chose doit avoir son temps.

Il s'est élevé dans ces derniers temps une question fort singulière que l'on peut rappeler en ces termes: Est-il juste que les somnambules reçoivent des honoraires pour les consultations qu'ils donnent? — Si par juste on entend légal, je dirai qu'il faut que le magnétiseur soit médecin; mais si par juste on n'entend exactement que ce que le mot signifie dans son sens absolu, la réponse est si simple que je m'abstiens de la faire. Chacun vit de ce qu'il a dans ce bas monde : celui-ci des rentes qu'il tient de son père, celui-là de sa tête, un troisième de ses bras, les uns de leur plume, les autres de leurs pinceaux, presque tous enfin des services qu'ils rendent ou sont censés rendre à leurs semblables. Eh bien! une belle lucidité magnétique est un don de la nature tout aussi rare, au moins, qu'un beau talent d'artiste ou d'avocat; et si l'on paie les médecins (il est vrai qu'on les paie quelquefois bien mal), pourquoi voudriez-vous qu'on ne payât pas les somnambules? — Mais quoi! dira-t-on, le somnambulisme va donc devenir un métier? — Ma foi, pourquoi pas? Est-ce que messieurs les officiers de santé, par hasard, trouveraient ce métier moins honorable que celui qu'ils font? Si cela était, je m'écrirais, comme le comte

Almaviva dans *les Noces de Figaro* : « Où diable va-t-on fourrer l'honneur ! » Que le magnétisme devienne par la suite une médecine d'intérieur, une médecine de famille, suivant l'expression dont je me suis déjà servi, eh! mon Dieu! je ne demande pas mieux. Mais en attendant que chacun ait un frère, une sœur, ou une cousine somnambule pour se soigner, il faut bien si l'on est malade que l'on recoure aux somnambules de profession. Mais comme tous les services se vendent et s'achètent entre gens qui ne se connaissent pas, il est juste, très juste, on ne peut pas plus juste, que l'on paie ces derniers alors qu'on les emploie.

Des heures où doivent être données les consultations.

Madame une telle, somnambule des plus lucides, donne tous les jours ses consultations de telle heure à telle heure. — Eh bien ! voulez-vous parier cent contre un que votre madame une telle que vous allez consulter en pleine confiance, n'est pas plus lucide que vous et moi. — Pourquoi ? je vais vous le dire. Je n'ai connu qu'un fort petit nombre de somnambules qui fussent lucides constamment ; la plupart ne le sont chaque jour que certains moments, et ces moments-là ne reviennent pas à heures fixes. Donc il est infiniment probable que, de ce que cette somnambule a consigné dans un prospectus ou sur une affiche, l'heure à laquelle elle reçoit les malades, il ne s'ensuit pas qu'elle soit précisément lucide à cette heure-là. Mais bah! Il y a des somnambules à consultations, qui non-seulement ne sont pas lucides, mais qui ne l'ont jamais été. Bien plus! on assure même que certains d'entre eux n'ont jamais été *somnambules* de leur vie. Que faire à cela? Prêcher la morale? Non, mon Dieu! car ce serait peine perdue. J'avertis le public de la fraude; mais je n'essaie point de ramener les fripons à la vertu.

En définitive, quelle heure de la journée faut-il choisir pour donner les consultations magnétiques? Eh mais, rien n'est plus simple: l'heure où vos somnambules sont lucides (1). Mais le public? — Le public s'habituera à vos allures. Le grand malheur que vos clients soient forcés de venir deux fois chez vous au lieu d'une. A la première, ils sauront l'heure à laquelle votre somnambule pourra être mis à leur disposition, et à la seconde ils seront au moins sûrs de n'être pas trompés.

Voilà comme j'entends provisoirement la pratique du magnétisme; mais qu'on ouvre meilleur avis, et je suis le premier à m'y rendre.

Enfin, nous ne terminons pas ce chapitre sans examiner une proposition faite par Deleuze et ac-

(1) A moins toutefois que vous n'ayez un somnambule qui, sans être lucide, vous ait donné d'irréfragables preuves de son instinct médical.

ceptée par bon nombre de magnétiseurs. Il s'agit de savoir s'il conviendrait ou non d'associer le magnétisme à la médecine. Or, écoutons ce que nous dit là-dessus M. Koreff : « Je m'oppose, mon respectable ami (il est toujours question de Deleuze) au conseil que vous donnez de combiner ces deux méthodes qui ne peuvent marcher de front. Ma conscience me fait un devoir de ne pas s'en rapporter légèrement à un somnambule, de s'informer d'abord de sa bonne foi, et d'examiner ensuite le degré de clairvoyance dont il est doué ; enfin d'invoquer plutôt la science que de faire un mélange de deux éléments hétérogènes ou de se jeter avec une crédulité déraisonnable dans le vague des rêveries alimentées par des souvenirs, et provoquée par le désir d'exciter la surprise, ou par d'autres motifs qui existaient dans l'état de veille. Plus je révère le somnambulisme dans son isolement et sa pureté, et moins j'en fais cas lorsqu'il n'est pas entièrement étranger à l'état ordinaire. Beaucoup de personnes qui n'ont aucune idée du but auquel la nature l'a destiné et qui sont dépourvues des connaissances nécessaires pour l'apprécier et le diriger, ont souvent cherché à le produire, soit pour satisfaire leur curiosité soit dans des vues d'intérêt. C'est principalement à cet abus que j'attribue la décadence du magnétisme en France, et le mépris dont les savants l'accablent. Dans les pays du Nord, où l'étude du magnétisme porte un caractère grave et scientifique, l'observation du somnambulisme est devenue féconde en résultats qui ont déjà été très utiles, et qui promettent de répandre le plus grand jour sur l'aliénation mentale, et sur mille phénomènes de psychologie qui jusqu'à présent sont la terre inconnue dans la géographie de notre monde intellectuel et moral (1). » — Il n'y a pas de milieu : ou la médecine n'est qu'une chimère; ou le magnétisme n'est qu'une jonglerie. Mais comme nous pensons avoir démontré l'impossibilité de cette dernière supposition, la première est nécessairement juste. Il n'y a rien de commun entre la médecine des médecins et celle des somnambules, et vouloir fondre ces deux choses entre lesquelles je récuse la possibilité de toute médiation, n'est ni plus ni moins qu'une absurdité. Lorsque l'on consulte un somnambule, il faut, si l'on veut que ses conseils soient profitables, les suivre dans tous leurs détails ; c'est-à-dire qu'il faut faire tout ce qu'il dit de faire, et ne rien y ajouter. A quoi sert donc alors l'in-

(1) Il est une chose digne de remarque, c'est que parmi les magnétiseurs, ce sont toujours ceux qui n'étaient pas médecins qui ont proposé l'association de la médecine et du magnétisme, tandis que les médecins magnétiseurs la rejetaient. Veut-on savoir la cause de cette bizarrerie ? la voici : c'est que les magnétiseurs ont en général une aussi fausse idée de la médecine que les médecins du magnétisme.

tervention d'un médecin? Je vous dis qu'il ne comprend pas plus la méthode d'un somnambule que celui-ci ne comprend la sienne. Et vous voulez que ces deux êtres s'entendent et combinent leurs moyens! Mais encore une fois cette association révolte le bon sens. Entre les deux il faut opter. Croyez à la médecine ou croyez au magnétisme; enfin croyez encore aux deux si bon vous semble; mais pour Dieu! renoncez à la prétention de les unir!

CHAPITRE XV.

DU BESOIN DE MORALITÉ CHEZ LES MAGNÉTISEURS.

Malheur à ceux qui ne trouvent point en eux-mêmes des raisons suffisantes pour les déterminer à être honnêtes; car ils ne me paraissent point susceptibles de le devenir jamais. Ce chapitre ne sera donc point une stérile et fade homélie à l'adresse des esprits corrompus qui seraient tentés d'exploiter le magnétisme au profit de leur perversité. L'unique but que je me propose en l'écrivant est de mettre en garde mes lecteurs contre les basses et misérables convoitises des hommes dont je parle; et voilà pourquoi, sans être arrêté par la crainte d'ouvrir à l'immoralité de nouvelles voies que tôt ou tard elle eût fini sans doute par découvrir, je dévoile hardiment des abus, qu'à la honte de l'humanité, je ne crois que trop réels. Je ne sais si véritablement la pudeur n'est, comme l'ont avancé quelques cyniques rêveurs, qu'une chose de convention; mais ce que je sais bien, c'est que, préjugé ou non, l'honneur de leurs femmes et de leurs filles est cher à tous les maris et à tous les pères. Or, j'ai la douleur de le prédire, le magnétisme portera la flétrissure et la désolation dans plus d'une famille; comme si c'était une nécessité que les meilleures choses dussent avoir leurs compensations dans les dangers qu'entraîne leur usage!

Indépendamment des relations intimes et plus ou moins fréquentes qu'établit nécessairement le magnétisme entre celui qui l'exerce et celui qui s'y soumet, il est pour moi hors de doute, que dans l'immense majorité des cas il ne donne au premier sur le second une puissance absolue, sans bornes, et dont le dépositaire peut ne se montrer pas toujours digne. Non-seulement la personne que vous magnétisez est irrésistiblement contrainte de céder à votre instigation dans l'accomplissement de tous ses actes physiques, mais il peut se faire encore que, réglant sur vous, à son insu comme au vôtre, toutes les transactions de son intellect, elle pénètre vos désirs les plus cachés, s'associe à tous les émois de votre âme, et prévienne même, sans s'apercevoir qu'elle ne fait qu'obéir à votre volonté, jusqu'à vos plus secrètes intentions. Une somnambule en un mot, dès l'instant où le sommeil la livre seule à son magnétiseur, ne voit plus, n'entend plus, n'agit plus que par lui ; et, quoiqu'il lui reste encore le discernement du bien et du mal, corps et âme elle lui appartient s'il a l'infâme lâcheté d'abuser de ses droits. — Les diverses observations que nous avons disséminées dans les précédents chapitres devraient peut-être nous dispenser de fournir de nouvelles preuves à l'appui de cette assertion ; mais afin de corroborer aux yeux de nos lecteurs le jugement que nous formulons, nous allons en quelques mots leur rappeler les faits :

1° Un magnétiseur paralyse à son gré tel ou tel membre ou tel ou tel organe de son somnambule. C'est ainsi qu'il le rend sourd pour tout autre que pour lui (paralysie du nerf auditif), en lui adressant seulement ces paroles : « Je veux que tu n'entendes que moi seul ; c'est ainsi qu'il le rend insensible à tout autre contact qu'au sien (paralysie de la peau) ; enfin c'est encore ainsi qu'il le paralyse à la fois dans tous ses organes et dans tous ses membres, jusqu'au point de le condamner à une immobilité complète et à la passiveté extérieure d'une vie tout intuitive ;

2° Le magnétiseur peut au contraire par une simple admonestation, et quelquefois même par un désir inexprimé, substituer le mouvement à la paralysie dans l'être qu'il tient sous sa dépendance. Il peut exalter sa sensibilité comme il peut l'amortir, déterminer dans ses sens un prodigieux érétisme, et agiter même tout son corps de spasmes et de convulsions !

Que nos confrères déclarent s'il est dans ces paroles un seul mot d'exagération : j'en appelle pour cela à la loyauté de ceux d'entre eux qui me sont connus. — Mais voilà pour la question physique ; examinons maintenant la question morale.

1° L'extraordinaire développement des facultés instinctives pendant le somnambulisme est un fait depuis fort longtemps démontré, et à peu près généralement admis ; mais ce qui est beaucoup moins connu, c'est la possibilité où est le magnétiseur de donner à ces exubérantes facultés l'aliment et la direction que lui inspire son caprice. L'expérience est délicate et ne réussit pas toujours, mais enfin je suis parvenu à la faire et à la répéter plusieurs fois : c'est-à-dire qu'en isolant successivement par ma volonté chacun des instincts d'un somnambule, je suis arrivé à le rendre tour à tour vaniteux, menteur, gourmand et sensuel dans tous les genres ;

d'où il suit qu'on peut, au moins jusqu'à un certain point, susciter éventuellement dans l'esprit d'un somnambule la propension qu'on a quelque raison de lui désirer. On s'est donc profondément mépris lorsqu'on a soutenu que les somnambules savaient se dérober à l'influence de leurs magnétiseurs jusqu'au point de les tromper et de se jouer d'eux. L'exemple suivant va servir de démenti à ces prétendues fraudes, et prouvera que nous savons, lorsqu'il le faut, leur arracher leur secret et les contraindre au besoin à d'humiliants aveux.

Dans le courant du mois de juillet dernier, j'avais magnétisé pendant une huitaine de jours une jeune ouvrière en lingerie avec l'intention d'en faire une somnambule médicale, si je rencontrais en elle les conditions convenables. Mais cette somnambule ne devenant pas lucide et n'ayant pas dans son somnambulisme les aptitudes que je désirais, je l'abandonnai et cessai de la magnétiser. Or, il me vint à l'oreille que, soit par dépit, soit par pure malice, cette misérable fille s'en allait criant partout, que je n'avais pu parvenir à la plonger dans le sommeil, que tous mes prétendus somnambules n'étaient que des jongleurs qui s'amusaient aux dépens de ma balourdise, enfin que le magnétisme n'était que *tour d'escamotage*. Cette marque d'ingratitude de la part d'une fille qu'un mois avant j'avais guérie d'une affection grave par le magnétisme, me révolta, et je résolus de mettre fin à ces petits clabaudages, qui après tout ne laissaient pas que d'acquérir de la consistance en passant par des bouches honnêtes. Voici donc ce que je fis : je rejoignis mon *aimable* cliente ; je l'amadouai de nouveau ; je lui promis de lui faire incessamment donner des consultations qui lui rapporteraient des monceaux d'or ; j'achevai de lui tourner la tête avec les écus du prix Burdin; enfin, je fis si bien que je parvins à mon but, et que de rechef je l'endormis. Mais pour le coup, je ne me crus point, comme autrefois, dans l'obligation d'être discret avec elle. Il n'est guère de conscience humaine dans les replis de laquelle ne se cache au moins une bassesse. Ici j'eus l'embarras du choix, et après quelques instants d'inutile résistance, je fus amplement pourvu d'arguments, propres au moins à ébranler l'incrédulité provoquée par ma somnambule. « J'ignorais, mademoiselle, lui dis-je en l'éveillant, qu'entre mille belles qualités que je vous soupçonnais, vous eussiez celle de voler le bien d'autrui. Ne vous emportez pas, mademoiselle, j'ai souffert vos mensonges et vous souffrirez mes vérités. Je vous dis que vous avez actuellement chez vous *du sucre et des pruneaux* que vous n'avez jamais payés à votre épicier, de même que vous ne m'avez jamais payé à moi-même les 3 francs 50 centimes que vous avez pris sur ce guéridon. Ne me démentez pas, s'il vous plaît, car c'est vous-même que vous démentiriez; mais surtout suspendez le cours de vos calomnies, car les indiscrètes confidences que vous venez de me faire en *feignant* de dormir, je me chargerais, s'il y avait lieu, de vous les faire répéter à l'audience en *feignant* de vous magnétiser. » Mlle L*** confondue, rouge de honte, dévora sa colère en silence; jamais sans doute elle n'avait pensé si peu de bien du magnétisme, mais jamais aussi elle ne fut moins tentée d'en dire du mal. — J'affirme donc en dernière analyse, qu'un somnambule ne peut mentir et même cacher un secret à son magnétiseur, qu'autant que celui-ci le veut bien, ou qu'il manque de savoir et d'habitude. — Qu'on juge après cela des conséquences !

2º Non-seulement il est possible de contraindre la personne qu'on magnétise à avouer la pensée qui l'occupe, mais on peut encore anéantir cette pensée chez elle et lui en imposer une autre, c'est-à-dire, en un mot, qu'on peut modifier à son gré la disposition intellectuelle d'un somnambule, comme nous avons dit avoir modifié chez un des nôtres la disposition instinctive.

On conçoit aisément de quelle monstrueuse application peuvent être de pareils faits entre des mains obscènes. Aussi, sans chercher à nous étendre davantage sur un sujet que peut-être nous avons traité déjà avec trop de détails, nous laissons à nos lecteurs la tâche de nous commenter.

Au surplus, comme tout ce que nous venons d'écrire ne se rapporte absolument qu'au temps, ordinairement fort limité, que dure chaque séance, nous avons à examiner maintenant cette autre question pour le moins aussi importante, à savoir : ce qu'il reste des influences magnétiques pendant l'état de veille, c'est-à-dire, lorsque le somnambule, rentré dans la vie réelle, s'est en apparence affranchi de ses liens. Ceci est grave, je le déclare, et en abordant un pareil sujet, je ne me dissimule aucun des arguments qu'il pourrait fournir à nos détracteurs, s'ils nous traitaient avec moins de dédain : mais quel qu'il soit, je vais dire ce que j'en sais ; car je ne vois rien de plus déplorable que la manie où sont certains auteurs de plaider la cause d'un système scientifique comme un avocat ferait celle d'un homme, c'est-à-dire de ne montrer jamais que le beau côté d'une vérité, comme s'ils craignaient de la diffamer en la montrant tout entière.

Il n'est heureusement qu'un petit nombre d'hommes dont la turpitude s'accommode et se contente de jouissances purement matérielles ; mais il en est peu dont la vanité résiste à cette préférence délicate qui constitue le véritable amour. Les premiers ne se rencontrent guère que dans les classes inférieures de la société, ou parmi ces êtres malheureux dont de stupides conventions ont exigé une continence absolue et contre nature ; les seconds au contraire se trouvent partout. Aussi, à bien considérer, les affections morales dont on pourrait attribuer la cause au magnétisme, par cela seul qu'elles ne déshonorent point et qu'elles échappent aux lois, seraient-elles beaucoup plus à redouter que les immondes mais rares emportements des instincts brutaux. Voyons donc maintenant si l'inculpation est fondée, et si le magnétisme peut devenir coupable de ces illicites et irrésistibles attachements qu'on lui reproche. La question de droit est jugée d'avance, et quant à la question de fait qui ne se discute pas, l'expérience me force à la résoudre affirmativement. Oui, cela est vrai, trop malheureusement vrai; le magnétisme peut faire naître entre deux personnes de sexes différents, un attachement profond, extrême, insurmontable. Mais qu'on apprécie maintenant les restrictions que j'établis :

1° Il faut un temps fort long (plusieurs mois par exemple), pour que l'effet dont je parle soit produit.

2° L'effet cesse le plus souvent avec la cause.

3° Il n'est ressenti que par la somnambule, sans être le moins du monde partagé par le magnétiseur, ce qui élimine tout d'un coup la moitié du danger.

4° Enfin, souvent, très souvent, cet effet n'existe pas du tout; de telle façon que ce fantôme, qui de loin et au premier abord nous glaçait d'épouvante, examiné de près, se réduit presque à rien.

Ces considérations néanmoins imposent au magnétiseur deux obligations importantes :

1° Celle de ne jamais magnétiser sans témoins.

2° Celle d'être réservé, glacial, avec les femmes qu'il magnétise.

Qu'on cesse donc de s'étonner à présent du désir que j'ai plusieurs fois exprimé de voir le magnétisme exercé par les médecins. C'est en effet un public hommage que je dois à nos confrères : il n'est peut-être pas dans toute la société, de classe d'hommes plus honorables, plus désintéressés et surtout plus moraux. A peine si de loin en loin quelques rares exceptions ont démenti cet éloge que presque tous méritent ; mais n'est-il point de magistrats qui se soient déshonorés ? de prêtres qui aient souillé et même ensanglanté leur soutane ? Qu'est-ce que cela prouve, sinon que dans toutes les conditions l'homme peut quelquefois oublier ses devoirs les plus sacrés et devenir pervers ? — Les médecins offrent en outre la garantie d'une bonne éducation première, et c'est beaucoup. Bien nés en général, ils connaissent et pratiquent les bienséances, et, si leur *décorum* n'est pas toujours de la vertu, leur dépravation du moins ne fait jamais scandale. Enfin, ils sont habitués de longue date à l'observation de la nature et des phénomènes physiologiques ; vérité si incontestable, qu'en parcourant les archives mêmes du magnétisme, il n'y a guère que les faits rapportés par des médecins auxquels j'ai cru devoir attacher quelque valeur. Que nos anciens frères nous pardonnent la sévérité des paroles qui nous sont quelquefois échappées ; ce n'était point à eux qu'elles s'adressaient, mais à leur prétendue science, que nous aussi nous avons étudiée avec ferveur et qui ne fut pour nous qu'une amère déception.

CHAPITRE XVI.

CONCLUSION.

Le magnétisme animal est bien près d'atteindre à la haute importance que lui réserve sa destinée : il renferme dans son sein les éléments d'une grande révolution scientifique, et cette révolution s'accomplira dans peu. S'il n'a point encore pour le proclamer de ces voix retentissantes qui captivent l'attention du monde, et entraînent tous les esprits, il compte déjà parmi les rangs de ses défenseurs, quelques hommes courageux et opiniâtres, qui avec moi lui consacreront leur vie, et qui, sans appréhender les conséquences d'une honorable défaite, ne redouteront jamais de combattre pour lui. Le zèle et la persévérance peuvent quelquefois tenir lieu de génie, et d'ailleurs la vérité sait se faire jour elle-même. Dans le Manuel qu'on vient de lire, je me suis efforcé de ramener toutes les questions magnétiques à de simples questions de faits, parce que des faits bien constatés peuvent seuls devenir les axiômes d'une science durable. Voilà donc pourquoi, sans nier le fluide admis par les magnétiseurs, je me suis constamment abstenu d'en parler comme d'une chose hypothétique et partant contestable; bien différent en cela de nos collègues, qui sont pour la plupart en cette matière beaucoup moins circonspects. « A chaque expérience que je fais, me disait un jour l'un d'eux avec une gravité burlesque, je *sens* le fluide magnétique au bout de mes doigts, et je le ferai *sentir* à quiconque suivra ma pratique. »

Je souhaite, lui répondis-je, que vous ayez quelque chose de plus positif et surtout de plus utile à enseigner à vos élèves. — *Sentir* le fluide magnétique ! Cela vaut presque les anges vus par M. Ch***. Comment ces gens-là voudraient-ils qu'on ne les traitât pas de visionnaires. Oh ! oui, cela est un fait, qui me paraît d'autant plus vrai que j'y réfléchis davantage, personne n'a autant nui au magnétisme que les magnétiseurs. J'avoue qu'on les avait aigris en se moquant d'eux, et irriter des gens passionnés ;

c'est les rendre fous; mais ils avaient mérité les railleries dont ils ont été l'objet. La marche qu'ils ont jusqu'à présent adoptée pour répandre leurs croyances est sans contredit la plus impraticable qu'ils pouvaient choisir. Procédant à l'inverse des autres savants qui vont toujours du connu à l'inconnu, ils ont toujours eu la prétention de faire croire d'abord à leurs disciples les choses les plus incroyables. Qu'arriva-t-il de là? qu'on les traita de jongleurs. Et puis, qu'est-ce que ces réunions d'intimes, où tout se passe en famille, comme si la vérité craignait le grand jour? Qu'est-ce que ces leçons faites à huis-clos, où vingt personnes au plus viennent, moyennant quelques pièces de monnaie données à la porte, assister à des expériences de somnambules qui semblent les *compères* de leurs magnétiseurs? En vérité, il ne manque à ces séances que *des tours de gobelets* pour les rendre parfaites. Et pourtant, je le sais moi, ce sont des hommes honnêtes qui en agissent ainsi; mais qui donc les empêche de sortir de l'ornière? Quant à moi, je disais un jour à l'un d'eux que je me proposais de faire publiquement un cours expérimental de magnétisme.

— *Et combien le ferez-vous payer?* me dit-il.
— Mais rien, lui répondis-je.
— Diable! vous aurez des auditeurs alors.
— Je l'espère.

— Mais le local?

— La place de la Concorde, s'il le faut.

Ceci renferme le plus sage avis que je croie pouvoir donner aux magnétiseurs. Comment veulent-ils qu'on les voie s'ils se cachent? Comment prétendent-ils populariser leur science, s'ils s'obstinent à en faire un mystère. Pour faire ajouter foi à des faits nouveaux, inouis, prodigieux, invraisemblables, il n'est à coup sûr qu'un seul moyen : c'est de les montrer.

FIN.

TABLE DES MATIERES.

	Page
Préface.	v
CHAP. Ier. Coup d'œil historique.	1
§ 1er. Mesmer et sa théorie.	id.
Réflexions sur le rapport de Bailly.	11
Conclusions du rapport de Jussieu.	12
Effet que produit l'ouvrage de Thouret, publié sous le titre de *Recherches et doutes sur le magnétisme animal*.	14
§ 2. Du magnétisme chez les Égyptiens.	id.
§ 3. — Chez les Hébreux.	15
§ 4. — Chez les Grecs.	17
§ 5. — Chez les Romains.	18
§ 6. — Chez les Gaulois.	19
§ 7. — Au moyen âge.	20
§ 8. — De nos jours.	21
Lettre du marquis de Puységur à un des membres de la Société de l'harmonie.	22
Transaction de l'Académie royale de médecine relativement au magnétisme.	25
§ 9. Conclusion du rapport de M. Husson en 1831.	27

472   TABLE

                                                                                           Page

CHAP. II. Des causes qui ont retardé la propagation
    du magnétisme.   39

CHAP. III. Conditions nécessaires a la reproduction
    des phénomènes magnétiques.   43

§ 1er. Du sexe.   46
§ 2. De l'âge.   49
§ 3. Du tempérament.   52
§ 4. De l'état physiologique.   54
§ 5. Conditions morales.   56
§ 6. Conditions phrénologiques.   58
§ 7. Des lieux, des témoins, etc.   id.

CHAP. IV. Classification et description des phéno-
    mènes magnétiques   59

§ 1er. Signes précurseurs du sommeil.   61
§ 2. Du sommeil magnétique.   70
§ 3. Du somnambulisme.   71
§ 4. Du somnambulisme proprement dit.   id.
§ 5. État de l'intelligence et des facultés morales pendant
    le somnambulisme.   74
Appréciation du temps.   75
§ 6. De l'isolement.   78
§ 7. De l'insensibilité physique.   82
Observation de madame Plantain.   83
Observation, communiquée à l'Académie par M. Oudet. 86
Observation de Virginie L***.   88
§ 8. De l'isolement incomplet.   92
Des fonctions de la vie organique pendant le somnambu-
    lisme.   93

DES MATIÈRES. 473

	Page
CHAP. V. Du somnambulisme lucide.	95
1° Vision sans le secours des yeux.	99
Observation de madame Hortense ***.	101
Ire séance.	106
IIe séance.	110
IIIe séance	113
IVe séance (à laquelle assistent MM. Bousquet, Amédée Latour, Ch. d'Orbigny, etc.).	114
V^e séance (témoins : MM. Bouillaud et Cornac).	118
VIe séance (témoins : MM. Frapart, Latour, Jeanselme, d'Épagny, etc.).	122
Lecture d'un papier renfermé dans une boîte.	125
2° De l'intuition.	128
3° De la prévision intérieure.	131
Réfutation de la théorie de Bertrand.	133
Observation de mademoiselle Clary D***.	135
4° De la prévision extérieure.	139
Observation remarquable.	140
Observation de madame B***	149
5° De la pénétration de la pensée.	154
Observation empruntée à M. Barrier, de Privas.	156
Observation de Calyste.	161
6° Transposition des sens.	167
7° De quelques autres particularités qu'on a cru remarquer pendant le somnambulisme.	175
8° Du réveil.	180
CHAP. VI. Des différentes manières de magnétiser.	188
Méthode ordinaire d'après Deleuze	191
Magnétisation par la tête.	195
— Au moyen du regard.	199

	Page
Magnétisation par la simple volonté.	200
Expérience de M. Dupotet à l'Hôtel-Dieu de Paris.	201
Méthode de Faria.	207
De l'insufflation.	208
Magnétisation d'un somnambule par un autre somnambule.	209
De la foi.	215
Du nombre et de l'heure des séances, etc.	217

CHAP. VII. Des procédés a suivre pour éveiller les somnambules. 221

CHAP. VIII. De la fatigue éprouvée par les magnétiseurs. — Du somnambulisme déterminé par certains médicaments. — Quelques considérations sur la nature du magnétisme. 224

CHAP. IX. De la magnétisation des aliments, des boissons, des anneaux et des substances inanimées en général. 233

Lettre de M. Clocquet, relativement aux traitements de Busancy.	234
Ire expérience sur l'eau magnétisée	245
IIe expérience.	248
IIIe expérience.	250
Considérations sur l'eau magnétisée.	252
Expérience de M. le docteur Foissac.	254
Manière de magnétiser de l'eau.	256
—— les arbres.	257
Des baquets, etc.	258

CHAP. X. Magnétisation des animaux. 261

CHAP. XI. Influence du magnétisme animal sur l'économie. 263

	Page
CHAP. XII. Du magnétisme considéré comme agent thérapeutique.	265
Ire Observation. — Asphyxie sur un enfant naissant, etc., par M. Thiriat.	270
IIe Observation. — Paralysie, atrophie des deux avant-bras, etc.	273
IIIe Observation. — Paralysie, etc.	275
IVe Observation. — Paralysie des cuisses et des jambes, vomissements, affectation nerveuse, etc.	277
Ve Observation. — Chlorose.	281
VIe Observation. — Épuisements, sueurs, etc.	294
VIIe Observation. — Cancer occulte, goutte sereine.	295
VIIIe Observation. — Attaque de goutte, etc.	298
IXe Observation. — Goutte sciatique, maux de tête, étourdissement, etc.	301
Xe Observation. — Rhumatisme.	303
XIe Observation. — Convulsions partielles.	306
XIIe Observation. — Épilepsie.	310
XIIIe Observation. — Id.	315
XIVe Observation. — Frénésie avec fureur.	318
Réflexions générales sur l'action thérapeutique du magnétisme.	327
CHAP. XIII. Des traitements magnétiques.	329
Observation de madame Comet.	340
— de madame Périer.	362
De ce qu'il y a quelquefois d'étrange dans la thérapeutique des somnambules.	382
Observation de Madame Teste.	385

TABLE DES MATIÈRES.

	Page
CHAP. XIV. — Médecine des somnambules.	428
De la prévision externe.	434
De l'instinct des remèdes.	437
Des sensations éprouvées par les somnambules au contact des malades.	446
De la manière dont les consultations devront être données.	449
Remarque importante.	450
Des heures où doivent être données les consultations.	452
CHAP. XV. Du besoin de moralité chez les magnétiseurs.	456
CHAP. XVI. Conclusion.	466

FIN.

www.ingramcontent.com/pod-product-compliance
Lightning Source LLC
Chambersburg PA
CBHW050243230426
43664CB00012B/1811